DUMONT

Hanns-Josef Ortheil wurde 1951 in Köln geboren. Er ist Schrift-steller, Pianist und Professor für Literarisches Schreiben und Kul-turjournalismus an der Universität Hildesheim. Sein Gesamtwerk umfasst mehr als siebzig Buchveröffentlichungen. Hanns-Josef Ortheil zahlt zu dem meistgelesenen deutschen Schriftstellern der Gegenwart. Seine Romane wurden in über zwanzig Sprachen übersetzt.

Hanns-Josef Ortheil

VON NAHEN DINGEN
UND MENSCHEN

DUMONT

Von Hanns-Josef Ortheil ist bei DuMont außerdem erschienen:

Danke für die Einladung

Ein Teil der Texte erschien erstmals
im »Kölner Stadt-Anzeiger«.

Das bei der Produktion dieses Buches entstandene CO_2 wurde
durch die Finanzierung von Klimaschutzprojekten kompensiert:
climate-id.com/17531-2110-1001/de

April 2025
DuMont Buchverlag, Köln
Amsterdamer Straße 192, 50735 Köln, info@dumont-buchverlag.de
Umschlaggestaltung: Lübbeke Naumann Thoben, Köln
Satz: Angelika Kudella, Köln
Gesetzt aus der Aldus
Druck und Verarbeitung: CPI books GmbH, Leck
Gedruckt auf säurefreiem und chlorfrei gebleichtem Papier
Printed in Germany
ISBN 978-3-7558-0532-8

www.dumont-buchverlag.de

VORWORT
IM FLUSS DER ZEIT

Die folgenden kurzen Texte sind im Zeitraum von fünf Jahren, von 2018 bis 2023, entstanden. Sie sind ein Part der Aufzeichnungen, die ich meist täglich mache und oft mit anderen Menschen teile.

Das unterscheidet sie von Tagebucheinträgen, die intimer und privater sind und meist nur in Innenwelten kreisen. Die Aufzeichnungen dagegen konzentrieren sich auf ein Tagesereignis, das sich von außen meldet und ins Innere eindringt – eine kleine oder größere Erregung, ein Faszinosum. Ich folge diesem Anstoß eine Weile, versuche, ihn genauer zu erkennen und zu bestimmen. In ihrer Folge ergeben die Erzählsplitter einen Strom, als ließe sich der Fluss der Zeit in einem fortlaufenden, kontinuierlichen Streaming abbilden.

Keine Daten, keine Etappen und erst recht keine Kapitel – das Fließen bringt die Dinge und Menschen für einen Moment ans Licht und lässt sie zurück ins Dunkel treiben. Kleine Daseinsfenster öffnen sich und für einen Moment stehen Freundinnen und Freunde in der Öffnung, schauen hinaus oder blicken fragend. Ihnen gemeinsam ist eine bestimmte Nähe. Kein Abdriften in weit hergeholte Terrains oder gar Theorien, sondern Anschaulichkeit von Umgebungen, die vermessen werden. Sie bleiben durch ein Erzählen erhalten, das ein einziger Sprecher organisiert, sodass man auch von einem Monolog sprechen könnte. Andere wiederum mögen sogar ein Gespräch oder etwas Romanhaftes erkennen.

Wie auch immer – ich danke meinen Nächsten, die mich durch fünf Jahre begleitet, mir viele Anregungen gegeben und mich nicht allein haben schreiben lassen. Das ist nicht nur *mein*, sondern auch *unser* Buch, in dem wir jene Dinge und Menschen wiederfinden, die eine Weile zu uns gehörten.

So werdet Ihr vieles entdecken, was uns allen durch den Kopf ging, und aus meinen kurzen Erzählungen könnten Geschichten werden, die Ihr selbst weiterschreibt!

Köln, Wissen an der Sieg,
Stuttgart, im Herbst 2023

ZOOBESUCH

Seit vielen Jahren einmal wieder im Zoo. Was für seltsame Begegnungen! Fast alle Tiere nehmen einen in ihren Gehegen nicht wahr, sondern führen ein merkwürdig introvertiertes Dasein.

Der Marabu steht stundenlang wie ein verbitterter Greis im Nichts und bringt es nicht einmal zu einem winzigen Zucken. Die Erdmännchen liegen auf dem Rücken unter hellen Strahlern und tun so, als wären sie im Urlaub am Meer. Das Panzernashorn verlässt seine Tiefbadewanne keinen Moment, sondern suhlt sich schnaubend im Wasser. Nirgendwo eine Reaktion!

Löwen, Tiger und Geparde haben nichts anderes als das mittäglich angebotene Fressen im Sinn und gönnen sich nach dem Verzehr eine unverschämt lange Siesta. Und die königlichen Riesenschlangen bewegen sich den lieben langen Tag gar nicht, sondern verdauen ausschließlich.

Da ist es eine Freude, der hellwachen Ausnahme eines Pinguins zu begegnen! Als ich ihn anschaue, rudert er beflissen heran, stellt die Brillenlinsen scharf, schaut zu mir hoch, meldet die Wassertemperatur, gleitet elegant davon, dreht eine Runde und kommt zurück, um den Blickkontakt zu erneuern. Hingerissen habe ich eine Patenschaft übernommen und versprochen, seinetwegen ab sofort regelmäßig zu kommen.

DINGE DES LEBENS

Vor etwas über dreißig Jahren ist mein Vater gestorben. Seither trage ich die Uhr, die er bei seinem Tod am linken Handgelenk hatte. Ich habe sie ihm mehrere Jahre davor geschenkt und damals daran gedacht, dass ihm etwas Schlichtes, gleichzeitig aber auch Modernes gefallen würde. Die Uhr sollte nicht weiter auffallen, andererseits aber ein zeitgemäßes Signal senden. Keine Nostalgikeruhr, sondern eine, die up to date aussah.

Der Name der Marke *(Pulsar)* kam dem entgegen, er spielte auf astronomische Vorgänge an, auf einen Neutronenstern und seine Explosion – und damit auf Natur, Weite, das Universum. Als reagierte sein Träger darauf, dass seit einiger Zeit Raketen und Satelliten um die Erde kreisten.

Das Geschenk der kleinen Uhr war auf diese Weise eng mit dem Menschen verbunden, der sie erhielt. Sie traf nicht nur seinen Geschmack, sondern spiegelte sein Wesen: das eines Mannes, der sich nie hervortat und (von Beruf Ingenieur) ebenso naturbesessen wie hingerissen von Forschung war, die auch aufs Weite zielte und den Kosmos mit einbezog. Vom Gärtner, Förster, Geodäten, vom Astronomen und Sterngucker – von all diesen Daseinsformen war mein Vater geprägt. In der Uhr von *Pulsar* trafen sie zusammen und wurden mit jedem Blick auf den laufenden Zeiger aktualisiert.

Ich besitze viele Dinge des Lebens wie dieses. In ihnen ist die sich verflüchtigende Zeit gespeichert und mit den Emotionen eines Menschenlebens verbunden. Jedes Mal, wenn ich sie sehe oder benutze, bleibt die Zeit einen Moment lang stehen und gelebte Augenblicke oder Stationen melden sich: Wie stolz die Stimme meines Vaters sich anhörte, als er von seiner Quarzuhr sprach! Wie er sie oft (beim Zeichnen) neben sich legte und murmelte: »Jetzt muss sie mal ruhen!« Und wie er, als sie zum ersten Mal stehen blieb, naiv tuend zu ihr sagte: »So einen Stillstand tust du mir jetzt aber nicht laufend an!«

BRÜDERLICHE NÄHE

Meinen alten Freund Peter rufe ich regelmäßig an, meist wenn ich aus dubiosen Gründen etwas durcheinander bin. Er meldet sich immer sofort und sagt: »Na?«, mehr nicht. Ich rede nicht von meiner Unruhe, sondern erzähle ein wenig: dass ich den Herbstwald mit seinen Farben irritierend finde, dass ich momentan häufig Aufnahmen des Pianisten Edwin Fischer mit Bachs Präludien und Fugen höre und dass eine Leserin in Würzburg vertraulich zu mir gesagt hat, ich solle bald nach Japan reisen, das werde mir guttun.

Peter lauscht meinen Worten und kommentiert sie nicht. Er erzählt auch nicht von sich selbst, sondern wartet, bis ich mit meinen Nachrichten fertig bin. Während ich spreche, werde ich ruhiger. Peter bekommt das durch sein Zuhören hin, gelassen, wie er meist ist. Oft fragt er nach: Wo genau warst du im Herbstwald? Und warum hörst du häufig Edwin Fischer? Und welches Japan meinte die Leserin? Wenn ich auf solche Fragen antworte, gewinne ich Boden unter den Füßen. Der Herbstwald, Edwin Fischer und Japan – sind das nicht bedenkenswerte Themen, aller Vertiefungen wert?

Schließlich steigt Peter auch selbst ein und spricht von der Zukunft: Wollen wir morgen mit dem Rad durch die Gegend fahren? Oder wollen wir schwimmen gehen? Oder wollen wir wieder mal kegeln, in dem alten Keglerheim, in dem sonst niemand mehr kegelt?

Wer ist Peter eigentlich? Manchmal spricht er zu mir wie ein älterer Lehrer, der mich vor Jahrzehnten einmal unterrichtete und seinen Schüler noch weiter durchs Leben begleitet. Andere Male redet er aber so, als wäre er mein Schatten, mein Gegenüber, mein Bruder. Und vielleicht ist er das auch, vielleicht ist er genau das. Seine Präsenz in meinem Dasein erscheint mir oft wie ein Geschenk, über das ich nicht allzu lange nachdenke. Ich sollte mich einfach nur freuen, dass er immer an meiner Seite ist. Heute hat er Geburtstag. Diesmal werde ich ihn anrufen und sagen: »Na?«

GRISSINI

Grissini sind eine typische Erfindung der italienischen Küche. Ihre Herstellung ist nicht aufwendig, und man braucht nicht viele Zutaten: etwas Mehl, Hefe, Wasser, Salz, Olivenöl. Der fertige Teig wird zu schmalen, spitz zulaufenden Stangen gedreht und kommt in den Ofen. Hinterher müssen sie noch durchatmen und austrocknen, dann sind sie länger haltbar. Knusprig sollen sie schließlich sein, und am schönsten sind sie, wenn sie noch Luftlöcher, Blasen und »Knorpel« haben.

Typisch italienisch ist, dass sie auch ästhetische Skulpturen sind, deren Herstellung durch die Handformung noch deutlich erkennbar ist. Sie sind also *Kunsthandwerk* mit menschlichen Spuren, ähneln andererseits aber auch Gestalten der Natur. So betrachtet erinnern sie an braune Stöcke oder Äste, wie man sie im Herbst auf dem Waldboden findet.

Vor einer Mahlzeit liegen sie in einer Schale oder einem Korb, dicht neben- und aufeinandergestapelt. Man kostet sie als Erstes, sie machen Appetit und verlangen nach einem Schluck (Wasser? Wein? Sekt?). So leiten sie die Mahlzeit ein oder konturieren selbst eine Zwischenmahlzeit. In diesem Fall begleiten sie andere Minima (Pasten, Käse oder Schinken, den man um sie herumwickeln kann).

Dass sie nur in Italien entstehen konnten, macht schließlich ihre eleganteste Funktion deutlich: In den Händen einer sich unterhaltenden Runde von Essern dirigieren sie die Konversation. Man hält sie mit den Fingern, schwingt sie durch die Luft, knabbert an ihnen, lässt sie sich heben und senken. Bissen für Bissen verschwinden sie langsam im Mahlwerk der Worte, als gehörten sie zu Boccaccios Erzählrunden von Frauen und Männern in den luftigen, schönen Gefilden weit draußen, außerhalb der geschäftigen Stadt.

KÖLSCH, ABER RICHTIG

Selten hat das Motto einer Kölner Karnevalssession so viel Aufmerksamkeit erregt wie »Uns Sproch es Heimat«. In einem Interview über diesen Volltreffer stellte sich heraus, dass Festkomitee-Präsident Christoph Kuckelkorn sich längst in einen brillanten Linguisten verwandelt hat. Losgelegt hat er mit einer Tiefenanalyse des Kölschen Schwadens, wie sie ein Linguistik-Ass vom Rang eines Noam Chomsky nicht besser hätte hinbekommen können.

Kölsch, hat der Präsident theoretisiert, ist eine verbindende, warme, ja umarmende Sprache. Jeder, der sich mit einem anderen Dialekt an den Karnevalstagen nach Köln bewegt, wird das zu spüren bekommen. Der auf Distanz bedachte Schwabe wird seine Distanz schrumpfen lassen, der erdbetonte Bayer wird sich hohe Luftsprünge zutrauen, und den kühlen Hamburger wird die Vollwärmstufe des Kölsch zu einer selten regen Erscheinung machen. An den heiligen Tagen werden an zentralen Plätzen Lilliput-Ausgaben des Wörterbuchs »Kölsch-Hochdeutsch/Hochdeutsch-Kölsch« mit zusätzlichen Begleitkamellen verteilt.

Gesprochen, hat Kuckelkorn weiter ausgeholt, wird dann aber hoffentlich kein Lexikon-Kölsch, sondern das vertraute, aber längst zu selten gewagte Straßenkölsch! Die Kölner sollen sich etwas trauen, angeblich wird alles toleriert, was nach Rheinisch oder Kölsch klingt. Bloß kein akademisches Kölsch, sondern das knubbelige, wie es im Veedel geflüstert wird!

Üben kann man, indem man kölsche Lieder singt, in jeder guten Kölsch-Kneipe läuft kölsche Musik, schon aus Einladungs- und Aufwärmgründen. Auch wenn man kein Wort versteht, sollte man mitsummen und mitmachen, das ist die Hauptsache.

Noch geheim gehalten hat Kuckelkorn, dass Kölsche Literatinnen und Literaten eingeladen werden, auf dem Festkomiteewagen beim Rosenmontagszug mitzufahren. Während des Umzugs werfen sie eigens angefertigte Taschenbuchausgaben von Adam Wredes Meisterwerk »Neuer Kölnischer Sprachschatz« unters jubelnde Volk. Die dreibändige grellrote Ausgabe früherer Tage dagegen erhält jede kölsche Schule zusätzlich als Geschenk.

FEUER MACHEN

Im Dezember haben wir in der Kindheit die ersten Feuer gemacht. Wir haben das trockene, aufgelesene oder geschnittene Holz vom vergangenen Jahr gesammelt und daraus einen kleinen Stapel gebaut. Sobald es dunkelte, zündeten wir einige Hölzer an und wachten darüber, dass die züngelnden Flammen ihren Fraß fanden. Sie breiteten sich aus und schlugen gen Himmel, und wir warteten, bis sie sich nach dieser Streckung rasch wieder senkten. Dann dehnten sie sich von Ast zu Ast und ummäntelten jedes einzelne Holz.

Ein richtiges Feuer loderte bis tief in die Nacht. Manchmal legten wir kleinere Hölzer nach und sahen, wie die erste Asche zerfiel. Eine kompakte Glut wurde genährt und setzte sich fest, wir bekamen den Blick nicht weg von diesem Expressionismus in Rot und wollten gar nicht mehr fort.

Wir waren Meister im Feuermachen, aber wir ahnten nicht, welche noch größeren Meister es gibt. Daniel Hume ist so einer und hat darüber das Buch »Die Kunst, Feuer zu machen« geschrieben. Wenn man es liest, flammen die Kindheitsbilder wieder auf, und wir haben den alten Rauchgeruch in der Nase, der sich im Winter so wunderbar zwischen den nahen Bäumen verfängt und hält. Sodass wir einen nachdenklichen Blick auf all die Holzstöße werfen, die in unserem Garten momentan noch überwintern.

BEGEGNUNG MIT ROGER WILLEMSEN

Roger Willemsen habe ich kennengelernt, als er noch nicht sehr bekannt war, das war im Herbst 1987. Damals stellte er in den Büroräumen des Münchener Piper Verlags ein Buch mit dem Titel »Figuren der Willkür« vor. Ich saß neben ihm und präsentierte ebenfalls ein neues Buch. Wir kamen rasch ins Gespräch und saßen später noch lange zusammen, als sich die Zuhörer und die Mitarbeiter des Verlages schon längst verlaufen oder zurückgezogen hatten.

Später habe ich ihn immer wieder durch Zufall getroffen. Oft in Köln, in Restaurants, die uns beiden gefielen, einmal auch im Bordrestaurant eines Zuges, wo wir einander plötzlich gegenübersaßen. Während einer Fahrt in den Norden unterhielten wir uns fast ausschließlich über Musik. Mein Terrain war die Klassik, er aber sprach über Jazz, wo er sich viel besser auskannte als ich.

Ich habe diese Fahrt gut in Erinnerung: die Begeisterung, mit der er auf mich einredete, seine Vehemenz, das Sprudeln der aus dem Stegreif entstehenden überraschenden Einfälle, seine Freundlichkeit. Als ich aussteigen musste, verabschiedeten wir uns fast wie zwei Musiker, die gerade ein Duo gespielt hatten, er ton- und melodienangebend, ich eher begleitend und lauschend. Auf dem Bahnsteig blieb ich noch eine Weile stehen, nachdem er mir zum Abschied durch das Zugfenster lachend zugewinkt hatte.

Insa Wilke hat nun viele seiner Texte über Musik in dem Buch »Musik! Über ein Lebensgefühl« versammelt. Die meisten sind Aufforderungen zum Hören bestimmter Stücke, in deren Klangcharakter er einführt und die er in einer Sprache auslegt, die nie bildungsbeflissen oder theoretisierend wirkt. Roger Willemsen ließ sich von bestimmten Kompositionen mitreißen und fesseln, und wenn er über solche Trips schrieb, dann so, dass man dieses Miterleben hautnah mitbekam.

»Musik!« ist ein ideales Buch für das Erweitern eigenen Hörens. Gleich einer langen Reise kann man Roger Willemsen durch seine musikalischen Kontinente folgen, lesen, wie er seine Jazz-Favoriten vorstellt, Klassik mit Jazz konfrontiert oder Szenen außereuropäischer Musik porträtiert. Und da alle Stücke leicht im Netz abrufbar sind, kann man alle paar Tage eine Willemsen-Session einlegen und der Vorstellung erliegen, man lauschte ihm weiter und weiter und hörte seine eindringliche, nicht nachlassende Stimme.

EIN WEIHNACHTSLIED

Die Christmette war zu Ende, die Kirchenbesucher standen auf, leicht übermüdet und erschöpft. Dann aber holte die Orgel noch einmal aus, und die Trompeten stimmten das Weihnachtslied an, das ich so liebe: »Adeste fideles, laeti triumphantes, venite, venite in Bethlehem!«

»Herbei, o ihr Gläubigen« – oder auch: »Nun freut euch, ihr Christen« lautet die erste Zeile der deutschen Übersetzung. Das aber ist nicht dasselbe, denn im lateinischen Text ist das Vokabular kräftiger, frischer, ja, eine geradezu mitreißende Aufforderung! Und wozu? Dazu, das Lamentieren, Reflektieren und Sinnieren wenigstens für einen einzigen starken Moment aufzugeben und sich einem nicht zu leugnenden Glücksgefühl gemeinschaftlicher Freude hinzugeben. Gleichgültig, ob man so etwas als Gläubiger oder Nichtgläubiger erlebt, es fällt schwer, beim Mitsingen dieses Liedes gefasst zu bleiben. Ich erinnere mich an eine Aufnahme mit Luciano Pavarotti aus der Basilika Notre-Dame in Montreal, als der große Tenor das »Adeste fideles« mit einem Schwung und einer Strahlkraft anstimmte, dass ihn der Überschwang selbst davontrug. Nach etwa zwei Minuten begleiteten ihn mehrere Chöre, da gab er für Sekunden auf und kämpfte mit den eigenen Emotionen.

Sie rühren daher, dass es sich um ein Glückslied ohne Wenn und Aber handelt und damit um einen Gesang, der keine verhaltenen Empfindungen mehr duldet, sondern die schlummernden bündelt und herausschreit: Hier bin ich, es hat mich gepackt, jetzt mache ich mich auf den Weg, kommt bitte mit! Das spezielle Übermaß dieses plötzlichen, unbedingten Aufbruchs ist wohl auch der Grund dafür, dass es von so vielen Sängerinnen und Sängern interpretiert wurde (wie etwa Bob Dylan, Mahalia Jackson, Elvis Presley).

Es gibt Weichspüler-Fassungen, diese aber verfälschen den Gestus des Jubels, der diesem Lied so elementar innewohnt und den wir sonst kaum noch kennen. Mir erscheint Pavarottis Version am stärksten: Er singt, als höbe er gleich ab, hinauf zu den knapp unter dem Kirchendach vermuteten, begeistert herumflatternden Engeln.

DIE KLAUSUR

Ich bin eingeschneit. Das kleine Gartenhaus steckt unter schweren Mänteln und Krägen von Schnee. Von außen betrachtet ergibt das ein trügerisch harmloses Bild: ein Haus wie aus einem Märchen der Brüder Grimm, man möchte sofort anklopfen, mit den Bewohnern eine warme Suppe essen und später zusammen Volkslieder singen.

Von wegen harmlos oder idyllisch: Die Lage ist ernst. Schaue ich frühmorgens aus dem Fenster, blicke ich auf ein unaufhörlich schneiendes Grau. Schneeflocken in dieser maßlosen Art machen nicht glücklich, sondern Angst. Ich komme zu Fuß gerade noch bis zum Zaun, könnte aber am Mittag selbst das nicht mehr schaffen.

Haben wir überhaupt noch etwas zu essen? Im Keller liegen zum Glück noch Berge von Winteräpfeln, und klares Wasser fließt auch noch aus der Leitung. Ach, es hilft alles nichts: Ich werde in die Stadt gehen müssen! Mit dem großen Jägerrucksack und schweren Stiefeln sowie dem alten Lodenumhang werde ich dort stumme und bemitleidende Blicke ernten: Wo kommt dieser Verrückte denn her? Aus dem nächsten Laientheater?

Rasch werde ich aufbrechen müssen, bevor es zu spät ist und ich den Weg zurück nicht mehr schaffe. Das Nötigste nur, ein paar Lebensmittel für die nächsten Tage! Wenn das gelingt, ist ein Zustand komplett, den ich nur zu gut aus anderen Anlässen kenne: Die Klausur! Sich in Klausur zu begeben, bedeutet: den kleinen Raum des Nachdenkens nicht zu verlassen, keine langen Mahlzeiten, keine Ablenkung!

IN BILDERN VERSCHWINDEN

Seit frühmorgens fällt Schnee, und es ist der bisher schönste des jungen Jahres. Keine schweren Flocken, sondern feiner Kristallstaub, ein Rieseln von winzigen weißen Insekten, denen man beim Schweben und Fallen zuschauen kann. Da sie pausen- und schwerelos fallen, deute ich sie als Anspielung auf meine Klausur: So sollten meine Buchstaben das Weiß der leeren Seiten bedecken, so arm an Geräuschen und so unermüdlich. Die Winterszene erscheint wie ein sphärischer Zustand, der Film vor den Fenstern tränkt den eigenen Blick, und der Blick schweift zurück, zur Winterurszenerie des Bruegel-Bildes »Die Jäger im Schnee«.

Dazu passt eine Entdeckung: Geht man auf die Homepage des *Kunsthistorischen Museums Wien*, trifft man auf das Angebot »Inside Bruegel«. Dort werden die »Wiener Gemälde« Bruegels gezeigt, darunter auch »Die Jäger im Schnee«. Mithilfe von »Inside Bruegel« kann man nun als Betrachter in das Bild schlüpfen, indem man es Schritt für Schritt langsam vergrößert (eine »Info« berät).

Dann ist jedes Detail beinahe *hautnah* zu sehen: der brennende Kamin einer Scheune, an dessen Dach gerade Leitern zum Löschen des Brandes angelegt werden. Die vereisten Verzweigungen der Flusslandschaften, mit ihren tief in den Wassern versunkenen Bäumen. Die zu munteren Spazierstockformen gerollten Schwänze der Hundemeute im Vordergrund.

So versinkt man im Bildganzen und taucht ab, um immer neue kleine Szenen im Bild zu finden. Sie sind die Flocken und der rieselnde Schnee, die von den vielen Pinselstrichen ausgelegt und zusammengetragen wurden zu einem täuschenden Teppich aus unendlich vielen sich überlagernden Farben.

KLAVIERSTUNDE

Wer in einen pianistischen Konzertabend geht, erlebt ihn vor allem als Zuhörer. Die Wahrnehmung ortet den Klangcharakter, den damit verbundenen jeweiligen Ausdruck der einzelnen Phrasen und die sich im Klangverlauf entwickelnde Folge geweckter Emotionen.

Die wenigsten Zuhörer aber *sehen* einen Pianisten spielen. Wer das tut, nimmt die Physis des Spielens wahr, die körperliche Aktion, die Zusammenarbeit ganz unterschiedlicher Kräfte, die ein akzentuiertes Spiel erst ermöglichen.

Deshalb lade ich zu einer kurzen Klavierstunde ein, indem ich Vladimir Horowitz dabei beobachte, wie er während seines Wiener Klavierabends im Jahr 1987 das »Impromptu Nr. 3 in Ges-Dur« von Franz Schubert spielt (auf Youtube leicht zu finden).

Erstaunlicherweise liegen beide Hände nebeneinander sehr flach auf den Tasten, die Finger nicht gekrümmt, sondern so weit wie möglich gestreckt. Der Anschlag erfolgt über den vordersten Teil der Fingerspitzen, die so wenig Aufwand wie möglich betreiben. Sie touchieren die Tasten und bewegen sich fast unmerklich in ihre Ausgangsstellung zurück. Die Unterarme auf gleicher Höhe wie die Hände und Finger – diese ergeben eine Linie der Reduktion.

Das aufrechte Sitzen des Rumpfs folgt dieser Bewegungslosigkeit. Er rührt sich in keinem Moment, selbst das Mienenspiel des Gesichts ist fast nicht vorhanden. Schuberts »Impromptu« wird auf diese Weise nicht inszeniert oder vorgetragen, vielmehr erscheint die Musik *Takt für Takt* wie von selbst, als spielte der Flügel und habe den Spielenden verhext oder in Trance versetzt.

Kein anderer Pianist hat je so *medial* dieses Impromptu von Schubert gespielt und dadurch erkennen lassen, welche Musik Schubert da eigentlich komponiert hat: die eines Abwesenden, Einsamen, der nichts so scheut wie die direkte Berührung, den Eifer, die Teilhabe an den lauten Liedern der Welt. *Entzug* könnte man die Physis dieser Jahrhunderteinspielung nennen. Eine fast körperlose Statuarik begleitet eine Psychologie des Alleinseins.

SALINGERS NACHLASS

Wie oft habe ich bisher Salingers Roman »Der Fänger im Roggen« gelesen? Er ist in meinem Geburtsjahr (1951) erschienen, doch er ist noch immer vollkommen frisch und gegenwärtig.

Außer diesem Roman kenne ich auch alle weiteren Veröffentlichungen Salingers recht gut. Ich war süchtig nach seinen Figuren und nach der merkwürdigen Feierlichkeit, mit der sie aus kleinen Alltagsmomenten starke Augenblicke machten. Die letzte von Salinger veröffentlichte Erzählung erschien 1965, danach zog er sich zurück.

Von Salingers Sohn Matt ist nun zu erfahren, dass sein Vater bis zu seinem Tod im Jahr 2010 kontinuierlich weitergeschrieben habe. Es gab also ein fast vierzigjähriges Schreiben, das der Öffentlichkeit vorenthalten wurde, durchaus aber für einen späteren Druck bestimmt war.

Vergleichbares kenne ich nicht. Die Isolation hatte in Salingers Fall wohl den Sinn, das Schreiben gegenüber allen möglichen Einmischungen *pur* und ungestört zu erhalten. Von außen sollte nichts in den geschlossenen Kosmos des Hauses eingreifen, in dem Salinger, abgeschottet von der Umwelt, seine letzten Jahrzehnte verbrachte. Jede Teilhabe an seinen Texten (etwa durch Kommentar und Kritik) war daher ausgeschlossen. Das Schreiben blieb ganz *bei sich*, reiner Impuls des Selbst.

Von heute aus betrachtet erscheint eine solche Entscheidung wie eine Provokation. Angesagt ist zurzeit, dass Autorinnen und Autoren unendlich viele Stimmen und Reaktionen zu ihrem entstehenden Text einholen. Im schlimmsten Fall führt es dazu, dass solche *Vorlektorate* zu Selbstblockaden der Schreibenden führen. Genau das wollte Salinger vermeiden. Er schrieb und schrieb in seinen letzten fast vierzig Jahren ohne *Gutachter*, um einer späteren Leserschaft jene Texte anvertrauen zu können, denen er alle Kommentare zu Lebzeiten erspart hatte.

Matt kümmert sich nun zusammen mit Salingers Witwe um die Veröffentlichung des gesamten Nachlasses. Bald sollen die ersten Texte erscheinen …

DIE ENTDECKUNG DER MODE

Damals, in den späten Fünfzigerjahren, kümmerte sich keiner von uns Jungs um seine Kleidung. Wir zogen frühmorgens eine schlottrige Hose und ein zerknittertes Hemd an, und an den Nachmittagen tauchten wir in abgelegene Kletterzonen ab, aus denen wir am Abend angerußt und verdreckt nach Hause zurückkamen.

Während der hohen Karnevalstage jedoch war alles anders. Jeder von uns lag den Eltern mit einem Kostümvorschlag in den Ohren, und da fertige Kostüme teuer waren, baten wir unsere Mütter, ein Kostüm nach unseren Wünschen zu schneidern. So hat der Karneval uns damals mit den Themen der Mode vertraut gemacht. Plötzlich begriffen wir am eigenen Leib, was das war und was es bedeutete, sich ihren Gesetzen zu unterwerfen.

Das begann mit zeichnerischen Entwürfen und ließ uns zu ersten Anproben erscheinen: War der Ärmel zu kurz, waren die Knöpfe zu groß, passten die Schuhe?! Und wie stand es mit den Farben?!

Ich selbst hatte mir in den Kopf gesetzt, als Kaplan aufzutreten. Mein modisches Vorbild war mein eigener Onkel, der in Essen eine katholische Pfarrei betreute und den ich bei meinen Besuchen oft in einer schwarzen Soutane gesehen hatte. So ein Kleidungsstück empfand ich ungemein fein: vom Kopf bis zum Boden durchgehend, mit dreiunddreißig violetten Knöpfen, eng anliegenden Ärmeln und – tailliert! Hose und Hemd konnte ich endlich vergessen, denn eine Soutane hatte mit dem Alltag nichts mehr zu tun und verlieh einem ein würdevolles Äußeres.

Als ich sie zum ersten Mal trug, schritt ich plötzlich aufrecht und mit durchgedrücktem Oberkörper. Ich stellte das Laufen und Zappeln ein und trug als Höhepunkt meiner feierlichen Präsentation ein ebenfalls schwarzes Birett. Den halben Tag redete ich frei erfundenes Latein und segnete sogar all die, die gar nicht gesegnet werden wollten. Die Mode hatte aus mir eine Gestalt gemacht, zum ersten Mal spürte ich, was das war. Es war ein Mensch, der sich um jedes Detail seines Äußeren gekümmert hatte und selbst noch den Namen des feinen Stoffs hätte nennen können, in den man ihn *gewandet* hatte. In meinem Fall war es Baumwolle, *mollis bombacio …*

IM FRISEURSALON

Alle zwei Monate lässt Justus sich die Haare schneiden. Aus Gewohnheit geht er immer in denselben Friseursalon, wo ihn Dimitri erwartet. »Vorne kurz, hinten länger, wie letztes Mal«, sagt Justus leise und kommt sich etwas altmodisch vor. Zu beiden Seiten studieren viel jüngere Kunden mithilfe von Tablets die gegoogelten »Frisuren männlich«. Sie werden von Stylisten umkreist, die eine intensive Typberatung betreiben. Modisch angesagt sind längere Haare, auch dramatische Locken, die aber »undone« getragen werden, »raspelkurze Seiten« dagegen sind momentan das Letzte.

Nach der Typberatung werden die neusten Zeitschriften verteilt. Die meisten Kunden lesen »GQ« oder »Men's Health«, die mutigeren pflücken Modetrends auch aus den Frauenzeitschriften. Lektüren verlaufen laut, Bruchstücke werden in den Raum geschleudert und ziehen Gelächter oder kurze Kommentare nach sich.

Vor dem Schnitt müssen alle unters Wasser, Haare waschen, inklusive einer speziellen Kur. Das kann man auf einem Massagestuhl erleben, dessen röhrende Stangen sich massiv an den Rückenmuskeln entlangbewegen. Kurzes Atemholen, ein Gläschen Prosecco oder auch nur etwas Wasser. Justus mag nicht massiert werden, auch die Kopf- oder Handmassagen von wortarmen Azubis mit ausdrucksloser Mimik ignoriert er. Mit hochgezogenen Schultern versinkt er unter seinem weiten Poncho und blickt stur auf die Tageszeitung.

Die Gespräche kreisen um Neueröffnungen von Restaurants oder Bars, angesagte Drinks, Sport und Mode. Gesprochen wird im Stil des *Karlism* und damit in jenem unnachahmlichen Idiom, das Karl Lagerfeld kreiert hat (»I like everything to be washable, myself included.«). Knappe Pointen, gedämpfter Humor, alles soll leicht und selbstbewusst wirken, als berührte einen die Welt nicht besonders. Zwei Stunden verbringt Justus im Lagerfeld-Country, zahlt, schüttelt sich, verlässt den Salon und traut niemandem mehr über den Weg.

KREATIVE VERORTUNG

Wie nähert man sich den kreativen Potenzen von Karl Lagerfeld? Berichtet man über sie? Oder befragt man andere dazu? Der französische Regisseur Loïc Prigent hatte eine fabelhafte Idee: Er besuchte Lagerfeld in seinem Studio und drehte ausschließlich an seinem Schreibtisch. Nirgendwo hält sich der Meister lieber auf, und nirgendwo kann man ihn besser dabei beobachten, wie er Ideen entwickelt.

Und wie macht man das? Ganz einfach, man lässt ihn nach einem Zeichenblock greifen. Und dann gibt man kurze Stichworte vor – und bittet ihn, gleichzeitig zeichnend und erzählend zu antworten: Wie sehen Sie aus, wenn Sie frühmorgens aufstehen? – und schon geht es los. Der Stift fliegt über das Papier, zeichnet die Haare, die Frisur, die Kleidung, während der lockere, elegante Ton des Sprechens und Redens jedem gezeichneten Detail zu Hilfe eilt.

Diese Technik ermöglicht eine klassische, gelungene kreative Verortung: Man redet nicht *über* Kreativität, sondern zeigt sie in den Momenten ihres Entstehens. Sie sind eng verbunden mit dem *kreativen Raum*, auf den sie angewiesen sind und an dem sie ausschließlich hervorgebracht werden. Im Falle Lagerfelds ist es der mit Zeichenmaterial und Stiften aller Art überfüllte Tisch und ein Zeichenblock im Hochformat, der eine Skizze nach der andern hervorlockt. Während die eilige, sichere Hand Blatt für Blatt entwirft, fixiert das fortlaufende Erzählen die Bewusstwerdung der Details im Kopf des Zeichners: Die Geste des Zeichnens wird ornamentiert durch die Geste des Sprechens.

Loïc Prigent arbeitet in seiner Dokumentation »Lebens-Skizzen« ausschließlich mit diesem Ausschnitt: dem Schreibtisch, den Materialien, der impulsiven Gestik. Keine Fotos, keine ablenkenden Interviews mit Zeitgenossen – und vor allem: keinerlei Kommentar! Die Sache selbst – verortete Kreativität – wird gezeigt –, und genau diese Methode macht den Film von Prigent selbst wieder genial.

BEGEGNUNG MIT EINEM KIND

Der amerikanische Schriftsteller John Updike (1932–2009) ist erst neun Jahre alt, als ihn seine Mutter auf den Stufen der Veranda des Großelternhauses in Shillington/Pennsylvania fotografiert. Er sitzt draußen in der Sonne und hält ein Buch in den Händen. Die Schuhe sind geschnürt, die kurze Hose und eine Jacke lassen den Jungen aussehen wie einen kleinen Gelehrten in der Sommerfrische. Die Haare fein gekämmt, eine mächtige Strähne ziert die Stirn.

John war ein Einzelkind, und man sieht der Fotografie an, wie viel Liebe dem Jungen entgegengebracht wird. Anscheinend hat er die Mutter bereits auf irgendeine Weise beeindruckt, sonst würde sie ihm nicht diese Aufmerksamkeit schenken. Eine Aura von frischem Aufbruch und Erwartung umgibt diese Fotografie, sie ist so stark, dass ich mich sofort an ähnliche Kindertage erinnere, als ich für die eigene Mutter ein Motiv oder sogar ein Thema war.

Der alte John Updike hat dieses Foto irgendwann wiederentdeckt und es so ernst genommen, als wäre es die Fotografie einer bedeutenden Fotografin. Er hat es lange betrachtet und dann Detail für Detail beschrieben. Foto und Text markieren einen der Höhepunkte seiner Schriften »Über Kunst«.

Seit einigen Tagen lese ich in diesem Band einen Updike-Text nach dem anderen. Hat ein Schriftsteller je genauer, liebevoller und emphatischer über einzelne Kunstwerke geschrieben? Und hat es je mehr Freude gemacht, vor großen Bildern in Gemeinschaft eines Begleiters zu verweilen, der sie nicht zutextet, sondern sie mithilfe seiner immensen Sehkraft zum Leuchten bringt?

EIN LUNCHKONZERT

In einem Lunchkonzert in der Berliner Philharmonie. Sie öffnet gegen 12 Uhr, eine Stunde lang strömen Menschenscharen aller Lebensalter hinein. Sie kommen mal eben vorbei, um etwa fünfzig Minuten an einem mittäglichen Konzert teilzunehmen, und sie halten sich dazu nicht in einem der Konzertsäle auf, sondern im Hauptfoyer.

Für Personen mit Schwerbehindertenausweis ist eine bestimmte Sektion von Plätzen abgesperrt, die anderen Zuhörer verteilen sich im Raum, wo auch immer sie gerade einen Steh- oder Sitzplatz finden. Viele setzen sich auf den Boden oder die Treppen, andere steigen hinauf zur Empore, wo man nur entlang der Geländer einen Blick auf das kleine Podium werfen kann.

Gegen 13 Uhr erscheinen die beiden Solisten, eine Pianistin und ein Violinist. Sie spielen eine *Violinsonate* von Mozart und eine von Beethoven, und sie schließen mit der »Tzigane« von Ravel. Zwischen den einzelnen Sätzen wird begeistert geklatscht, und obwohl das Publikum überall verstreut sitzt, liegt, krabbelt (wie etwa die Kleinsten), wirkt diese Mittagssession hoch konzentriert, heiter, ja, wie ein locker komponiertes Zusammentreffen und Fest.

Wer will, kann sogar (oben auf der Empore) auf und ab gehen, und wer durch eines der Fenster beobachten will, wie sich die Musik von drinnen in der Umgebung draußen verteilt, kann auch das tun: Erstaunlich, wie gelöst und passioniert die Bauarbeiter in den nahen Parkanlagen erscheinen, wenn dazu gerade Musik von Mozart erklingt!

Man öffne vielen Menschen einen großen Raum und lasse sie machen, man greife nicht ein, sondern vertraue ihrer Konzentration und ihrem spontanen Geschick, und man teile mit ihnen die gespannte Begeisterung beim Anhören von Musik, die sich wie hergezaubert in den Räumen verteilt.

Das Lunchkonzert schien beendet, als die begeisterten Zuhörer noch eine Zugabe forderten. Ich war bereits auf dem Weg zum Ausgang, als ich die ersten Töne hörte und stehen blieb. Wenige Takte eines Klaviervorspiels – und dann der Einstieg der Stimme der Violine. Das Klavier tritt in die Begleitung zurück, die Violine singt sich aus, dann ein kurzer Mittelteil, in dem das Klavier durchatmet – und die Rückfindung der Violine zum Gesang.

Das habe ich früher solo auf dem Klavier gespielt, dachte ich. Das ist ein »Lied ohne Worte« von Mendelssohn, das ist das Opus 19/1 in E-Dur, das klingt in der Version mit Klavier *und* Violine noch viel schöner, dachte ich, das impft einem die Schönheit von Musik in drei Minuten bis in die hintersten Spulen des Hirns, das ist …

Und ich blieb weiter stehen und hörte, wie das Stück ausklang und die Zuhörer einen Ergriffenheitsmoment lang still wurden und sich erhoben und zu klatschen begannen und ich ebenfalls klatschte und mit feuchten Augen hinaus ins Freie eilte, durch die Narzissenlandschaft ringsum.

ZU ZWEIT UND ZU DRITT

Der japanische Philosoph Isaku Yanaihara war sechsunddreißig Jahre alt, als er 1955 dem Bildhauer Alberto Giacometti in Paris begegnete. Yanaihara hatte sich mit französischer Kunst der Gegenwart und der Philosophie des Existenzialismus beschäftigt, Werke von Albert Camus übersetzt und die intellektuellen Klimaumschwünge in Paris aus der Nähe studiert. Dazu hatte ein Stipendium beigetragen, das ihn für einige Zeit in der französischen Metropole wohnen und arbeiten ließ.

Einen besonderen Impuls erhielt er in dieser Zeit zunächst durch Gespräche, die er mit Giacometti führte. Die beiden müssen sich von Anfang an gut verstanden haben, denn die spontan empfundene Nähe erhielt schon bald eine Struktur: Giacometti begann, den Freund zu porträtieren. Tag für Tag saß er von da an stundenlang in dessen kleinem Studio, aufrecht, oft mit Jacke und Krawatte, das blasse, breite Gesicht den Blicken des Künstlers aussetzend.

Mit der Zeit entstand eine Arbeits- und Lebenssituation, wie es sie in dieser Strenge nur selten gegeben hat. Giacometti hörte nicht auf, Yanaihara zu porträtieren, und Yanaihara geriet dadurch in den Bann einer Werkentstehung, aus der auch er sich nicht zu lösen vermochte. Immer wieder schob er die geplante Rückreise nach Japan auf und ging schließlich sogar eine Liaison mit der dritten Person im Bunde, mit Giacomettis Frau Annette, ein.

In den folgenden Jahren hat Yanaihara zweihundertachtundzwanzig Mal für Giacometti Modell gesessen. Nach den Sitzungen war man oft zu zweit oder zu dritt bis in die Nacht in Paris unterwegs. Hatte man sich getrennt, machte sich Yanaihara Notizen über die Tag- und Nachtgespräche, aus denen später ein Buch entstand. Seit Kurzem liegt dieses Zeugnis einer Lebensgemeinschaft erstmalig in deutscher Übersetzung vor.

Drei Menschen, verstrickt in einen fortlaufenden, sich immer wieder zuspitzenden und neu strukturierenden Werkprozess, die Metropole Paris als Anschauungsbühne für ihre Blicke und Themen, die dadurch ausgelöste Verwandlung der künstlerischen Praxis in eine erotische – das wären die Motive und Themen für einen Film, den ich Bild für Bild vor Augen habe.

NACHRICHTEN VON DEN LEBLOSEN

Paul lädt seine fünf besten Freunde per Facebook mal wieder zu einer Kurzwanderung ein: vier Stunden quer durch die Wälder zum Waldheim. Josef meldet sich nach zwei Minuten: Warum wieder zum Waldheim? Warum nicht zum Stausee? Sechs Minuten später ist Ernie so weit: Warum nur wir Freunde? Warum nicht auch Bekannte, Frauen und Kinder? Das regt Dieter sehr auf: Bisher waren wir Männer ganz unter uns, das soll so bleiben, höchstens Hunde wären als Begleitung noch passend. Was soll das heißen?, fragt Bernd, sind Hunde als Begleitung beliebter als Frauen und Kinder? Um Gottes willen, meldet sich Dieter zurück, so war das doch nicht gemeint! Hat sich aber so angehört, bellt Bernd, worauf Paul wieder eingreift: Leute, was ist denn bloß mit euch los?!

Seit einiger Zeit nerven Social-Media-Konferenzen. Sie beginnen mit einem harmlosen Vorschlag oder einer unscheinbaren Idee und weiten sich in wenigen Minuten zu heißen Debatten über das Weltganze aus. Jeder Satz provoziert eine Antwort, die sich quer stellt und dadurch zu einer neuen Provokation wird. Rasch entwickeln die immer schärfer werdenden Abgrenzungen eine eigene Dynamik. Schließlich redet sich jeder in einer bestimmten Position fest, die eigentlich gar nicht seine Position ist und auch niemals so gedacht war: Josef will nur zum Stausee! Ernie nur mit Großgruppen! Dieter wiederum höchstens mit Hunden!

Nach einer Weile steht der Austausch still, und niemand ist in der Lage, das Knäuel der Meinungen aufzulösen. Dann haben wir es mit Formen von Entscheidungsfindung zu tun, wie sie für Social-Media-Kontakte typisch sind. Der unreflektierte Gebrauch der neuen Medien zerkleinert jedes Thema mikroskopisch bis ins Unendliche und führt schließlich zur Erstarrung. Seit einiger Zeit sind wir die armen Zuschauer dieses Dilemmas und erhalten fast täglich Nachrichten von den Fronten der Leblosen: monatelange Koalitionsverhandlungen, jahrelange Brexit-Umkreisungen – und keinen Tag nur eine Spur von Bewegung.

Was aber könnte helfen? Die Gesprächspartner einsperren und isolieren, magere Kost, wenig Getränke, keine sonstige Unterhaltung nach dem Vorbild eines Konklaves zur

Papswahl, bei dem der weiße Rauch neuerdings in immer kürzeren Abständen aufsteigt. Handybenutzung, Internet – das alles ist den Kardinälen verboten, und so verlieren sie rasch die Lust an der ewigen Streuung der Meinungen und einigen sich schließlich ruckzuck auf einen Gelehrten aus Deutschland oder einen Heiligen vom anderen Ende der Welt.

DIE AUFERSTEHUNG VON NOTRE-DAME

Kurz nach dem Brand von Notre-Dame erlebt man eine verblüffende *Auferstehung*. Die große Kathedrale war lange Zeit ein beliebtes Objekt des Massentourismus, dessen Scharen sie nichtsahnend durchwanderten wie ein dunkles Bergwerk, in dessen Verstecken man irgendwann auf eine bucklige, zerzauste Gestalt zu treffen hoffte. In der Disney-Version von »Der Glöckner von Notre-Dame« war man ihr einmal im Kino begegnet, ohne zu ahnen, dass der stark sentimentale Bursche eigentlich einem Roman des Schriftstellers Victor Hugo entstammte.

Victor Hugo?! Ein großer Roman?! Aber ja, nun sind Name und Buch wieder in aller Munde, und die beiden Kapitel des dritten Buches, die von der Geschichte der Kirche erzählen und die berühmte Vogelschau auf Paris präsentieren, werden beinahe wie sakrale Texte gelesen. Nicht anders verhält es sich mit der Musik. Seit dem Brand interessiert sich die Welt wieder für die zum Glück unbeschädigte große Orgel und lauscht neuen und älteren Aufnahmen ihrer legendären Organisten. Welche Kirchenmusik wurde von welchen Komponisten für die Messliturgien von Notre-Dame komponiert? – Auch das ist inzwischen eine Frage, für deren Beantwortung lauter frisch entstandene Webseiten Kataloge mit vielen Hinweisen bereithalten.

Ähnlich verlaufen die Studien der Kunstfreunde, für die »The Public Domain Review« eine ausführliche Bilderstrecke mit Gemälden oder Fotografien angelegt hat, die im Zeitraum von 1460 bis 1921 Notre-Dame abbildeten. David, Matisse, Atget oder Signac – sie alle haben die Kirche porträtiert und uns eine Vorstellung von ihren sich wandelnden Physiognomien vermittelt. Ganz zu schweigen von den Architekten, schon wenige Tage nach dem Brand waren die Diskussionen über den Wiederaufbau in vollem Gang, und sofort war klar, dass er ein europäisches Projekt werden wird, mit Spezialisten und ausgesuchten Handwerkern aus vielen Ländern.

Diese Revitalisierung von Notre-Dame ist erstaunlich. Plötzlich ist sie ein Thema, das von Vertretern aller Künste wie ein großes Zukunftprojekt behandelt wird, in dessen Verlauf wir unsere Fantasien und Vorstellungen von Vergangenheit neu befragen. Momentan schlägt die Stunde der Fachleute und Enthusiasten, die sich mit Leidenschaft in Details vertiefen und von ihnen so spannend zu berichten wissen, wie es keine Disney-Animation je vermocht hat.

DIE HÖFE UND HÄUSER DES THOMAS BERNHARD

Der Schriftsteller Thomas Bernhard war vierunddreißig Jahre alt, als ihm 1965 für seinen Roman »Frost« der Bremer Literaturpreis zugesprochen wurde. Bernhard war damals wenig bekannt, er stand noch am Anfang eines Werks, das in den Folgejahren rasch immer größere Geltung erlangte und schließlich in den obersten Ruhmesetagen ankam. Mit dem Preisgeld finanzierte er den Kauf eines damals noch ruinösen Vierkanthofs in Ohlsdorf, den er nach und nach aufwendig renovierte und ausstattete.

André Heller hat in seinem Buch »Hab & Gut. Das Refugium des Dichters« Fotografien von Hertha Hurnaus veröffentlicht, die das Äußere und Innere dieses Hofes einfangen. Verblüffend ist, dass Bernhard die Inneneinrichtung wie ein Bühnenbild komponiert hat. Dabei zitiert er traditionelle Insignien eines Bauernhofs (wie eine hölzerne Eckbank, einen viereckigen Esstisch, Kachelöfen etc.), die er mit modernen Elementen (wie einer Edelstahlküche mit Geschirr und Küchengeräten oder mit Fernsehgeräten sowie Transistorradios) kombinierte. Vollends mysteriös erscheinen schließlich Gegenstände, die auf mögliche Bewohner verweisen: ein Gewehr, vielerlei Schuhe und Stiefel, Hüte, Jacken und Hosen, akkurat in der Ankleide nebeneinander gereiht.

Unübersehbar sind die vielen Schreibtische, an denen Bernhard jedoch angeblich niemals geschrieben hat. In der kompletten Edelstahlküche hat er auch nie gekocht, anscheinend hat er die Räumlichkeiten des gewaltigen Hofes kaum bewohnt. Gäste hat er nur selten empfangen und noch seltener beherbergt. Geschrieben hat er in Gmunden, wo er eine Wohnung besaß, sowie in Wien oder auf Reisen.

Später hat Thomas Bernhard noch zwei weitere große, einsam gelegene Höfe oder Häuser erworben, die er zu Illusionsräumen seiner poetischen Anschauung umgestaltete. Anscheinend hat er alle drei ausschließlich als Fantasiewelten verstanden, die nicht mit dem Schreibprozess in Verbindung gebracht werden sollten. So waren die Häuser *Ausstellungen* von Werkideen und fiktiven Figuren, die sich in ihnen mit künstlichem Leben vollsaugten, sie dienten als Vampir-anstalten für Einfälle, Atmosphären, Geschichten.

Mit den Jahren komplettierte Bernhard diese Szenarien durch lauter weitere Gegenstände, die er aus der Ferne mit-brachte, jedoch niemals selbst anrührte: Krawatten und an-dere Kleidungsstücke, alkoholische Getränke, Gemälde und Möbel. Noch zu Lebzeiten entwarf er statische Museen sei-ner Raumillusionen, die heute wie Prospekte und Ergänzun-gen zu seinen Texten wirken.

ZU BESUCH BEI JOSEPH HAYDN

Am frühen Morgen machte ich mich auf den Weg zu Haydns Wohnhaus im Wiener Stadtteil Gumpendorf. Da ich wusste, dass er gegen halb sieben aufstand, sich sogleich eigenhän-dig rasierte und vollständig anzog, um acht frühstückte und sich anschließend eine Stunde an das Klavier setzte, erschien ich gegen neun Uhr. Sein Diener öffnete mir die Tür und flüs-terte mir zu, dass Haydn an diesem sonnigen Morgen aus-gesprochen gut gelaunt und einem Spaziergang durch die nahen Gassen bestimmt nicht abgeneigt sei, ich müsse ihn nur »sanft drängen«, wozu ich ja durchaus imstande sei.

Danach betrat ich das helle Zimmer, in dem Haydn sich aufhielt, er saß in seinem Lehnstuhl und schien auf mich zu warten. Wie fast immer trug er einen Rock aus kaffeebrau-nem Tuch mit gestickten Manschetten, weißer Seidenweste, schwarzen Seidenhosen und feinsten weißen Strümpfen in flachen Schnallenschuhen. Ich grüßte ihn und griff nach dem Hut, dem Spazierstock und den Handschuhen, die auf dem Tisch zu seiner Seite lagen. »Die Sonne lacht uns durchs Fenster zu und fordert uns auf, einige Schritte draußen im Freien zu tun«, rief ich und war Haydn beim Aufstehen behilflich.

Er strich seinen Rock glatt und fuhr sich über die Perücke. »Meine Perücke!«, murmelte er, »ich trage sie seit frühster Jugend nur zwei Finger über den Augenbrauen.« – »Da sollten wir für Veränderung sorgen«, antwortete ich, »ein Karl-Lagerfeld-Look mit straff geflochtenem Zopf würde Ihnen ausgezeichnet stehen. Ein Haarstudio befindet sich ganz in der Nähe.«

Haydn schwieg, aber ich bemerkte, dass er durchaus nicht abgeneigt war, einiges an seinem Äußeren zu ändern. Wir erreichten die Schmalzhofgasse und damit den Konfektladen von Michael Diewald, wo wir einige süße Schokoladenpreziosen, gefüllt mit Waldmeister und Zitronenmelisse sowie Flieder und Erdbeere, erstanden. Wir kosteten sie und bogen auf die Otto-Bauer-Gasse zum »Café Jelinek« ein, um dort einen Verlängerten und einen Einspänner zu uns zu nehmen.

Danach suchten wir in der Gumpendorfer Straße die »Österreichische Mediathek« auf, wo wir uns auf Haydns besonderen Wunsch hin Ausschnitte einer Aufnahme seiner Oper »Die vereitelte Untreue« im Schloss Esterházy in Eisenstadt aus dem Jahr 1980 anhörten, um gegen Mittag das Restaurant »Gschamster Diener« aufzusuchen, wo wir gebackene Schweinsleber mit Erdäpfelsalat bestellten – und dazu je ein Glas naturbelassenen, säurebetonten Messwein des Jahrgangs 2015.

Wir nahmen den ersten und auch einen zweiten Schluck, und ich erkannte zu meiner großen Freude Haydns berüchtigtes freundliches Lächeln, ja, ich wusste es nur zu gut zu deuten: Es war nicht anders zu verstehen denn als Vorbote einer Erzählung, die ich im Kopf behalten und später notieren würde. Ein Grüner Veltliner des Jahrgangs 2016 würde den Meister noch mehr in Fahrt bringen, ganz zu schweigen von einigen Glaserln Schlumberger, mit dem ich seinen Dessertappetit am frühen Nachmittag bis zum späten Abend noch vehementer anzuregen dachte …

HEIMAT/EN 1

Ich habe mit Mariana Leky über das Thema *Heimat* gesprochen. Welche Unterscheidungen haben wir getroffen?

Begonnen haben wir mit der *ersten Heimat* – mit dem Dorf oder dem Viertel einer Stadt, in dem wir groß geworden sind. Die erste Heimat ist der prägende Raum der frühsten Begegnungen, in deren Verlauf die für unser ganzes Leben zentral und bestimmend werdenden Menschen und Dinge ins Spiel kommen. Wir lernen, den uns umgebenden Raum nicht nur zu benennen, sondern auch zu empfinden. Seine Gerüche, Farben, Temperaturen und Klänge, seine Speisen und Getränke begleiten uns ein Leben lang. Im Alter kann es daher passieren, dass wir uns nach dieser ersten Heimat zurücksehnen. Wir spüren *Heim*weh, die erste Heimat ist dann unsere alte Heimat, die wir im Extremfall sogar wieder aufsuchen.

Irgendwann, meist in der späten Pubertät, zieht es uns in die *zweite Heimat*. Sie ist uns nicht gegeben (wie die erste) – wir müssen sie vielmehr erst herstellen. Dazu gehört, dass wir nun aus der Entfernung die Besonderheiten der ersten Heimat verstehen und auf sie reagieren. Sich zu be*heimat*en ist ein kultureller Akt, der von uns verlangt, die erste Heimat der frühsten Zeit mit einer anderen Heimat neuer Zeitrechnung zu verbinden.

Treibt es uns noch weiter hinaus, reisen wir in die *ferne Heimat*. Sie liegt nicht mehr nebenan, sondern in einem Jenseits oder Irgendwo, zu dem wir vorher noch nie eine Verbindung spürten. Wir überqueren Flüsse und Meere, wir streben in andere Kontinente, die *erste Heimat* gerät beinahe ganz aus dem Blick.

Ignorieren wir die ferne Heimat, könnte stattdessen auch der europäische Raum für uns zu einem größeren Ganzen werden. Mit der Empfindung von Europa als Heimat treffen wir auf das historische Neben- und Miteinander der unterschiedlichen europäischen Kulturen, die seit Jahrtausenden eng miteinander verbunden sind. Vielleicht pendeln wir zwischen unserem Heimatland und den Nachbarländern hin und her, oder wir machen Urlaub im Norden oder im Süden – in fast allen Fällen erleben wir die anderen Welten eng bezogen auf unsere eigenen: im Vergleich von Nähe und Ferne oder in der bewusst empfundenen Andersartigkeit.

Von hier aus wächst das Verständnis für all die, die nun wiederum aus anderen Ländern zu uns kommen. Nach dem Zweiten Weltkrieg waren es die Vertriebenen, dann die sogenannten »Gastarbeiter«, jetzt sind es Flüchtlinge und Hilfesuchende. Indem wir ihnen begegnen und auf sie zugehen, bewährt sich unser in der weiten Fremde geschulter Sinn: Jetzt sehen wir *die anderen* bei uns ankommen, um eine *neue Heimat* zu finden und sie mit unserer Hilfe zu gestalten.

Schließlich der *globale Raum*. Von ihm haben wir zuerst in den Tagen der ersten Mondlandung (1969) mehr erfahren. Da sahen wir unseren Globus durch das Fenster einer Rakete, sein verlorenes Treiben im dunklen All, seine Schönheit und Ungeschütztheit. Plötzlich war das Ganze unserer Raumfluchten erkennbar: eine blaue Seifenblase im Universum, dem

umfassend Ganzen. Es war kein Zufall, dass sich damals der
»Club of Rome« zum ersten Mal meldete und uns daran erinnerte, was wir der Unversehrtheit der Erde schulden: unseren
aktiven Einsatz, die Ausdehnung unseres entwickelten Hei-
matbewusstseins auf den ganzen Planeten.

HEIMAT/EN 2

Ich sitze im ältesten Teil des Restaurants »Alte Vogtei« in
Hamm an der Sieg. Mein Platz ist am einzigen kreisrunden
Tisch, an dem sonst die Wirtsleute sitzen und zur Ruhe kommen, wenn die meisten Gäste gegessen haben. Wie oft bin ich
hier schon gewesen, habe den Mittag oder den Abend verbracht oder mit Bekannten oder Freunden einen schönen Anlass gefeiert!

Ich schaue auf die Eingangstür, durch die man den Raum
der alten Gastwirtschaft betritt. Danach erblickt man die
Theke, die auch zugleich die Rezeption ist. Die viereckigen
Tische laden zu kleinen Mahlzeiten zwischendurch ein, zu
knusprigem Westerwälder Brot mit Schinken und Käse aus
der Umgebung und zu dunklem Bier aus Hachenburg.

Das Restaurant hat noch viele andere Räume, und jeder
von ihnen hat einen eigenen Charakter und daher auch einen
eigenen Namen. Es gibt die Ratsstube und ein Biedermeier-
eckzimmer, es gibt das Gewölbe, ein Jagdzimmer und das
Raiffeisensälchen, und es gibt eine hölzerne Kegelbahn, wo
ich so manche Partie verloren habe.

Warum sitze ich am liebsten am Tisch der Wirtsleute? Wegen den Urtiefen der Erinnerung an den Gasthof meiner vä-
terlichen Großeltern und seine Gaststube. An seine Fachwerk-

architektur. An den Geruch eines Bratens, der aus der nahen Küche durch eine halb geöffnete Tür zog und Appetit machte. An die Männer, die nur an viereckigen Tischen Karten spielten, weil runde Tische für das Ausspähen von Karten eine Einladung darstellten. An die weißen Vorhänge, die erst geschlossen wurden, wenn der letzte Gast die Wirtschaft verlassen hatte. An den Bruder meines Vaters, der hinter der Theke stand und Bier zapfte. An meinen Vater, der, je länger wir saßen, immer schweigsamer wurde, bis er ganz verstummte.

LUSTVOLLES SCHRUMPFEN

Die Kinder und Jugendlichen der Familien in meiner Umgebung unterrichten gegenwärtig ihre Eltern. Die üblichen Sommerferien inklusive Billigflug nach Marokko oder auf die Kanarischen Inseln sind gestrichen – in diesem Jahr geht es mit der Bahn und Superspartarifen in Gegenden, in denen der Tourismus noch nicht dominiert. Die deutschen Mittelgebirge und entlegene Flusslandschaften sind angesagt, man durchfährt sie auf Fahrrädern und kalkuliert abends Kalorienverbrauch und Energieleistungen. Während der munteren Familienfahrten sammelt man den Plastikmüll am Wegrand ein, das nennt man seit Neustem »Plogging« – so ein neuer chicer Begriff motiviert.

Alles kreist letztlich um den ökologischen Fußabdruck, der sämtliche Bereiche des Lebens erfasst und den die junge Avantgarde laufend bis hinter die Nachkommastelle berechnet. Wer hat heute zum Frühstück mal wieder ein Scheibchen Wurst verzehrt? Wer hat die Biolebensmittel im Supermarkt sträflich übersehen? Und wer bewohnt viel zu große

Flächen, anstatt sich auf die Hits der aktuellen Wohnkultur einzulassen: Hütten und Tiny Houses?

Der bullige Van, in dem die Eltern früher durch kaum eine automatische Parkplatzschranke kamen, wird verkauft. Alles, was breit, hoch und dominant aussieht, sollte abgestoßen werden, denn die Zeiten, in denen man mit den anderen um Fülle und Hülle konkurrierte, sind endgültig vorbei. Die grünen Zeiten haben stattdessen eine Ära lustvollen Schrumpfens eingeleitet, an deren Ende auch das Top-Ziel erreichbar scheint: die Nutzung der nervenden Smartphones mitsamt ihren Zerstreuungen und Angeboten einzuschränken! Natürlich war es niemand anderes als eine Lyrikerin, die das Wegweisendste zu diesem Thema gesagt hat: Seit sie nicht mehr bei Facebook zu Hause sei, sei sie einfach viel glücklicher. Dem muss keine einzige Silbe mehr hinzugefügt werden.

IM WALD

Alle paar Tage gehe ich in den Wald, der sich direkt an unser Grundstück anschließt. Meist bin ich am frühen Abend etwa eine Stunde unterwegs, immer einen anderen Weg oder Pfad entlang. Lange Zeit hatten diese Waldgänge etwas Harmloses und waren wohltuend ideologiefrei. Mein Wald hatte den Romantikboom früherer Jahrzehnte überstanden, er war weder ein Heiligtum noch das »marschierende deutsche Heer« von lauter strammen Baumstangen, als den ihn Elias Canetti einmal gedeutet hatte. Selbst vom Waldsterben war nicht mehr laufend die Rede, sodass ich glauben konnte, der Wald sei nicht länger ein überbeanspruchtes Zeichen für alles und nichts.

Seit einiger Zeit hat sich das aber geändert. Die ersten Fremdkörper, mit denen ich zu tun hatte, waren die Downhill-Fahrradfahrer, die unvermutet seitwärts Waldschneisen herabbretterten, auf den breiteren Wegen bremsten und sich wie aufheulende kleine Drachen den nächsten Abhang herunterstürzten. Solche Aktionen trugen dazu bei, mich dem Wald zu entfremden, sie behandelten das Rad wie ein Motorrad, und sie machten aus Wäldern Streckenpisten für Slalomfahrer.

Dann begegnete ich kleineren Gruppen, die sich bei jedem Wetter dem »Waldbaden« widmeten. Auffallend langsam zogen sie von Baum zu Baum, umkreisten Baumstümpfe, blieben hier und da minutenlang stehen, zeichneten Insekten und Schmetterlinge und stimmten oft sogar eigenartige Lieder an. Manchmal wurde ich eingeladen, sie zu begleiten, mein Gehen erschien ihnen zu anspruchslos und simpel, und eine Gruppenführerin schenkte mir einen Prospekt, der von der Notwendigkeit handelte, Wälder »philosophisch lieben zu lernen«.

Die weitaus größte Zahl der Waldbesucher geht aber nicht mehr, sondern bewegt sich temporeich. Die meisten laufen schweißtreibend und messen ihren Energieverbrauch an jeder Waldkreuzung, sie tragen Laufkleidung, haben Getränke dabei und verzehren bevorzugt Bananen. Manche begegnen mir bei meinen Spaziergängen mehrmals, weil sie zehnmal so lange Strecken zurücklegen wie ich. Sie beachten mich aber nicht, sondern bleiben für sich, über Kopfhörer genießen sie lautstark die Musik des waldfernen Lebens.

Noch halte ich durch und gehe einfach nur spazieren. Ich philosophiere nicht, und ich höre weder Musik noch maskiere ich mich »waldaffin«. Ich will einfach nur unterwegs sein, und am liebsten (ich gebe es zu) wäre ich wie in den alten, stilleren Tagen: allein.

EINE LEKTÜRE

Diese wunderbaren Tage, an denen man noch früher aufsteht als sonst, morgens gegen fünf, wenn das erste Licht da ist und ein schwacher Wind die Erdlungen durchpustet und man glaubt, unendlich viel Zeit zu haben und eine Flasche Wasser der Nachtexpedition hinterherschickt, heute kein Rasieren, kein Duschen, das Wasser ist ja eh allüberall, und man lässt sich in die kleinen Rinnsale fallen und schwimmt mit ihnen bergabwärts, die Winde kehren noch ein wenig die Astgabeln frei, und man ist so was von gut drauf und hat lauter auf den Punkt zugespitzte Gedanken, alle Fenster sperrangelweit auf, die Kühle noch greifbar – und dann öffnet sich draußen der riesige Schlund aus Gelb, Orange und Blutrot und sprengt die Verhältnisse, und du schließt dich ein ins Dunkel, stundenlang, während sich draußen der gewaltige Ofen weiter inszeniert, fauchend und mit einer gelassenen Kraft, die du sonst nur aus Rom kennst, und du bist wieder Teil der asketischen Zeiten der Jahrhunderte nach Christi Geburt, als die Asketen in Höhlen lebten und ausharrten und Michel Foucault taucht zu ihnen hinab, um sich die Beichte abnehmen zu lassen. Lektüre des Tages: Michel Foucault: »Sexualität und Wahrheit«.

LANDREGEN

Endlich wieder Landregen! Schon das Wort beruhigt und lässt einen durchatmen. Keine Helligkeit, kein Windesweben – sondern ein Regen, der sich der Erde so verhalten und tonlos annimmt, als wollte er ihr hingestrecktes Grün nur leicht befeuchten. Man sieht ihn nicht, so dezent bringt er sich ein, keine schweren Tropfen, sondern ein dauerhaft zwischen dem eintönig hellgrauen Himmel und der dürstenden Erde vermittelnder Schleier. Geht man nach draußen, ist er die pure Erfrischung. Einen Regenschirm in der Hand zu halten, würde ihn kränken, er bestäubt den Kopf, mischt sich ins Haar und verdunstet sofort auf der Kopfhaut wie feines, geruchloses Wolkenparfüm. Auf den Blättern der Hortensien hinterlässt er ein Netz aus kleinen Tropfen, die sich halten und klammern. Tagelang könnte es so weitergehen – und alle, die er berührt und beschwichtigt, wären für eine Weile einmal wieder zufrieden.

LESEN IM FREIEN

»Aura« ist ein schönes Wort. Es kommt, wie der »Duden« meldet, aus dem Griechischen und dem Lateinischen und meint einen Lufthauch, ein Wehen, einen Schimmer oder auch einen Duft oder Dunst. Spüren wir eine solche Aura, fühlen wir uns von etwas angeweht, erhellt oder sogar ergriffen, ohne dass wir es zunächst klar benennen oder fixieren könnten.

Vor Kurzem schenkte mir ein Freund die Neuauflage eines Bandes mit Schwarz-Weiß-Fotografien des berühmten ungarischen Fotografen André Kertész (1894–1985). Es sind Fotografien lesender Menschen, weswegen Kertész den Band »On reading« genannt hatte. Die Fotos zeigen nämlich keine Porträts, sondern umkreisen, wie der Titel exakt ankündigte, vor allem das Lesen.

Die meisten Lesenden befinden sich im Freien, sie haben sich einen bestimmten Ort (oder ein Plätzchen) gesucht. Ein

Stuhl mitten auf einem Bürgersteig, eine Liegewiese, eine Kaimauer an einem Fluss, stark belaubter Erdboden mitten im Wald, eine Treppe, eine Parkbank – das sind typische Räume für das Verweilen und die angeregte Lektüre.

All diese Menschen scheinen eine bestimmte Aura des Lesens zu spüren. Sie sind in einen Text vertieft und erleben seine auratische Wirkung. Dadurch strahlt er etwas aus, erhellt die Umgebung und geht mit ihr eine atmosphärische Verbindung ein. Wenn das gelingt, hat die Lektüre in der Erinnerung später etwas von einem Traum, der auf zwei Ebenen spielt: denen des Textes und denen des Raums, in dem das Lesen stattfand.

Der Sommer ist die große Zeit des Lesens im Freien, und wer in unseren Städten dann unterwegs ist, sieht sie überall: die Auratiker, meist allein, mit einem Buch unterwegs, dem sie alle Zeit der Welt schenken, um irgendwann wieder aus ihm emporzutauchen und aufzuwachen. Ein Duft, ein Dunst? Ja, da war doch etwas und ist geblieben, bis man wieder und wieder danach verlangt und eine bestimmte Aura spürt und gar nicht genug davon bekommen kann.

URLAUB IN ITALIEN

Heute sehen unsere italienischen Ferien anders aus als früher. Seit wir tausend Euro zahlen müssten, wenn wir unsere Campingkocher auf der Rialtobrücke in Venedig aufbauen, sind wir auf der Hut. Als Römer verkleidet dürfen wir auch nicht mehr durch die Ewige Stadt laufen, geschweige denn, dass es erlaubt wäre, unser abendliches Bad im Trevi-Brunnen zu nehmen.

Überall lauern plötzlich Verbote und Gesetze, und die Auftritte einer deutschen Kapitänin im Süden des Landes haben alles nur noch schlimmer gemacht. Wir sprechen unser geliebtes Deutsch viel leiser als früher und geben unsere Bestellungen anhand eines »Pocket Translators« auf, der immer eine astreine Aussprache hat. Bei offiziellen Führungen in Museen und Galerien mischen wir uns unauffällig unter die niederländischen oder britischen Touristen, deren Landesfarben wir auf unseren T-Shirts tragen.

Shorts in so heiligen Hallen wie denen von »Harry's Bar« in Venedig sind verboten, wir wissen es jetzt, auch wenn Stammgast Hemingway dort in Shorts und Sandalen erschien. Hemingway durfte das, denn er bestellte zu jeder Tageszeit die richtigen Drinks, während wir lange nicht verstanden haben, warum man in Italien keinen Cappuccino nach einer Mahlzeit trinkt. Cappuccino! Nach dem Dessert! Würden wir das heutzutage bestellen, würden wir aus dem Ristorante verwiesen, oder man würde uns die milchige Brühe wie aus Versehen über unsere käseweißen Zehen kippen.

Bestellen wir einen Aperol Spritz, sollten wir wissen, welche Bestandteile wir wünschen: Prosecco? Wein? Wie viele Anteile Mineralwasser? Geschüttelt oder gerührt? Auf solche Nachfragen müssen wir gefasst sein und einkalkulieren, dass ein »Ich verstehe kein Wort« uns aus dem Kreis der zivilisierten Menschheit ausschließt.

Unauffällig zu sein, ist die neue Devise. Und so gewöhnen wir uns allerhand ab, wie zum Beispiel allzu langes Schwimmen im Meer. Der Italiener schwimmt nämlich nicht, sondern nimmt nur ein Bad, und ein solches reicht höchstens hinauf bis zu den Knien. Mobil telefonieren sollten wir auch nur im Notfall, jedes etwas lautere Wort verrät uns und lässt uns die abweisenden Blicke der Einheimischen spüren. »Tourist go home!« steht derzeit an fast jeder venezianischen Mauer. Wir haben verstanden und lassen unsere Strohhüte zu Hause, und wenn wir vor dem Markusdom ein Selfie schießen, knien wir vor den Tauben nieder und flüstern: »Un piccolo momento, per favore …«

BERNHARD VON CLAIRVAUX

Heute ist der kirchliche Gedenktag für Bernhard von Clairvaux (1090–1153). Ich erinnere mich gut an die Kindertage, als wir am 20. August ihm zu Ehren in den Gottesdienst gingen. Oft war ein hoher Würdenträger des Zisterzienserordens anwesend und zitierte aus den Schriften des Heiligen, der schon zu Lebzeiten eine europäische Berühmtheit war.

Ich weiß noch, dass ich einmal lange über seinen Satz »Gott ist die Ruhe, und er beruhigt alles« nachgedacht habe. Dass Gott »alles beruhigt«, hätte ich in dieser Einfachheit selbst so nicht zu sagen gewagt. Dabei konnte ich diesem Gedanken viel abgewinnen, denn genau das empfand auch ich, wenn ich an Gott dachte: dass er »alles beruhigt«. Wenn das gelang, konnte man ihn wohl als »die Ruhe« bezeichnen, das war logisch und konsequent.

Auch der Satz, dass aus dem Schweigen alle Kraft komme, leuchtete mir ein. Das Schweigen empfand ich als unterschätzt. Es war nämlich eine gute Basis, um, langsam voranschreitend, auf gute Gedanken zu kommen. Wer aber arglos drauflosschwätzte, brachte sich oft um die angestrebte Genauigkeit und eine tiefergehende Wirkung des Gedachten.

Auf bildlichen Darstellungen (wie etwa von Filippino Lippi

oder Perugino) war Bernhard oft im Gespräch mit der Gottesmutter Maria zu sehen. Er kniete an einem Schreibpult, hatte eine Feder in der Hand und lauschte auf das, was Maria ihm sagte. Maria in der Rolle eines Engels, der einem Schreiber Sätze von Gewicht zuflüsterte! War noch ein anderer Heiliger in den Genuss einer so besonderen Verkündigung gekommen?!

Sehr gefiel mir, dass man Bernhard als *Doctor mellifluus* (honigfließenden Lehrer) bezeichnet hatte, um durch diese schöne Metapher seine besondere Rede- und Schreibkunst zu ehren. Wo gab es dafür eine Entsprechung in der Musik? Das »Honigfließende« war etwas Helles, Tröstliches, Schlichtes, das tief in die Seelen der Hörer eindrang. Als ich Mozarts Fassung des »Ave Verum Corpus« in einem Gottesdienst hörte, wusste ich es – das war »honigfließende Musik«, die einen nach dem Hören schweigen und zur Ruhe kommen ließ.

WIR ZITRONENSAFTTRINKER

Neulich hat die fünfte Ehefrau von Altkanzler Gerhard Schröder, So-yeon Schröder-Kim, mitgeteilt, wie sie ihrem Mann den Drang zum deutschen Bier abgewöhnt hat. Vor jedem gemeinsamen Essen fügt sie den jeweils frisch und eigenhändig ausgepressten Saft einer ganzen Zitrone einer Flasche Wasser hinzu. Der Altkanzler hat den neuen Drink »So-yeon-Champagner« getauft und denkt wahrscheinlich daran, ihn patentieren zu lassen.

Die prickelnde Nachricht hat sofort weite Kreise gezogen, und die deutsche Regierung bemühte sich in Gestalt von

Umweltministerin Svenja Schulze, die Zitronenempfehlung klimapolitisch zu erweitern. Leitungswasser, verkündete die Ministerin, sei empfehlenswerter als Mineralwasser aus Flaschen, denn wer es trinke, spare Geld, Energie und unnötige Verpackungen.

Rasch wurde von Ministeriumsseite auch ein Verein mit dem glücklich gewählten Namen »a tip: tap« (Ein Tipp: Wasserhahn) gegründet, um das Projekt »Wasserwende – Trinkwasser ist Klimaschutz«, durch 1,3 Millionen Euro unterstützt, in die Wege zu leiten.

Natürlich haben wir sofort reagiert und sind den zarten Empfehlungen aus Südkorea ebenfalls gefolgt. Seither haben wir immer eine Trinkflasche mit ausgepresstem Zitronensaft dabei und sind während unserer Stadtgänge auf der Suche nach öffentlichen Trinkwasserbrunnen, deren Aufstellung der weitsichtige Rat der Stadt Köln bereits im Februar 2019 mit dem Konzept »Zwölf Trinkbrunnen für Köln« angestoßen hat.

Besuchen wir ein Restaurant, packen wir unsere Flasche aus und lassen uns eine Karaffe mit Leitungswasser bringen, dem noch zusätzlich einige dünn geschnittene Zitronenscheiben beigefügt wurden. Die Scheiben versenden in unsere Umgebung einen feinen Duft, wir kauen sie vorsichtig klein und spüren, wie unser Atem sich erhellt und belebt. Unmengen von Kalium wandern in unsere Blutbahnen, um Herz und Muskeln zu stärken.

Altkanzler Schröder begleitet Ehefrau So-yeon Schröder-Kim dann zum Golfen. Golf sei ein langer Spaziergang mit Unterhaltung und einem Ball dabei, hat die koreanische Ernährungsberaterin diesen Sport neu definiert. Wir halten es eher mit einem Spaziergang ohne Ball, aber mit Hund. Der von uns zur Unterstützung der neuen Sportart gegründete

Verein heißt übrigens »a hound: found«. Zum Start des Unternehmens hoffen wir auf einen Empfang durch Ministerin Schulze.

JUNGER HERBST

Jeder Herbst bringt die zeittypischen Moden und Trends eines Jahres auf den Punkt. Was sich in seinem Verlauf ankündigte und abzeichnete, wird auf Fashion Weeks, Festivals, Messen und Ausstellungen geerntet, bestimmt und sortiert.

Unsere Freundinnen mit Sinn für die neuste Mode tragen zum Beispiel jetzt schwarze Schnürstiefel, und unsere Jazz-Freunde hören Martin Tingvalls herbstliches Klavieralbum »The Rocket« (mit Nummern wie »Floating« und »Dark Matter«). Das Herbst-Buch für alle Generationen wiederum besteht aus langen Dialogen zwischen älteren und jüngeren Paaren (Sally Rooney: »Gespräche mit Freunden«), und das eindringlichste Buch des Herbstes ist ein sowohl literarisches als auch philosophisches und heißt »Du bist die Aufgabe«. Es ist von Franz Kafka und enthält lauter Ideen und Aphorismen aus den Herbst- und Wintermonaten 1917/18, in denen er sich zu seiner Schwester aufs Land ins böhmische Zürau zurückgezogen hatte. Reiner Stach hat diese oft altasiatisch anmutenden Gedankengänge (»Wie ein Weg im Herbst: kaum ist er rein gekehrt, bedeckt er sich wieder mit trockenen Blättern.«) kommentiert, und wir lesen plötzlich einen Kafka von heute, als lebte dieser asketische Weise noch und säße bei uns, unter herbstlichen Kastanienbäumen, leise murmelnd und gedankenschwer.

Viele unserer Freunde können sich von ihren Urlaubserin-

nerungen schlecht trennen, was zu einem gewissen Alkohol-
konsum führt. Aus fernen Ländern haben einige den »Au-
tumn Reviver« mitgebracht, einen Drink, der vor allem aus
Gin, Zitronensaft, Ingwersirup und Orangenlikör besteht.
Man nippt kurz vor dem Abendessen daran, viele trendbe-
wusste Esser lassen darauf vegetarische Mahlzeiten folgen.
Alle nur möglichen Pilzsorten (Pfifferlinge, Steinpilze) stehen an erster Stelle, und es gibt Zwiebelkuchen im knuspri-
gen Pizza-Modus, aus Vollkornmehl und Rapsöl, mit Thy-
mian bestreut.

Eine herbstliche Ausstellung par excellence startet im Bon-
ner Kunstmuseum und bringt unter dem Stichwort »Jetzt!«
junge Malerei in Deutschland. Die dort ausgestellten 53 Künstlerinnen und Künstler sind alle nach 1970 geboren, und ihre
Werke ergeben ein aussagekräftiges Panorama bildnerischer
Ästhetik der Gegenwart. Junger Herbst – das bedeutet frischen Schwung, kosten, probieren, erkunden, den neuen Impulsen folgen und lustvoll festhalten, wie und woran der Zeit-
geist arbeitet und denkt.

LARA – EIN FILM, EIN TRAUM

Während eines festlichen Abendessens in der Wohnung meiner Literaturagentin saß ich neben der Schauspielerin Corinna Harfouch. Als Erstes wurden Artischocken serviert, deren Außenblätter man abzupft und in eine kleine Schale mit
Olivenöl und Meersalz tunkt.

»Wie lästig!«, sagte Corinna Harfouch. »Ich mag so ein
Gefummel nicht.« – »Spielen Sie noch Klavier?«, fragte ich. –
»Fast täglich«, antwortete sie, »und Sie?!« – »Seit meiner

Krankheit geht es nicht mehr«, sagte ich, »meine Hände spielen nicht koordiniert.« – »Was heißt das?« – »Die linke begleitet nicht die rechte, sondern streikt ganze Passagen lang oder macht etwas anderes, als führte sie ein Eigenleben.« – »Interessant.« – »Na, ich könnte darauf verzichten.« – »Und was steckt dahinter?« – »Mein Gehirn arbeitet anders als früher, es hat die starke Narkose noch nicht verarbeitet.« – »Aber ist die Narkose nicht schon einige Zeit her?« – »Ist sie. Das ist ja das Seltsame.« – »Haben Sie sonst noch Störungen?« – »Meine rechte Hand schreibt nicht so, wie ich will. Ich denke rascher, als ich schreibe. Das war früher nie so.« – »Und das heißt?« – »Ich bleibe beim Schreiben mit der Hand laufend stecken, weil ich Worte zu langsam aneinanderreihe, die am Ende keinen Sinn ergeben. Will ich ›Heute ist schönes Wetter‹ schreiben, schreibe ich ›Heu schrö Wettr‹ – so in der Art.« – »Sie sollten zu einem Arzt gehen.« – »Ich denke nicht dran. Mit meinem Gehirn komme ich allein zurecht.« – »Sind Sie sicher?« – »Absolut, es war schon immer so. Ich habe seit der Kindheit ein sehr eigenwilliges Gehirn.« – »Und was tun Sie dagegen als Nächstes?« – »Sie könnten mir Klavierunterricht geben.« – »Im Ernst?« – »Ja, das würde helfen. Ein strenger Unterricht wäre genau das Richtige.« – »Wann haben Sie denn Zeit?« – »Wann Sie wollen!«

Corinna Harfouch zerlegte die Artischocke mit dem Messer in zwei Stücke und aß nur das Herz. »Ich rauche jetzt draußen auf dem Balkon eine Zigarette«, sagte sie, »kommen Sie mit?« – »Ich rauche nicht, aber ich komme mit«, antwortete ich. – »Was haben Sie nach dem Menü vor?«, fragte sie. – »Wir könnten zusammen durch die nächtliche Stadt ziehen.« – »Zu Fuß?« – »In einem Taxi. Wir steigen hier und dort aus

und trinken etwas, Wodka mit Tonic, das mögen Sie doch.« –
»Sie haben den Film gesehen?« – »Natürlich.« – »Und wie
fanden Sie ihn?« – »Lassen Sie uns später darüber reden«. –
»Aber Sie mögen Berlin doch nicht besonders.« – »Ach was,
ich habe Vorurteile, das ist alles. Und außerdem ist mein neu
zusammengesetztes Gehirn geradezu scharf auf Berlin.« –
»Wissen Sie was? Wir sollten sofort aufbrechen.« – »Und
das Essen?!« – »Geschenkt! Wir denken uns eine schicke
Entschuldigung aus und verschwinden. Machen Sie mit?« –
»Sofort, wieso fragen Sie noch?« – »Okay. Ne dites pas que
ce garçon était fou …« – »Wie bitte?« – »Später, ich erklär's
Ihnen später …«

(»Lara« ist ein Film von Jan-Ole Gerster, in dem Corinna
Harfouch eine Pianistin spielt. In der Nacht, nachdem ich den
Film gesehen hatte, träumte ich von ihr.)

IN BERTAS ESSZIMMER

Im Esszimmer meiner Freundin Berta hängt an der Haupt-
wand, für alle gut sichtbar, eine breite, große Kreidetafel im
Hochformat. Jedes Familienmitglied kann darauf während eines Tages notieren, was ihm durch den Kopf geht. Etwas, das
ihm wichtig erscheint und das er oder sie aufbewahren will.

Oft sind es auf den ersten Blick geringfügige Dinge oder
Angelegenheiten (»Eben ist meine alte Armbanduhr zum
ersten Mal stehen geblieben. Was nun?« / »Papa isst seit etwa
einer Woche viel mehr als früher. Habt ihr eine Ahnung, warum?« / »Skispringen ist langweilig. Ich sitze nur vor dem TV,
um euch Gesellschaft zu leisten.«). Die Notate machen sichtbar, was sonst verschwiegen oder unter den Teppich gekehrt

wurde. Häufig entwickeln sich durch ihre Lektüre längere Gespräche.

Berta hält jeden Tag (mit roter Kreide) die Mahlzeiten fest, die sie zusammen mit den Kindern in der Küche zubereitet hat (»Mittags: Trockener Basmatireis mit Paprikagemüse und viel Chili.« »Abends: Körnerbrote mit Camembert, Raclette, Bergkäse, großer Salat, Rotwein aus Südtirol« etc.).

Am Morgen des folgenden Tages wird ein Foto von der Tafel gemacht und an alle Familienmitglieder verschickt. Dann wird die Tafel abgewischt und neu beschrieben. Ich kann nicht verschweigen, dass ich diese gute Idee Berta in den Kopf gesetzt habe. Um die Gespräche in ihrer Familie (sie hat drei Kinder) anzukurbeln. Und um dem Leben eine Mitschrift zu geben. Ich liebe Mitschriften. Mein halbes eigenes Leben besteht daraus.

MARIANA MILVA

Im ICE unterwegs lese ich fast immer »DB mobil« (Das Magazin der Deutschen Bahn). Auch diesmal schlage ich das Heft auf und stoße unerwartet auf eine Zeichnung, die eine meiner Lieblingsautorinnen porträtiert. Es ist Mariana Leky, die in »DB mobil« eine Erzählung über ein Bahnfundstück veröffentlicht hat.

Ich lese Marianas Erzählung, ich lese sie mehrmals, ich erkenne die kaum merklichen Züge latenter fernöstlicher Weisheit, und ich schaue immer wieder auf das Porträt – schließlich fällt es mir ein: Ist das nicht (auch, ein wenig, aber unübersehbar) Milva?! Milva!! Maria Ilva Biolcati!!!

Und dann erinnere ich mich an die längst vergangenen

alten Tage, in denen ich mit Milva noch an den Käse- und Blumenständen ihrer Heimat vorbeizog, ihren rassigen Liedern lauschte und ihr die Einkaufskörbe hinterhertrug: »Freiheit in meiner Sprache heißt libertà, gibt es ein schöneres Wort als libertà? Doch nicht nur in Italien, überall, wo Menschen leben, stehst du an erster Stelle: libertà …«

Und ich nahm, mitten im ICE auf der Fahrt nach Köln, Kontakt mit Mariana Leky auf und mailte ihr: Ach, liebe Mariana Maria Ilva, wann gehen wir endlich wieder einkaufen??!!

IM STERNERESTAURANT

Aus gegebenem festlichem Anlass hatten mich zwei Freunde in ein Sternerestaurant eingeladen. Unser Menü begann mit einem Aperitif, den wir in sehr kleinen Schlucken tranken, bis der erste Gang serviert wurde. »Sie schauen auf das Carpaccio einer Gelbschwanzmakrele, mariniert von einer Miso-Marinade, gekrönt von winzigen Avocado- und Wildblütenexpertisen! Guten Appetit«, sagte die erste Bedienung.

»Was hat sie gesagt?«, fragte Hugo, mein Freund. – »Es handelt sich um ein Makrelencarpaccio, eingelegt in eine Marinade«, antwortete mein Freund Friedrich. – »Aha!«, sagte Hugo. »Na denn!«

Wir beugten uns mit Stielaugen über den bunt leuchtenden Tellerrand und ließen die Blicke schweifen: Wo befand sich der Gelbschwanz und wo lauerten die Expertisen? Wir schwiegen und zupften die Blütenblätter mit einer winzigen Gabel vom eingelegten Carpaccio. »Hat sie nicht etwas von einer Expertise gesagt?«, fragte Hugo. – »Na klar«, antwortete Friedrich, »am Ende sollst du eine Expertise ausstellen, ganz einfach.«

Wir benötigten für das extrem anmutige Carpaccio fast eine Viertelstunde. »Ich sehe, es mundet Ihnen«, sagte unsere Bedienung. – »Fantastisch«, sagte Friedrich, »ich mache mir gleich Notizen für die Expertise.« – »Soll ich Ihnen Papier und Bleistift bringen?«, fragte die Bedienung. – »Ich bitte darum«, lächelte Friedrich.

Ein Glas Pinot Blanc aus dem Elsass wurde serviert. »Ein Glas Pinot Blanc aus dem Elsass«, sagte unsere Bedienung, »zur Überbrückung bis zum nächsten Gang!« – »Mmh«, sagte Hugo und kostete den Wein, »ein Glas Pinot Blanc aus dem Elsass, das kann ich mir merken.«

Nach zehn Minuten Überbrückung servierte eine zweite Bedienung den zweiten Gang: »Das ist wilder isländischer Kabeljau auf einer Kräutercremesauce«, flüsterte sie. – »Welche Kräuter genau?«, antwortete Friedrich. – »Da muss ich in der Küche nachfragen«, entzog sich die zweite Bedienung. – »Tun Sie das bitte!«, sagte Friedrich. – »Nun geh ihr doch nicht auf die Nerven!«, murmelte Hugo. – »Genau«, sagte ich, »geh ihr bitte nicht auf die Nerven!« – »Entweder schreibe ich eine Expertise oder nicht«, sagte Friedrich, »und wenn ja, erwähne ich jedes Kraut einzeln, das kann ich euch hier vor Ort schwören!«

»Der Wein ist alle«, sagte Hugo. – »Frollein«, rief Friedrich die zweite Bedienung, »bitte für jeden von uns dreien noch ein weiteres Glas von diesem exzellenten Riesling aus dem Elsass!« – »Es handelt sich um einen Pinot Blanc«, sagte die zweite Bedienung. – »Entschuldigung«, sagte Friedrich, »kommt nicht wieder vor.«

Wir zerlegten das kleine Kabeljaustück mit den wilden Röstaromen und der feinblättrigen Süffisance langsam und voller Ehrfurcht. »So ein Menü ist schon ein Wahnsinn, allein schon wegen des unglaublich langsamen Tempos«, sagte Hugo, »ich wette, wir sitzen noch hier, wenn es dunkelt.«

Nach einer weiteren Pause wurde von einer dritten Bedienung der dritte Gang serviert: »Rinder-Short-Rib braisiert und auf Holzkohle gegrillt, touchiert von einer Mironton-Sauce und der Sensation des Tages: Popcorn!« – »Haben Sie Popcorn gesagt?«, fragte Friedrich. – »Exakt!«, sagte die dritte Bedienung. »Es handelt sich um eine sehr gewagte Textur!« – »Das will ich meinen«, erwiderte Friedrich. – »Denken Sie bitte an den Wein!«, sagte Hugo. – »Der Wein kommt sofort!«, sagte die dritte Bedienung. »Ein Glas Viré classé aus dem Burgund!« – »Genau der richtige«, sagte Friedrich, »ich kenne ihn von meinen Burgund-Expeditionen!« – »Gib doch nicht so an«, sagte Hugo, als die dritte Bedienung verschwunden war, »wann warst du denn im Burgund?« – »Ich war noch nie im Burgund«, antwortete Friedrich, »aber der Wein ist klasse, du hast es ja gehört!« – »Was habe ich gehört?«, fragte Hugo.

Wir kümmerten uns um das unglaublich zarte und touchierte Rindfleisch und ließen die minimalistische Andeutung von Popcorn auf der Zunge mit den Fleischessenzen turteln. »Sie trinken jetzt einen Coteaux Le Temps qui Reste von der Rhone«, sagte die vierte Bedienung.

»Ich finde es nicht so geil«, meinte Friedrich, als sie sich zurückgezogen hatte. – »Deine Geschmacksnerven waren schon immer eher rustikal«, sagte Hugo. – »Gib nicht so an mit deinen Edelneurosen«, antwortete Friedrich. – »Der Le Temps qui Reste ist ganz mein Fall!«, wagte ich zu sagen.

»Zum Abschluss ein bretonischer Butterkuchen in ausgeschwungenen Salzbutter-Karamell-Fäden!«, sagte die vierte Bedienung. – »Meine Mutter«, ließ ich, etwas mutiger geworden, verlauten, »war eine meisterliche Butterkuchenexpertin. Allerdings nicht bretonisch, das nicht.« – »Eben«, sagte Hugo, »nicht bretonisch, eher kölsch, oder? Hahaha!« – »Ruhe!«, sagte Friedrich. »Wir arbeiten jetzt an unseren Expertisen! Frollein, noch zwei Blöcke und zwei gut gespitzte Bleistifte, zum Touchieren!«

Die kleinen Tellerchen wurden zur Seite geräumt, und wir beugten uns über das exzellente Papier, sorgfältig abgehangen und durchmarmoriert. »Bringen Sie doch zum Abschluss einfach mal ein Kölsch!«, sagte Friedrich zur fünften Bedienung. – »Das ist nicht dein Ernst«, antwortete Hugo. – »Und ob«, sagte Friedrich. – »Wir führen leider kein Kölsch«, sagte die fünfte Bedienung, »ich empfehle eher einen Vin doux naturel cuvée aurélie.« – »Perfekt«, antwortete Friedrich, »dreimal die Amélie! Oder nein, bringen Sie jetzt einfach mal eine Flasche!« – »Wir schließen gleich«, sagte die fünfte Bedienung. – »Das habe ich überhört«, antwortete Friedrich, »eine Flasche, bitte! Und nun los, Jungs, ich warte auf eure Expertisen!«

Langsam dunkelte es, das Restaurant hatte längst geschlossen. Draußen fuhren einige wunderbare Automodelle aus Frankreich vor, extrem en vogue. »Gleich gibt es wieder etwas zu essen«, sagte Hugo. – »Frollein!«, rief Friedrich. »Wir starten nun in die Nacht!«

WIE MAN SEINE WOHNUNG KENNENLERNT

Vor ein paar Tagen hat mein Freund Georg unser geplantes abendliches Treffen abgesagt. Er entschuldigte sich damit, dass er zu erschöpft sei und dringend etwas Ruhe und frühen Schlaf brauche. Als ich nachfragte, erfuhr ich seine Geschichte.

Georgs Frau ist derzeit wegen eines wichtigen Termins im Ausland. Das wöchentliche Erscheinen der aus Kalabrien stammenden Haushaltshilfe hat sie deshalb jedoch nicht abgesagt, sondern Georg gebeten, sich »um alles« zu kümmern. Am Abend vor Erscheinen der Hilfe begann er, die Zimmer etwas aufzuräumen. Er leerte die Tische von Büchern, Akten und Krimskrams, verstaute alles in Umzugskisten und trug sie in den Keller. Darauf waren das Bad sowie das Schlafzimmer dran: Wegräumen der Wäsche, Aufräumen der lästigen Badeartikel, Reinigung der Dusche. Am längsten dauerten die »Vorarbeiten« für die Küche. Georg leerte alle Schubläden, warf weg, was nicht hineingehörte, säuberte die Herdplatten, füllte die Spülmaschine auf und kehrte (wie er sagte) »gründlich«.

Als am Morgen danach die Haushaltshilfe erschien, wurde er von ihr sofort als Haushaltsgehilfe eingestellt. Die aktuelle Begleitmusik im Radio wurde hochgedreht, dann tranken die beiden zunächst einmal einen Cappuccino. Georg schaute auf die Uhr, er würde sich im Büro verspäten, deshalb rief er kurz an und teilte mit, dass er ein, zwei Stunden später komme, wegen eines leider verspäteten Erscheinens der Handwerker.

Im Laufe des Vormittags lernte Georg die Zimmer der Wohnung bis in jedes Detail kennen. Er leerte alle Schränke, kroch hier und da hinein, half beim Saugen und Umgruppieren der Koffer und Taschen und trug alles, was beim Säubern der Böden im Weg stand, erst einmal hinaus vor die Tür.

Am Mittag teilte die begeisterte Haushaltshilfe ihre Mahlzeit mit ihm. Zwei köstliche Arancini wurden als Vorspeisen erwärmt, dann wurde eine (ebenfalls mitgebrachte) Lasagne in den Ofen geschoben. Das gemeinsame Essen verlief entspannt, eine CD mit Liedern von Gianna Nannini trug zur Steigerung der guten Stimmung bei. Georg telefonierte nochmals mit seinem Büro und sagte sein Erscheinen für den Tag ab: Während der komplizierten Arbeiten der Handwerker sei seine Gegenwart leider unverzichtbar.

Am frühen Abend verschwand die kalabresische Haushaltshilfe nach mehreren Umarmungen. Die Wohnung strahlte und glänzte, nichts, was die puristische Ästhetik entleerter Räume hätte beeinträchtigen können, stand noch vorwurfsvoll herum. Georg legte sich hin und schloss die Augen. Dann rief er mich an und sagte unser Treffen ab. »Ich habe eine neue Welt kennengelernt«, sagte er leise. – »Welche denn?«, fragte ich. – »Die meiner Wohnung«, antwortete er, »stell dir vor: Ich hatte nicht die geringste Ahnung, wie es darin eigentlich aussieht.«

WIR BEZWINGEN DIE STREIF

Nach einem doppelten Unterkammsehnenriss sowie einem dreifachen Knöchelbruch sind wir heuer wieder in der Form unseres Lebens. Wir haben unsere Verletzungen aus dem letzten Jahr tadellos überstanden, diesmal aber eine Psychologin zu Rate gezogen, um uns auf die »Streif« vorzubereiten.

Kitzbühel bebte, und wir waren heiß und glühten zurück. Unsere Freundin sowie Oma und Opa zitterten mit uns vor Ort, während die Eltern es nicht ertrugen, uns erneut die gefährliche Strecke herabrasen zu sehen.

Rasch noch einen Löffel Konzentration – dann ging es los, mit einem Steilsprung ab in die »Mausefalle«. Die Ski bretterten nur so über das arg eingedunkelte Weiß, und am Steilhang schlugen uns die harschen Winde ihr Gekläff um die Ohren.

Das Gleitstück passierten wir wie in Trance, und wir spürten: Wir waren wahrhaftig in der Form unseres Lebens! Der »Seidlalm« warfen wir ein höhnisches Lachen dreist hinterher, bevor uns die »Hausbergkante« mit ihrer Zielverlockung anmachte. Kannst uns mal – wurden wir noch einen Schuss frecher und stürzten uns in den achtzig Meter hingehaltenen Zielsprung mit dem Besten, was die »Streif« bietet: dem Zielschuss.

Welche Emotionen! Wir spielten mit unserer aufgepeppten mentalen Stärke und nahmen eine Superlinie! »So muss man Kitzbühel angehen!«, schrie der Felix am Ziel, und wir umarmten den Felix und sagten, er solle zur Siegerehrung vorbeikommen und Oma und Opa mitbringen.

Unsere Freundin wird den Siegerstrauß (frisch gehaltene »Kitzbühler Kleeblatterln« aus dem letzten Jahr) überreichen, und das Alpenglühen wird uns leuchten. Gleich um 18.30 Uhr in »Sportschau.de«.

STUTTGART IN DER NÄHE – SAMSTAGS

Während der Woche kaufe ich ein, was man zum Essen und Trinken so braucht: viel Obst und Gemüse, Brot, Butter, Käse, Kaffee, Tee und Wein – das Notwendigste. Der Festtag des Einkaufs ist dagegen der Samstagvormittag. Ich kenne in ganz Deutschland keine schöneren Zonen für diese Freuden als das alte Zentrum von Stuttgart. Mehrere ganz unterschiedliche Märkte treffen hier dicht aufeinander: Auf dem Schillerplatz warten die Blumen-, Gemüse- und Obststände. Gegenüber dem Alten Schloss schließt sich die Markthalle mit Angeboten aus der Ferne und Fremde an. Und auf dem Marktplatz gegenüber dem Rathaus verkaufen die Händler aus der regionalen Umgebung (wie etwa dem schönen Remstal) ihre Waren.

Paradiesische, einzigartige Aromen und Atmosphären! Man sollte sehr früh unterwegs sein, wenn die größten Teile der Menschheit ringsum noch schlafen oder sich gerade erst aus den Betten schälen. Und man sollte viel Zeit haben, möglichst bis zum Mittag, also mehrere Stunden!

Ich weiß nie, was ich einkaufen werde. Es gibt keine Einkaufszettel und auch sonst keine langen Vorüberlegungen. Ich durchstreife die drei bunten Zonen, schaue, lasse mich locken und spreche mit den Verkäufern: Heute gibt es in der Fischhalle frische, bereits ausgenommene Calamaretti, und mein italienischer Freund bietet selbstgemachte Tagliatelle und gefüllte Ravioli an. Dazu sollte ich Pilze kaufen und sie später im Ofen grillen. Welche Sorten sind denn im Angebot?

Der iranische Verkäufer in der Markthalle lässt mich eine würzige Wurst probieren, die man in der Türkei in kleinen Scheiben, erwärmt und überzogen von zerlaufenem Schafkäse und einem Ei, zum zweiten Frühstück serviert. Am großen Wurst- und Käsestand gibt es besonders guten Rosmarinschinken, auch den darf ich probieren, dazu Schnittlauchkäse und Olivenbrot. Ich kaufe nur sehr kleine Portionen, die ich am späten Mittag in meiner Küche als duftendes Wunderreich aufbaue.

Am Ende meines Einkaufs trinke ich (wie fast immer am Ende meiner Einkäufe) ein Glas Sekt oder Wein. Diesmal gibt es Winzersekt aus Baden, belebt durch einen winzigen Schuss Granatapfellikör! Oder sehr leichten Sauvignon aus Apulien, begleitet von kleinen Stücken altem Parmigiano. Gegen 15 Uhr feiere ich in meinem Zuhause die Orgie des Samstags. Meine Freundinnen und Freunde treffen bei mir ein, und wir kosten die weite Welt, bis es dunkelt.

DAS OKAPI IN MEINEN TRÄUMEN

Gestern Nacht erschien in meinen Träumen ein Okapi. Ich fragte: Wer bist du? – Und es antwortete: Ich bin das Okapi aus Mariana Lekys Roman »Was man von hier aus sehen kann«. – Interessant, sagte ich, aber warum besuchst du mich? – Ich möchte dich an die Karnevalszeit erinnern. Du bist nicht gut vorbereitet. – Was du nicht sagst. Was sollte ich tun? – Du solltest wissen, welches Kostüm du an den tollen Tagen trägst. – Das weiß ich längst. Ich werde einen Frack tragen, ich gehe als Pianist. – Wie langweilig! – Gar nicht langweilig. Ein Frack strahlt eine gewisse Eleganz aus, das gefällt mir. – Furchtbar! Eleganz im Karneval, nimm dir lieber ein Beispiel an mir. – An dir? – Ich trage das tierisch-multiple Karnevalskostüm schlechthin. Ich gehe als Giraffe und Esel zugleich, ich trage Pferdeohren und erscheine am Hinterteil und an den Vorderbeinen gestreift wie ein Zebra. Von meinem intelligenten Mienenspiel ganz zu schweigen. Ist das etwa nichts? – Stimmt. Ist mir noch nicht so aufgefallen. – Typisch, gib dir mal Mühe, es ist nicht mehr viel Zeit. Konzertpianisten im Frack sind leider *old school*. – *Ich liebe old school*. – Na klar, weiß ich. Du solltest umdenken. – Ich gebe mir Mühe, versprochen. – Okay. In wenigen Tagen erscheine ich wieder. – So bald?! Ich dachte, Okapis sind scheu und erscheinen nur selten und keineswegs mehrmals hintereinander. – Was du nicht alles so denkst!

ABDANKEN

Norbert, fast sechzig, träumt davon, bald abzudanken. Seit er mitbekommen hat, dass Abdanken en vogue ist, möchte auch er seine Abdankung bald perfekt inszenieren. Alles begann, erinnert er sich, mit Papst Benedikt, dem vor ein paar Jahren so manches zu viel geworden war. Er verabschiedete sich auf Lateinisch, bestellte einen Hubschrauber und setzte sich zunächst einmal nach Castelgandolfo ab. Seit seiner Rückkehr nach Rom durchwanderte er an der Seite von Privatsekretär Gänswein die vatikanischen Gärten, aß nur noch bayerische Kost und betrachtete Fotos aus seiner Kindheit.

Papst Benedikts Abgang wirkte wie ein epochaler Donner und sagte allen, denen so manches über den Kopf wuchs: Mensch, werde wesentlich! Kehre zurück zu deinen eigentlichen Freuden und Bedürfnissen! Halte eine dunkle, schwer verständliche Abdankungsrede, mache dich unsichtbar und wandere nach deiner erneuten Menschwerdung in einem überschaubaren Paradiesgärtlein in Ruhe auf und ab!

Jürgen Klinsmann hatte sich in Berlin verrannt, Kardinal Marx mochte keine weiteren Bischofskonferenzen mehr leiten, und Annegret Kramp-Karrenbauer hatte nicht mehr die geringste Lust, auf einen Provinzpolitiker wie Mike Mohring einzureden. Klinsmann will zurück zum Surfen an die kalifornischen Strände, Kardinal Marx möchte sich endlich ein Spiel von Bayern München ungestört anschauen, und Annegret Kramp-Karrenbauer zieht es wieder ins Saarland, wo sie eine Hälfte ihres umständlichen Doppelnachnamens ablegen wird, um endlich eleganter rüberzukommen.

Abdanken ist zu einer wunderbaren Überlebensstrategie für all die geworden, die ein zu großes Amt anstrebten, es unter Qualen innehatten und darüber unleidlich wurden. Jetzt, wo sie sich endlich von ihren Ämtern und Ängsten befreit haben, wandeln sie entspannt durch die Welt, lächeln vielsagend und schweben einfach nur über den Dingen.

Bald werde auch ich so was von abdanken, sagt Norbert. Ich werde mitten im Innenhof unserer Firma eine Montgolfiere besteigen, davonfliegen und erst über einer Skihütte in den Alpen die Reißleine ziehen. Nach dreißig Tagen einsamer Klausur werde ich für immer in unser Reihenhäuschen einziehen und die Namen meiner Kinder auswendig lernen. Und dann setzen wir uns jeden Abend zusammen vors TV und schauen, wer es gerade wieder geschafft hat: Das große Abdanken.

TAGE IM JENSEITS

Die tollen Tage in Köln sind in vollem Gang. Mit jeder Stunde mehr ziehen sie uns hinüber ins Jenseits von allem, was sonst noch auf der Welt passiert. Karneval feiern bedeutet: sich von der betriebsamen und ewig wichtigtuerischen Welt zumindest für einige Tage komplett zu verabschieden. Mein alter Freund Hugo hat schon mit Wochenbeginn seine Abwesenheitsnotiz installiert: »Bin im Karneval unterwegs. Bitte keine Mails und Anrufe vor Aschermittwoch! Kölle alaaf!«

Oft halten sich die Kollegen aus dem deutschen Norden nicht daran und rufen dennoch an. »Wie die sich anhören!«, sagt Hugo. »Wie Gespenster aus der Tiefkühltruhe! Und was die beschäftigt! Der geschätzte Wirtschaftsaufschwung von 0,1 Prozent! Die Böen an der Nordsee! Die Kanzlerkandidaten-Kür in der CDU!« Hugo kann es nicht fassen, wie man an

Karneval noch im althergebrachten Rhythmus weiterleben kann. »Es ist die ideale Zeit zum Aussteigen, meinetwegen auch zu einer Reise in die Ferne. Hauptsache, man erlebt den karnevalistischen Schwung und die Umwertung aller Werte innerlich mit! Karneval ist gereifter Nietzsche, der tolle Mensch seines ›Zarathustra‹, vom Kopf auf die Tanzbeine gestellt!«

Hugo ist bekennender Altphilologe und daher, was Karnevalstexte betrifft, mit allen Wassern gewaschen. So hält er »Ich bin ene kölsche Jong« für ein Karnevalslied fast schon philosophischer Art: »Wenn es bloß nicht Willy Millowitsch so singt, als wäre er pausbackig gut drauf. Sondern wenn Hans Süper es mit seiner Flitsch so flüstert und seufzt, als wäre er wirklich noch der klene Jong aus den Nachkriegstagen, der schwer an seiner Mutter hange tut und sich fürchtet, wenn er eine Sammeltass zerbrochen hat. Wie genau die sozialen Milieus und Ängste der schweren Zeit in diesen Zeilen eingefangen sind! Ein Lied vom unsterblichen Fritz Weber, dem Heinrich Heine des Kölner Karnevals! Allein für ›Ich bin ene kölsche Jong‹ hätte er einen Literaturpreis erhalten müssen!«

Wie jedes Jahr ist Hugo vor allem in seinem Veedel Nippes unterwegs. »Wenn du den Nippeser Karneval mitsamt dem großen Umzug am Veilchendienstag hinter dir hast, gehst du schon aus Überlebensgründen für mindestens zwei Wochen in Quarantäne. Ist ja auch völlig in Ordnung! Schon allein, um den Karnevalvirus auszuschwitzen und all die wieder zu ertragen, die mit dem Nachrichten-Virus des Normallebens ärmlich weitergelebt haben! In diesem Sinne: Kölle alaaf!«

PSYCHOGEOGRAFIEN

Hanna, 25 Jahre, schreibt an ihrer Examensarbeit über »Psychogeografien«. Das Thema ist gerade sehr in, der hellwache Teil der Jugend redet häufig darüber. In Deutschland kam es lange Zeit nicht an, es hat seine Ursprünge in London und Paris und damit in jenen europäischen Weltstädten, in denen man sich seit den Tagen der legendären Flaneure des neunzehnten Jahrhunderts für die Bewegungen der Menschen auf den Straßen und Plätzen interessiert.

In welchen Terrains sind Frauen oder Männer Tag für Tag in ihrem Alltag unterwegs? Welche Zonen ihrer Umgebung erleben sie als abstoßend/warm/offen/beengt/überlaufen/stimulierend? Wie reagieren sie darauf? Wann suchen sie entfernteres Gelände auf? Mit wem? Das wären typische Fragen der Psychogeografie an die stereotyp aussehenden Pläne einer Stadt. Die Antworten würden Aussagen darüber erlauben, wie Menschen diese Pläne emotional lesen und mithilfe dieser Stadtlektüren ihre eigenen Kartografien entwickeln.

Spaziergänge mit Hanna durch Köln sind interessant und lebendig. Sie hat Augen für lauter Details, für den Bodenbelag, die Häuserfassaden, die Inschriften, die Werbung, ja für all jene nur scheinbaren »Belanglosigkeiten«, die der italienische Stadttheoretiker Vittorio Lampugnani gerade in einem Buch als »bedeutsame, kleine Dinge im Stadtraum« bezeichnet hat.

Hanna hat dabei in den letzten Wochen eine überraschende Entdeckung gemacht. Während die Menschen früher beinahe blind durch die Straßen strömten und keine besondere Notiz von ihren Details nahmen, werden sie in Zeiten des Coronavirus zu extrem aufmerksamen Psychogeografen. Jede Zusammenballung von Passanten an einer Ampel lässt sie ausweichen und langsamer werden, jedes Husten aufhorchen und innehalten. Seit Neustem nehmen sie Zickzackwege von Bürgersteig zu Bürgersteig, tänzeln zwischen parkenden Autos umher und suchen nach einsamen Ruhezonen genau dort, wo stachlige Rosen den Zugang erschweren.

Die Stadt ist so zu einem weiten Gelände der angstbesetzten Erregungen geworden, wodurch viele Details eine Aufmerksamkeit erfahren, die man ihnen früher nie geschenkt hätte. Hanna wittert dadurch eine große Chance: dass sich die Bürger in Zukunft mehr als zuvor für Stadtplanung interessieren und sie selbst aktiv mitgestalten. Dass sie Vorschläge für die Umgestaltung von Straßen und Plätzen machen, dass sie selbst untersuchen, welche Widerstände ihnen täglich begegnen und wie sie sich vermeiden ließen.

Erster Schritt auf dem Weg dorthin: Hanna begleitet Bürger mit einer Videokamera durch ihre Wohnumgebungen. Sie filmt, die Menschen reden, erzählen, kommen mit anderen ins Gespräch. So verwandeln sich die Theorien der Psychogeografie in konkrete Praxis, und die irreal wirkenden Coronazeiten erhalten ein positiveres zweites Gesicht.

VIER MIKRO-ERZÄHLUNGEN

I

Die mit mir befreundete Buchhändlerin, die ihre Buchhandlung geschlossen halten muss, aber nicht daran denkt, den direkten Kontakt mit ihren Kunden ganz einzustellen. Sie steckt die neuen Bücher in einen Korb und lässt ihn aus einem der oberen Fenster ihres Ladens herab.

Unten nehmen die Kunden den Korb in Empfang, ein Gespräch entsteht, die gute, trotzige Laune wächst und schwillt an – und schließlich singen Buchhändlerin und Kunden (nach italienischem Vorbild) zusammen: »Es tönen die Lieder, der Frühling kehrt wieder …«

2

Mein alter Freund Enrico, der mit seiner Vespa in Rom unterwegs ist, um Medikamente für eine Apotheke auszuliefern. In sich gekehrt fährt er die leere Via del Corso entlang und verlangsamt plötzlich die Fahrt. Auf dem linken Bürgersteig kommt ihm eine weiß gekleidete ältere Männergestalt entgegen. Sie geht allein und für sich, in einigem Abstand folgen drei schwarz gekleidete jüngere Männer, schweigsam und ruhigen Schritts.

Enrico bleibt stehen und erkennt Papst Franziskus. Er ist es wahrhaftig! Enrico weiß nicht, was er tun soll. Grüßen? Sich wegducken? Da winkt der Papst (wie ein friedlicher Spaziergänger) von der anderen Seite. Enrico lacht und hebt den Daumen: Toll, dass Sie mitten unter uns sind, Papa Francesco!

Und Papa Francesco sendet ihm ein Kreuzzeichen über die Via del Corso, bevor er in der Kirche San Marcello zu einem Gebet gegen das allgegenwärtige Coronaleiden verschwindet.

3

Meine venezianische Freundin Sophia, die in der jetzt menschenleeren Stadt einen Garten besitzt. Und, um auch andere an seiner Schönheit teilhaben zu lassen, kleine Säckchen

näht und mit Duftstoffen ihrer Pflanzen (Lavendel, Rosma-
rin etc.) füllt. Ein winziger Zettel liegt den Briefsendungen bei:
»La natura non conosce il coronavirus« (»Die Natur kennt
keinen Coronavirus«).

4

Mein Freund Peter, der seit einigen Tagen zum ersten Mal in
seinem Leben ein Homeoffice betreibt. Er schreibt, dass er
damit nicht zurechtkommt: Was soll ich tun? Die Kinder sitzen mit mir am Tisch – ich kann aber nicht arbeiten, wenn die
Kinder am Tisch sitzen. Außerdem lese ich alle paar Minuten die neusten Coronavirus-Meldungen in diversen Liveti-
ckern, ich bin regelrecht süchtig. Im Grunde bin ich völlig
durcheinander, denn ich vermisse meine jahrzehntealten
Arbeitsrhythmen. Kannst du mir helfen?

Ja, vielleicht. Als Schriftsteller arbeite ich seit ewigen Zeiten in einem Homeoffice. Das Zentrum all dieser Arbeiten
ist der Schreibtisch, den sämtliche Rituale der *Hausarbeit*
umkreisen. Gerade ist dazu das Buch »Es kann nicht still genug sein. Schriftsteller sprechen über ihre Schreibtische«
erschienen, in dem zehn Autorinnen und Autoren minutiös
Auskunft über ihr Homeoffice geben.

DIE BENEDIKTSREGEL IN CORONAZEITEN

Petra und Herbert hatten einen Italienurlaub geplant, blieben
aber zu Hause, als von dort die ersten Katastrophenmeldungen aus den Krankenhäusern kamen. Auf etwas Abwechs-

lung wollten sie dennoch nicht verzichten, und so mieteten sie sich im Gästehaus eines Klosters ein.

Dort bewohnten sie zwei kleine Zimmer, die jeden Tag gesäubert und desinfiziert wurden. Frühstück, Mittag- und Abendessen erhielten sie in gebotener Distanz zu den anderen wenigen Gästen im Speisesaal. Zweimal am Tag nahmen sie (freiwillig) an den Gebetszeiten der Mönche in der Abteikirche teil. Dann verfolgten sie die gregorianischen Gesänge und vertieften sich in die Psalmen des Alten Testaments, die sie noch nie so konzentriert gelesen hatten.

Die Gründungsurkunde dieses solitären Daseins haben sie inzwischen auch studiert. Es ist »Die Benediktsregel«, die in Lateinisch und Deutsch als handliches Reclam-Bändchen vorliegt. Darin hat der heilige Benedikt im frühen sechsten Jahrhundert Vorschläge und Gebote fixiert, die ein mönchisches Leben strukturieren. In über siebzig Kapiteln ist alles bis ins Kleinste geregelt, von der Haltung beim Psalmensingen über die angemessenen Speisen und Getränke bis hin zu Kleidung und Schuhwerk.

Während ihres Aufenthalts im Kloster wurde Petra und Herbert allmählich bewusst, was man unter klösterlichem Leben zu verstehen hat. Sie erlebten eine wohltuende Ruhe, eine bisher selten empfundene Intensität von Buchlektüren und vor allem einen Tagesablauf, der genau strukturiert war. Abwechslung brachten die Spaziergänge zu zweit in der waldreichen Umgebung des Klosters. Schon bald verloren sie sogar einiges an Gewicht und dachten darüber nach, wie sich das frugale Leben in die spätere Alltagsexistenz hinüberretten lassen würde.

Und die Kultur Italiens? Petra und Herbert machten per Laptop virtuelle Rundgänge, die von vielen italienischen Museen angeboten wurden. Fast alle venezianischen zum Beispiel präsentierten ihre Meisterwerke gut kommentiert. Man konnte auf die Details der Gemälde zoomen und Besonderheiten entdecken, die einem bei einem hastigen Museumsgang vor Ort nie aufgefallen wären.

Das virtuelle Studium ersetzte die realen Gänge natürlich nicht. Aber es war eine Methode, sich mit den Bildern vertraut zu machen, um sie zu einem späteren Zeitpunkt genauer vor Ort anzuschauen. So gesehen, machten die virtuellen Rundgänge zusammen mit den durch die Klausur erworbenen Erfahrungen sogar Lust auf die Zukunft.

VIER WALDSZENEN

I

Bin in Zeiten der Kontaktsperre im Wald. Tatsächlich sind vor allem Einzelgänger oder höchstens Paare unterwegs (trotzig Hand in Hand oder auch demonstrativ untergehakt). Geht man als Einzelgänger auf eine ebenfalls allein spazierengehende Frau mit dem Vorschlag zu, die weiteren Wege zu zweit fortzusetzen, kommt es zu folgenden Rückfragen: 1) »Sind Sie ein Risikopatient?«, 2) »Sind Sie oft so dreist?«, 3) »Stören Sie mich bitte nicht, ich kommuniziere gerade« (sie flüstert in ihre Freisprechanlage …).

Derart vernichtet, will man schon aufgeben und versucht es ein letztes Mal. Und siehe da. Die Antwort ist diesmal: »Auf so ein freundliches Angebot habe ich wer weiß wie lange gewartet! Ja, gerne, lassen Sie uns zusammen gehen, ich freue mich!«

2

Seltsame Verwandlungen. Manche Spaziergänger schreiten ein deutlich abgemessenes kleines Stück des Wegs auf und ab, auf und ab, hin und her, hin und her – als befänden sie sich noch immer in ihren vier Wänden. Einige benutzen dazu auch Walking-Stöcke, als müssten sie ihre Schritte durch einen lauten Taktgeber begleiten.

Ganz Eifrige schließlich zählen ihre Streckenleistungen laut und rufen: »Sieben, acht …« Und wenn ihnen einer den Vogel zeigt, bleiben sie wie erstarrt stehen und denken betroffen und still darüber nach, warum andere Menschen so unfreundlich sind.

3

Der bereits etwas ältere Vater müht sich auf einem Fahrrad ab, während muntere kleine Zwillinge hinter ihm im Anhänger sitzen und strahlen. Wenn die Spaziergänger ihn wahrnehmen, kommentieren sie häufig das Bild. Einer ruft: »Schon mal bequemere Tage gesehen, was?!« – Ein anderer: »Die Knirpse würde ich mal auf die Beine stellen!« – Und ein dritter: »Messen Sie mal Ihren Blutdruck, Sie sehen ja schlimm aus!«

Worauf der bereits etwas ältere Vater innehält und in den Wald schreit: »Neidisch in diesen Zeiten?! Pfui Deibel!«

4

Ein Freundinnenpaar in mittlerem Alter kreuzt meinen Weg, und ich höre eine der beiden sagen: »Ich stehe ja so was von auf Ingo Zamperoni …« – Ingo Zamperoni? Wer ist das noch einmal? Ein Formel-1-Fahrer? Der neue Chef von Prada? Ein Mittelfeldspieler von Atalanta Bergamo?

Ich komme nicht drauf, obwohl mir der Name bekannt vorkommt. Mein Hirn ist leicht durcheinander und blendet früher durchaus Gekanntes aus, um Motive und Themen zu konservieren, die mich eher beschäftigen. Erst als ich zu Hause bin und im Netz recherchiere, wird mir klar, dass der sympathische Ingo Zamperoni die Tagesthemen moderiert. Und als löste diese Erinnerung gleich eine diffuse Reaktion aus, flüstere ich: »Ich stehe ja so was von auf Rosa Lyon …«

SELBSTGESPRÄCHE

In Zeiten des Coronavirus nehmen die Selbstgespräche zu. Wir werden nachdenklicher, halten häufiger inne und fragen, wer das, was wir gerade erleben, eigentlich inszeniert hat. Solche Gespräche können etwas Statisches, Kreisendes, Beunruhigendes haben, sie können den Blick auf das gegenwärtige Dasein aber auch öffnen, bereichern und vitalisieren. Wollen wir sie in diesem Sinn nutzen, sollten wir sie gestalten. Aber wie? Wir sollten mit einem leeren Blatt beginnen, auf dem wir einige Stichworte unserer Gedankenwelten notieren. In einem zweiten Schritt sollten wir sie ordnen: Womit anfangen? Was als Nächstes?

Warum nicht von dem Raum erzählen, in dem wir uns gerade befinden? Wer hält sich dort auf? Wer ist uns nahe? Was ist anders als früher? Wie verändert sich gerade der Raum, wie das Leben mit den Nächsten – und schon befinden wir uns in einem durch Leitfragen komponierten Gedankenstrom. Und weiter? Wir sollten ihn unbedingt aufzeichnen. Sonst verflüchtigt er sich, ist bald nicht mehr zu fassen und richtet nichts aus. Die Primärstufe der Aufzeichnung wäre ein Mitschnitt unserer Selbstgespräche. Das ist leicht und bequem über Diktiergeräte möglich.

So könnten wir unsere Kommentare zu diesen einzigartigen Zeiten sammeln, und allmählich entstünden Dokumentationen unseres Erlebens. Die schließlich (im besten Fall) ein Archiv bilden würden. Ganz einfach. Im Grunde mühelos. Und wenn einem nichts einfällt? Dann könnte man Passagen aus Zeitungen, Zeitschriften einlesen und kommentieren. Man könnte, man könnte, man könnte unendlich viel. Man sollte es aber auch tun. Sofort – und nicht morgen …

SEHNSUCHT

In seinem »Wörterbuch der deutschen Sprache« versucht Johann Heinrich Campe (1746–1818), jenes oft unbestimmte Gefühl zu erfassen, das man *Sehnsucht* nennt: Sehnsucht, schreibt er, sei »ein hoher grad eines heftigen und oft schmerzlichen verlangens nach etwas, besonders wenn man keine hoffnung hat das verlangte zu erlangen, oder wenn die erlangung ungewisz, noch entfernt ist«.

Genau diese Form der Sehnsucht empfinde ich in diesen Zeiten von Tag zu Tag immer stärker. Als Hochrisikopatient darf ich das Haus höchstens für einen Gang durch meine Gärten verlassen. Ich erlebe Straßen und Plätze der Stadt nicht mehr, ich begegne keinen Freunden, sondern ausschließlich Mitgliedern meiner Familie. Die heftiger werdende Sehnsucht bezieht sich nicht einmal auf die Ferne oder jene Fantasien, die man sonst mit ihr verbindet (einem bestimmten

Raum/einem bestimmten Menschen nahe zu sein), sondern auf den früheren Alltag.

Dessen Szenen melden sich häufig, und ich träume fast jede Nacht von ihnen: auf dem Erzbergerplatz in Köln in der Sonne zu sitzen, ein Buch zu lesen, mit Kopfhörern Musik zu hören und den Kindern beim Spielen zuzuschauen. Durch die »Markthalle« in Stuttgart zu gehen und mich mit dem Leiter der Fischabteilung freundschaftlich zu unterhalten, während auf dem kleinen Gasherd eine bretonische Fischsuppe brodelt. Auf dem Kirchplatz von Wissen/Sieg vor dem »Café Alzen« auf Paul zu warten, um wieder einmal die Deckengemälde des Kölner Dommalers Peter Hecker in der Wissener Kirche zu studieren und hinterher in den »Marktstuben« einen Eintopf zu essen.

All das habe ich sehr viele Male in meinem Leben getan. Jetzt erscheinen mir diese Szenen im Rückblick unendlich kostbar. Die Coronazeiten mit ihrem verhängten Stillstand haben sie geadelt und lassen mir den Alltag des vergangenen Lebens als einen schönen Traum erscheinen, aus dem ich mit Gewalt vertrieben wurde. Ich bin keineswegs sicher, wieder in das alte Leben zurückzufinden. Ich denke, das neue wird anders sein.

Erst einmal geht es aber darum, das Leben in dieser merkwürdigen Form von Gefangenschaft zu gestalten: Schreiben, Lesen, Klavierspielen, Gemälde und Fotografien betrachten, Filme anschauen – und (gerührt, ja richtiggehend gerührt) den wild gewachsenen Pflanzen in meinen Gärten zuzuschauen: wie sie das Licht an sich reißen, wie sie sich räkeln, wie sie nichts ahnend ein schönes Leben zelebrieren.

IN ALTEN ZEITEN

In alten Zeiten war er zu Beginn der Karwoche meist auf Frühlingsreise gegangen. Er hatte einen leichten Rucksack und eine noch leichtere Umhängetasche gepackt und war losgezogen, zu Fuß und später mit Bahnen und Bussen, ohne Ziel. Über Land, die großen Städte meidend. Im Freien übernachtend, wenn das von den Wärmegraden her möglich war.

Mit den Tagen war er in einen Landschaftsfilm eingetaucht. In den kleineren Orten hatte er sich mit Proviant versorgt und an entlegenen Plätzen das zu sich genommen, was die jeweiligen Ländereien gerade an Nahrung hergaben und präsentierten. Zum Kontrast hatte er Erzählungen aus der Ferne (etwa von Clarice Lispector) gelesen und ferne Musik (etwa von Carlos Guastavino) gehört.

Alle paar Tage hatte er in Dorfgasthöfen übernachtet. Manchmal hatte er dort in den Nächten Klavier gespielt. Improvisationen, bis weit nach Mitternacht. Er hatte nachts wenig geschlafen und war früh wieder aufgebrochen. Bis zum weißen Sonntag war er unterwegs gewesen.

ZEITENWENDE

In meinen Freundeskreisen haben sich mehrere Lager gebildet, die sich durch ihre Einschätzung der gegenwärtigen Zeitenwende unterscheiden. So gibt es das Lager derer, die das Früher als etwas inzwischen sehr Fernes betrachten, das nie mehr zurückkommen wird. Laufend zucken sie schon bei alltäglichen Beobachtungen zusammen – wie etwa Petra, Verwaltungsangestellte knapp über fünfzig. Sie kann bereits die in alten Zeiten produzierte Werbung vor den TV-Nachrichten nicht mehr ertragen. »Was diese angeblich Kranken für Sorgen haben!«, stöhnt sie. Sogar den üblichen Spruch nach jeder Arzneimittelwerbung würde sie sofort abschaffen. Auf Risiken und Nebenwirkungen bei Medikamenten gegen Fußpilz, Stechmücken oder Blähungen aufmerksam zu machen, kommt ihr zynisch vor. »Die Zeiten, in denen wir wegen solcher Wehwehchen Dramen aufführten, sind für immer vorbei!«

Ein zweites Lager besteht aus all jenen, denen die Ereignisse der letzten Wochen wie ein schwerer Alptraum erscheinen. Laufend sehen und hören sie die neusten Nachrichten, die sich unaufhörlich wiederholen. Genau nach diesem sich dominant breitmachenden Coronagerede sind sie geradezu süchtig. Was hat Markus Söder über die Pläne von Olaf Scholz gesagt? Und was wiederum Olaf Scholz über das Blinzeln der Kanzlerin? Jeder kleinen Nuance des täglich durchgerüttelten Nachrichtensets spüren sie nach – und das letztlich nur, weil sie noch immer nicht glauben können, was gerade geschieht. Als Ungläubige lassen sie es sich tausendmal sagen und schütteln den Kopf und murmeln vom frühen Morgen bis in die Nacht: »Man glaubt es nicht …«

Ein drittes Lager (oft akademisch und über die Künste gut informiert) möchte nicht mehr über die blasse Vergangenheit reden, sondern erwartet eine starke Zukunft. Im besten Fall sitzen dann alle Gutwilligen in Vorlesungen, Seminaren und Übungen und lernen, auf anspruchsvoll philosophische Form nachdenklich und ernst zu werden. Ihre Bibel ist das schöne Buch über das »Alltagsleben«, das die ungarische Philosophin Agnes Heller schon vor Jahrzehnten geschrieben hat. Darin erhalten auch die scheinbar banalen Dinge samt Alltag im Zusammenklang mit menschlichem Agieren und Aneignen ihren hohen Wert. Bewusst und konzentriert verbinden wir uns mit unseren früher unterschätzten Umgebungen und werden jedes Vorhaben einer Prüfung im Blick darauf unterziehen, ob es wirklich Bestand haben könnte.

Das vierte Lager ist das leiseste, wächst aber von Tag zu Tag. Seine Mitglieder raunen, dass wir gerade eine Art Strafgericht erleben. Der allmächtige Gott oder die geschundene Mutter Natur oder eine andere mächtige Gewalt mit Sinn für Apokalypsen bremst die Weltkugel aus. Wir wissen nichts mehr genau, wir planen hilflos, wir eiern nur noch herum – und nur wenige von uns werden entkommen. Solche Zweifler glauben nicht mehr an die Vernunft, Ideen oder kluge Projekte, sie beten stattdessen. Beten, still werden, abwarten, nie mehr auftrumpfen – an solche Anweisungen halten sie sich in Demut.

Und schließlich gibt es noch jene, die sich momentan solchen Debatten komplett entziehen. Sie lesen, hören und spielen viel Musik, sehen Filme, tauschen sich mit ihren Freunden aus, entdecken alte Vorlieben wieder. Wenn alles vorbei ist, wird man sie als die aufmerksamen Agenten einer anderen Zeit wahrnehmen. Dann werden sie sagen, was sie zu sagen haben, und man wird ihre Geschichten dieser Zeitenwende erfahren, erstaunt und verblüfft – als hätten sie diese Geschichten erfunden.

SPEISEN DER KLAUSUR

Die Obstbäuerin bringt mir zwei Birnen in einem kleinen Korb zum Frühstück. Er steht vor dem Gartentor, und sie hat auf einem beigelegten Zettel geschrieben, Birnen seien die ideale Ernährung in Zeiten der Klausur.

Ich lege eine Birne beiseite und zerteile die andere in kleine Stücke, nachdem ich sie kunstvoll enthäutet habe. Die klein geschnittenen Stücke stecke ich in ein Vanille-Zimt-Bad, das ich mit Lachen Allgäuer Bio-Joghurt und einem Schuss Limoncello angereichert habe.

Einige Zeit müssen sie in dieser Tinktur liegen und schlummern, dann werden sie umgedreht und schlummern ein zweites Mal. Gegen Mittag haben sie die Flüssigkeit aufgesogen. Sie werden noch kleiner geschnitten, mit einer türkischen Gabel aufgespießt und langsam verzehrt.

DER DUNKLE NACHBAR

Der Mann, der sich mein Nachbar nennt, ist dunkel gekleidet, die langen Haare hängen tief im Gesicht, und er geht gekrümmt, vornübergebeugt, als habe er einen Hexenschuss. Seit wir in Klausur leben, hat er den Durchgang zu meinem Grundstück mit einem schweren Tor aus Eisen verrammelt. Dahinter geht er seinen Beschäftigungen nach, singt fremde Lieder und wühlt in den Müllvorräten, die er seit Jahren dort angesammelt hat. Angeblich hat er einen Sohn, der ihm bei seiner Wühlarbeit hilft, ich habe ihn aber noch nie gesehen.

Mein dunkler Nachbar ist allein und redet laut mit sich selbst von vielen anderen Menschen, die ich nicht kenne: von seinem Sohn, seiner Frau und Scharen von Bekannten. Einmal ist er mit einem kleinen beißwütigen Hund gekommen, der sich sofort im Zaun festbiss. Er konnte ihn nur befreien, indem er den Zaun zerschnitt, was mich derart erschrak, dass ich beschloss, mir bald ein wachsames Haustier zuzulegen.

HERIBERT

Heribert ist mit mir zur Schule gegangen. Einige Jahre saßen wir nebeneinander und lernten fast nichts. Er mochte aber Latein, mehr als alle anderen Schüler der Klasse. In den Oberstufenjahren verließ er uns und ging auf ein Internat. Seine Mutter war gestorben, und sein Vater hatte nicht die Kraft, einen Haushalt zu organisieren.

Im Internat wurde Heriberts Latein noch besser, und er gewann Preise für besonders gelungene Übersetzungen. Er überlegte keinen Moment, was er studieren sollte. Katholische Theologie und alte Sprachen, das war es. Heribert hat genau das studiert, überrascht hat er mich mit seinem Entschluss, in ein Kloster zu gehen. Er ist Mönch geworden und schreibt an einem Buch über die »Regulae« des heiligen Benedikt.

Wir telefonieren häufig miteinander. Manchmal vermute ich, dass er mich dazu verführen will, ebenfalls Mönch zu werden. »In Klausurzeiten wäre das ein geradezu ideales Dasein«, hat er gesagt. Ich habe darauf nicht geantwortet, mir aber meine Gedanken gemacht.

DER EISENBAHN-LANDWIRT

Frühmorgens, noch vor Sonnenaufgang, höre ich vom Höhenweg oberhalb meines Gartens merkwürdige Geräusche. Ein kurzes Rauschen, als bewegten sich die Bäume des nahen Waldes einzeln nacheinander und nähmen den Weg als lauffreudige Einzelgänger. Oder ein leichtes Traben, als hätten sie sich in junge Pferde verwandelt. Manchmal auch ein rhythmisches Schnaufen, als hätten sie über Nacht zugelegt und seien mächtige Stämme geworden.

Ich horche bei geöffnetem Fenster, ohne mir ein genaueres Bild machen zu können. ›Der Wald zieht vorüber‹, denke ich, und mich fröstelt. Sind unbekannte Wesen im Spiel? »Keine Angst«, sage ich und strecke mich. »Schütteln und rütteln«, sage ich weiter und erinnere mich an Gymnastikübungen, die ich früher täglich schüttelnd und rüttelnd absolviert habe.

Ich nehme beide Arme in die Höhe, fast bis zur Decke, atme tief durch und lasse sie fallen. ›Ich bin so weit‹, denke ich nach dem fünften Versuch. Dann gehe ich hinab in die Küche, trinke ein Glas Wasser und öffne die Balkontür zum Garten.

»Guten Morgen«, sage ich, bleibe in der Tür stehen und warte, bis die Sonne am Horizont auftaucht. Ein leerer Zug fährt vorbei. Ich winke ins Nichts. Die vielen menschenleeren Wagen haben etwas Theatralisches. Als führe der Zug in ein fernes Jenseits, in dem unbekannte, hohe Wesen zusteigen und die Weiterfahrt in ein imaginäres Dunkel antreten.

Ich schaue auf die Uhr, der Zug ist pünktlich. Ich kenne die Zeiten genau, in denen Züge an meinem Gartenhaus vorbeifahren. Manchmal hält mich das Zugpersonal für einen Bahnwärter, denn das Gartenhaus ist zugleich ein altes Bahnwärterhaus. Von den Vorbesitzern habe ich eine rote Schirmmütze, ein Signalhorn, eine Pfeife und eine Leuchte geerbt. In Notfällen wäre ich durchaus bereit, in die Rolle eines Bahnwärters zu schlüpfen.

Als Bahnwärter besitze ich ein Stück Land entlang der Bahn. In alten Zeiten weideten dort Schafe und Ziegen. Jetzt bin ich für dieses Stück Land zuständig. Als Bahnwärter bin ich daher auch ein Eisenbahn-Landwirt. Ein richtiger Gärtner bin ich aber noch nicht.

KRISEN IN CORONAZEITEN

1

Ein junges Paar, die Frau (etwa 30), der Mann (etwas älter).

Die Frau: Was verstehst du denn von Saucen?! – *Der Mann:* Nichts. Wenn es nach dir geht, bin ich ja sowieso ein Küchentrottel. – Wie bitte?! – Du hältst mich für einen Idioten. – Wir reden von meinen Saucen. – Okay, die sind furchtbar, das weißt du selbst. – Mann, bist du schlecht drauf! – Na und?! Tut auch mal gut. Deine Saucen taugen jedenfalls nichts.

2

Eine Raucherin (etwa 50) sitzt auf einer Bank. Ein Fahrradfahrer (etwa 60) hält an und betrachtet sie.

Der Fahrradfahrer: Sie rauchen noch?! Und das in diesen Zeiten?! – *Die Raucherin:* Und du strampelst noch?! Und das in diesen Zeiten?! – Sie sollten wirklich an Ihre Gesundheit denken! – Und du solltest zu Hause bleiben! Zu Hause, habe ich gesagt! – Wie reden Sie denn mit mir?! – Ich rede nicht mit dir, ich rede mit deinem beschissenen Rad!

3

Ein Vater (etwa 50) gibt sich humorvoll und erzählt seinen beiden Kindern und seiner Frau etwas über den Wald.

Der Vater: Laut den Zählungen der Johns-Hopkins-Universität sind 60 Prozent der Bäume dieses Waldes mit Borkenkäfern infiziert. 25 Bäume sind genesen. – *Die Mutter:* Das finde ich überhaupt nicht witzig, Peter. – *Der kleine Sohn:* Doch, das ist witzig. – *Die kleine Tochter:* Nee, ist es nicht. Es ist ein blöder Papawitz! – *Der Vater:* Sei nicht so vorlaut, Lisa! Und rede deiner Mutter nicht immer nach dem Mund. – *Die kleine Tochter:* Ich sage, was ich will. – *Die Mutter:* Wir reden alle, was wir wollen. Aber wir sollten aufeinander Rücksicht nehmen. – *Der Vater:* Laut den Zählungen der Johns-Hopkins-Universität …

4

Ein Kind, männlich (etwa 12), mit Fahrrad.

Das Kind: Der Helm ist scheiße. Die Strümpfe sind scheiße. Der Wald ist scheiße. Ich will SCHWIMMEN gehen – und zwar sofort!

5

Auf dem Tennisplatz. Ein Platzwart (53). Ein Tennisspieler (62).

Der Tennisspieler: Hier ist ja wirklich kein Mensch! – *Der Platzwart:* So ist es auch wieder nicht. Ich halte die Stellung! – Aber wie! Warum spielt denn niemand?! Tennis ist in diesen Zeiten der ideale Sport. Wo gibt es mehr Distanz zwischen den Spielern? – Auf dem Platz ja, aber nicht in den Umkleidekabinen! – Papperlapapp! Dann ziehen wir uns eben im

Freien um, jeder hinter seinem Umziehbusch! – Sie sehen die Probleme nicht. – Nein, will ich auch nicht. Deutschland ist ein elendes Problemland! Selbst im Wald stehen an jeder Wegkreuzung mindestens zehn Probleme herum! – Vorsicht ist besser als Rumschimpfen! – Okay, okay! Dann spiele ich eben allein! Ich ziehe mich jetzt um und kloppe die Bälle gegen unsere Trainingswand! – Wenn Ihnen danach ist! – Danach ist mir! Noch nie war ich so scharf darauf, Bälle gegen diese blöde Wand zu kloppen!

RÄUME IN CORONAZEITEN

Die Bilder der großen leeren Plätze und Kirchen sind in diesen Ostertagen von unglaublicher Kraft. Das Oval des Petersplatzes vor der leuchtenden Fassade, die strahlende Weite des Kircheninneren – noch nie waren die Architekturen derart präsent: darstellend, erzählend, sprechend, befreit von allem störenden und ablenkenden Beiwerk. Der Blick kann sie wieder als Ganzes aufnehmen, so, wie sie bei ihrer Entstehung angelegt und gedacht waren.

Hinzu kommen die Beschränkungen des gestischen Vokabulars der in dieser monumentalen Leere handelnden Personen. Man nimmt ihre Bewegungen in ihrer spirituellen Sprache genauer wahr, folgt jedem Detail und befragt es auf seine Bedeutung.

Schließlich die Worte und die Musik. Auch sie können sich in den geöffneten und puristischen Räumen stärker entfalten. Man hört ruhiger und geduldiger zu, durchkostet die intensiven Pausen, erlebt auch die klanglichen Rhythmen der Anrufungen, Litaneien, Gebete. Statt auf große Chöre und

Orchester horchen wir auf schlichten Gesang und einzelne Stimmen: wie sie sich erheben, verzweigen und niederlassen.

So starke Szenen reduzieren unsere Wahrnehmung auf die Dinge und Räume selbst. Sie erscheinen als Lektionen in konzentrierter Anschauung, entzerren die Blicke und verknüpfen das Wahrgenommene mit der Palette der vielen Empfindungen. Daher erleben wir das Visuelle nun körperlich: Wir malen, indem wir sehen, wir figurieren auf einer Bühne, wir gestalten mit, indem wir den Skulpturen, Wegweisern und Raumfluchten folgen.

So gesehen, bringen die Coronazeiten auch Momente eines nie erwarteten Friedens des Daseins mit sich. Plötzlich wirken sie so, als hätten ihre Architekten und Planer sie eben erst entworfen und beugten sich mit uns über die Idealmodelle ihrer Entwürfe.

LOCKERUNGSÜBUNGEN

Die erste, über einen Monat dauernde Phase der Coronazeiten glich einer Hypnose. Die große Mehrheit redete im Takt der Medien ununterbrochen dasselbe, hielt gehorsam Abstand, zog sich in Häuser, Wohnungen und Gärten zurück, porträtierte sich in einer Sintflut von Heimvideos – und horchte geduldig auf die hypnotisch wirkenden Gebote der Regierenden.

Nun ist die zweite Phase eröffnet. Die meisten erwachen aus der Hypnose und sprechen von den sogenannten »Lockerungen«. Warum darf ich in meiner Lieblingsbuchhandlung umherwandern, keineswegs aber in meinem kleinen Lieblingsrestaurant zu Abend essen? Und warum darf ich im

Baumarkt das Angebot neuer Häcksler und Rasenmäher studieren, auf keinen Fall aber im Kölner Dom einen Gottesdienst besuchen?

Diese zweite Phase provoziert den Unmut angesichts der so selbstverständlich daherkommenden Weisheiten der Herrschenden. Wann, wird jetzt lauter gefragt, haben wir auch mal wieder etwas zu sagen? Warum dürfen wir nicht mitreden? Und wieso befragt man nicht unsere Landräte, Bürgermeister, Stadtverordneten und Schulleiter, um genauere Meinungen darüber einzuholen, was wir an den jeweiligen Orten zukünftig tun und dürfen?

Angesichts des neuen Diskurs-Themas Sommerurlaub spitzen sich die Fragen und Kommentare zu. Markus Söder empfiehlt Ferien in Bayern, Politiker im Norden empfehlen Strandkorbferien am Meer (ohne Baden, Schwimmen und Surfen, rein meditativ), und Tourismusfachleute der deutschen Mittelgebirge wollen das Zuhause garnieren: Warum, statt ans Meer zu fahren, den Strandkorb nicht gleich in den eigenen Garten stellen und ihn mit Claude Debussys »La Mer« beschallen?

Wolfgang Schäuble hat seit Jahrzehnten nicht mehr richtig Ferien gemacht und findet sie daher sowieso überflüssig. Sechs Wochen Sommerferien für alle Schülerinnen und Schüler?! Auch hier sollen die Lockerungsübungen greifen und neue Ferienmaßeinheiten, abgestuft und gezielt nach Alter und Geschlecht, mit deutscher Gründlichkeit festgelegt werden.

Derart läuft in Phase zwei gegenwärtig alles auseinander, und die neuen Diskurse überschlagen sich. Hauptsache, jeder Infizierte hält sich an die Reproduktionsrate und steckt möglichst nur noch einen halben Nichtinfizierten an. Bald werden auch die Virologen in den Talkshows seltener werden, und die Themen von früher werden sich zaghaft melden.

Aber bitte: Keine Neuigkeiten über das Liebesleben von Heidi Klum! Und keine Recherchen ausgerechnet darüber, wie Harry und Meghan gerade in den USA ihren Luxus neu definieren!

STATIONEN EINES CORONA-TAGES (FÜR ERWACHSENE)

Als Corona-Therapeut habe ich einen Corona-Therapieplan für all jene erarbeitet, die gegenwärtig den staatlich angeordneten Stubenarrest einhalten müssen. Hier eine Liste für den Corona-Vormittag.

Aufstehen bei Sonnenaufgang (gegen 6.15 Uhr). Ein Polaroidfoto machen. Inspiriert von Wim Wenders »Sofort Bilder«. Musik von Edvard Grieg, »Holberg-Suite«.

Kleine Morgengymnastik. Mithilfe von Christopher Bloss' »Die besten Leibesübungen aller Zeiten«. Musik von Erik Satie, »Gymnopédies«.

Im Bad. Beflügelt von »The Bathroom Chronicles. 100 Frauen. 100 Bilder. 100 Geschichten«. Musik von Carlos Guastavino »Tres Romances Argentinos«.

Mini-Frühstück (Kaffee, Tee oder Schokolade mit einer Mini-Akzidenz). Musik »Breakfast at Tiffany's: Soundtrack«.

Chronik/Tagebuch/Einen ersten (den Tag davor dokumentierenden) Text schreiben. Musik von Domenico Scarlatti.

In der Wohnung/Im Garten/Draußen. Motiviert von Thomas Bernhards »Gehen«. Musik von Carl Czerny, »Schule der Geläufigkeit«.

Ein erstes (kleines) Glas Champagner/Sekt/Wein. Mithilfe von Paula Boschs »Wein genießen«. Musik von Charles Aznavour, »La Bohème«.

Ein Gedicht schreiben. Befähigt durch Dirk von Petersdorff: »Wie schreibe ich ein Gedicht?« Musik von Johann Sebastian Bach, »Die Kunst der Fuge«.

Gabelfrühstück. Weißwurst, Brezn, Süßer Senf. Begleitet von »Das Weißwurst-ABC«. Musik von Herbert Grönemeyer, »Sekundenglück«.

Telefonat/Chat/Gespräch mit der/dem Liebsten. Angeregt von Peter Handkes »Die schönen Tage von Aranjuez«. Musik von Joaquin Rodrigo, »Concerto de Aranjuez. Adagio«.

Singen, was auch immer. Ermutigt von Ralf Peters u.a., »Die Philosophie des Singens«.

Ein Musikinstrument üben. Mithilfe von Hanns-Josef Ortheils »Wie ich Klavierspielen lernte«.

Eine Szene schreiben. Befeuert von David Mamets »Vom dreifachen Gebrauch des Messers«. Musik von Kurt Weill, »Lady in the Dark«.

Ein zweites (kleines) Glas Champagner/Sekt/Wein. Begleitet von Kerstin Ehmer und Beate Hindermanns »Schule der Trunkenheit«. Musik von Eric Clapton, »Over the Rainbow«.

Den Vormittag ausklingen lassen/Meditation. Begleitet von Wolfgang Dömlings »Kunstpausen«. Musik von John Cage, »Dream«.

STATIONEN EINES CORONA-TAGES
(FÜR KINDER)

Aufstehen vor Sonnenaufgang (gegen 6.15 Uhr). Ein Polaroidfoto mit einer eigenen kleinen Poloraidkamera machen. Die Bilder Tag für Tag in ein Album kleben und datieren. Musik von Edvard Grieg, »Holberg-Suite«.

Tanzen. Frei erfundene Bewegungen. Musik von Peter Tschaikowsky, »Nussknacker-Suite«.

Im Bad. Musik von Georges Bizet, »L'Arlésienne-Suite«.

Frühstück. Zur Unterhaltung z. B. etwas von Mark Twain, »Prinz und Bettelknabe«. Hörbuch. Ausschnitte.

Etwas in ein großes Album schreiben/malen/einkleben (zum Beispiel Fotos/Bilder aus Zeitungen/Zeitschriften etc.). Musik von Robert Schumann, »Album für die Jugend«.

Nach draußen. Spielen. Prima Ideen in »Kinderspiele« von Kate Greenaway.

Früchte auspressen und trinken. Rezepte finden in »Natürliche Limonaden und Fruchtsäfte« von Holger Vornholt.

Eine Geschichte mit der Hand schreiben. Angelehnt an »Kalligrafie und kreatives Schreiben für Kinder« von Claudia Dzengel.

Gabelfrühstück. Prima Ideen in »Astrid Lindgren Kochbuch« von Andreas Wagener u. a.

Ein bisschen fegen oder putzen. Drinnen oder draußen. Den Flur. Eine Treppe. Den Hof. Was auch immer. Prima Ideen: »Die Kunst des achtsamen Putzens« von Keisuke Matsumoto. Dazu Harfenmusik (solo), etwa von Bedrich Smetana »Vitava (Moldau)«, gespielt von Valérie Milot.

Philosophieren mit Mutter/Vater/Geschwistern. Inspiriert von »Philosophieren mit Kindern« von Ekkehard Martens.

Singen, was auch immer. Anregungen in »Meine schönsten Kinderlieder« von Ludvik Glazer-Naudé.

Etwas für Oma/Opa/Mutter/Vater kochen. Ideen aus dem »Kochbuch für die kleine alte Frau« von Sybil Gräfin Schönfeldt. Und aus dem »Kochbuch für den großen alten Mann« von Sybil Gräfin Schönfeldt.

Einen Tisch für alle eindecken. Blumen. Schmuck. Geschirr etc. Dazu Musik von Georg Philipp Telemann, »Tafelmusik«.

Den Vormittag ausklingen lassen. Zum Mittagessen einladen. Danach Siesta. Ein Buch (wie etwa »Nils Holgerssons wunderbare Reise durch Schweden« von Selma Lagerlöf) lesen, lesen, lesen. Musik vom Oscar Peterson Quartett.

CORONA, FRÜHMORGENS UND ABENDS

Frühmorgens

Die Weite des wild wachsenden Gartengeländes und sein lässiges Ausufern hin zu den Lichtquellen. Die trockenen Erdkreise rund um die Neuanpflanzungen der kleinen Obstbäume. Die Wedel der blau entzündeten Kornblumen, die an den Wegesrändern um einen besonders starken Kontakt betteln. Der Himmel wacht.

Debattierende Stimmen vom Höhenweg, die sich um den Kehricht der täglich tausendfach wiederholten Nachrichten kümmern, ihn umwälzen und endlich aufgeben.

Im Tal spielt jemand wie verzückt auf einer Geige, als ginge sie oder er (ich wette, es ist eine Sie) gerade barfuß durchs Gras. Richtig, es ist Taugenichts-Zeit!

Das ferne Schwingen der Glocken im Tal, gedämpft und entrückt. Ein Jogger eilt hechelnd vorbei. Vögel sprechen sich aus. Die Sonnengitter des Abends legen sich auf die Wolken der tiefgrünen Blätter. Wie atmet es sich?

Ein Kind schaut dich an. Die Radfahrer sind vernarrt in ihr Tempo. Zwei Frauen gehen stumm an dir vorbei und beginnen erst wieder in einiger Entfernung zu sprechen. Ein älterer Mann hat die abendliche Bank so breitbeinig besetzt, dass kein zweiter sich zu ihm gesellt.

Ein Herr grüßt sehr freundlich, als kenntet ihr euch. Als du dich zu erinnern versuchst, sagt er: »Sie kennen mich nicht, aber ich kenne Sie!« Guten Abend!

NACHRICHTEN AUS VENEDIG

Unsere venezianischen Freunde haben uns ein Foto vom Campo Santa Margeritha, dem bevorzugten Treffpunkt der Jugend, geschickt. Die Kunden stehen in gebotenem großem Abstand vor einem Minimarket, Gruppen gibt es nicht.

Der Bürgermeister der Stadt hat sich in einem Appell an seine italienischen Landsleute gewandt. Wer immer es einrichten kann, sollte nach Venedig kommen. Nie war die Stadt so schön. Keine Touristen, keine Kreuzfahrtschiffe, selbst die Quallen ziehen vom Meer her in die Kanäle ein, deren Wasser noch nie so klar und sauber war.

Auf dem Land in der Nähe haben die Bars wieder geöffnet, die ersten Restaurants folgen. Bald wird auch die venezianische Gastronomie sich beleben.

DOMGESCHICHTEN

Jahrhundertealte Kirchen sind mit der Geschichte ihrer Städte und Ortschaften eng verbunden. Sie sind mehr als sakrale Räume, in denen Gottesdienste stattfinden. Von vielen Bewohnern werden sie auch für einen Rundgang oder nur für ein paar Minuten aufgesucht, in denen man in ihnen zur Ruhe kommt. Durch solche Besuche erhalten sie einen privaten Status und werden zu einem Teil der alltäglichen Lebenswelten, in denen sich Menschen bewegen.

Aus eigener Erfahrung weiß ich, dass der Kölner Dom für mich ein derart erlebter Raum ist. Es gab sogar eine Zeit, in der ich nicht an ihm vorbeigehen konnte, ohne ihn zumindest kurz zu besuchen und mich in ihm aufzuhalten. Ich schaute mir ein Glasfenster, eine Skulptur oder sonst ein Detail des Domes länger und genauer an. Zu manchen entwickelte sich dadurch eine persönliche Nähe. Sympathien entstanden, und ich ertappte mich als Kind manchmal dabei, dass ich mich mit bestimmten Figuren sogar heimlich unterhielt.

Daran musste ich denken, als ich die »Domgeschichten« las, die Barbara Schock-Werner (von 1999 bis 2012 Dombaumeisterin und Leiterin der Dombauhütte) erzählt. Sie picken sich jeweils ein Detail heraus, gehen seiner Herkunft oder Entstehung nach – und tun das nicht mit einem kunsthistorischen Gestus, sondern so, dass man als Leser sofort versteht, in welcher Verbindung es zu ihrer Erzählerin steht.

Eine weiße Mosaikhand am südlichen Domportal, eine fast hundert Jahre alte Feuerwehrleiter in der Nordturmhalle, die mittelalterliche Bauzeichnung der Westfassade im Chorumgang – das sind Details, die aufmerksame Besucher wahrnehmen, ohne sich ihr Erscheinen aber genauer erklären zu können. Den Staunenden springen die Geschichten von Barbara Schock-Werner bei, nicht besserwisserisch oder belehrend, sondern in einem unaufgeregten, sympathischen, hilfreichen Plauderton.

Joachim Frank, Chefkorrespondent des »Kölner Stadt-Anzeigers«, hat sie aufgezeichnet und den privaten Ton genau getroffen. In seiner Zeitung sind viele der Geschichten zuerst erschienen und haben die Leserinnen und Leser fortlaufend mit dem notwendigen Domfeeling versorgt. Jetzt gibt es sie auch als Buch, ergänzt durch Fotografien von Csaba Peter Rakoczy, ausgestattet mit Plänen und Literaturhinweisen.

WAS VON CORONA BLEIBT

Neulich las ich einen Artikel des Schriftstellers Cees Nooteboom, in dem er darüber nachdachte, was von Corona bleiben könnte. Die Welt werde nicht mehr so sein wie früher, schrieb er, denn die Zeiten der Stille seien so tief in unseren Köpfen gespeichert, dass wir sie nie mehr vergessen würden. Corona als traumatisches Erlebnis, das uns noch in unseren Träumen und Albträumen lange beschäftigen wird?

Ich habe darüber mit meinen Freunden gesprochen, sie waren geteilter Meinung. Einer erzählte von seiner Reha, die er vor einigen Jahren in einer Klinik verbracht habe. Er hatte sich dem Reglement der Ärzte untergeordnet und sich bei seiner Entlassung geschworen, den wiederhergestellten Körper auch weiterhin streng unter Kontrolle zu halten. Schon zwei Wochen später hatte er die guten Vorsätze über Bord geworfen und bewegte sich, rauchend, trinkend und zu viel essend, wieder im alten Trott.

Ein anderer Freund erzählte davon, dass er vor allem während des ersten Coronamonats an sich selbst eine »Umwertung der Werte« wahrgenommen habe. Menschen, Dinge und Ereignisse, denen er zuvor noch einige Aufmerksamkeit geschenkt habe, hätten sich plötzlich als banal und überflüssig erwiesen. Richtiggehend abgestoßen sei er von Nachrichten über Sophia Thomalla, die Gehaltsforderungen von Manuel Neuer oder die Diät-Probleme der britischen Royals gewesen. Auch habe er sich nicht mehr vorstellen können, jemals wieder an einer Kreuzfahrt teilzunehmen oder mal eben für ein Wochenende auf die Kanaren zu fliegen. Der überdrehte, verschwenderische, unreflektierte Luxus habe ihn angeekelt, und dieser Ekel sei geblieben, bis jetzt.

Solche Erfahrungen hatten auch andere Freunde gemacht. Einer berichtete von der positiven Kehrseite des Selbstekels, die zu einer stärkeren Anteilnahme am Leben anderer Menschen geführt habe. Mehr Mitgefühl als früher habe er gespürt und sich nach freiwilligen Hilfsdiensten für ältere und kranke Menschen erkundigt. Inzwischen sei er nebenbei als Fahrer für eine karitative Organisation unterwegs und könne sich nicht mehr vorstellen, damit wieder aufzuhören. Die Dankbarkeit der Hilfsbedürftigen tue ihm nämlich gut, und er habe das Gefühl, etwas Sinnvolles zum Leben anderer beizutragen.

Also doch?! Sind die stillen, einschneidend wirkenden Coronazeiten stärker als das Reglement in einer Rehaklinik? Ja, behaupten die meisten Freunde, sie wirken stärker, weil es kollektive Ereignisse sind. In ihnen erleben wir uns nicht als prinzipiell heilbare, singuläre Gestalten mit individuellem Schicksal, sondern als kollektive Wesen, deren Handeln positive oder negative Konsequenzen für alle hat. Ein wegschauendes Handeln mit dem Blick nur auf sich selbst steht unter Verdacht. Schon wer sich nicht ausreichend informiert und lieber den Kopf in den Sand steckt, kann andere Menschen in Lebensgefahr bringen. Auch deshalb ist die Angst trotz der Lockerungen momentan noch da.

Die Menschen halten Abstand und tragen Mundschutz nicht deshalb, weil sie Geboten und Regeln folgen, sondern weil sie den Tod vor Augen haben. Eine so furchtbare Erfahrung hinterlässt tiefe Spuren, auch wenn sie nicht laufend spürbar sind. Sie haben sich jedoch längst in unsere Erfahrungswelt eingegraben. Seit Corona bewegen wir uns vorsichtiger, halten häufiger inne, driften in Tagträume ab und stellen vieles infrage. So gesehen hat Cees Nooteboom mit seinen Andeutungen recht. Wir werden aber nicht nur schwerer träumen und aufmerksamer atmen, nein, wir werden noch lange mit dem *zweiten Blick* leben. Er wird das früher fraglose Dasein durchdringen und die tiefen Schatten wahrnehmen, die sich seit Corona mit ihm verbinden.

NACHTIGALLEN IN BERLIN

David Rothenberg ist ein Schriftsteller, der viele Interessen und Themen miteinander verbindet. Er ist Musiker, aber auch Naturforscher, Philosoph und Ökologe. In einem früheren Buch hat er sich Gedanken darüber gemacht, warum Vögel singen.

Jetzt hat er sich Berlin als Schauplatz seiner Experimente ausgewählt In »Stadt der Nachtigallen« belauscht er Nachtigallen, untersucht ihre Motive und Melodien, musiziert sogar mit ihnen und entwirft den Klangraum einer Welt, in der wir unsere nahe Umgebung neu entdecken: als Studio, als orchestralen Cluster.

Interessant daran ist nicht nur das Studium der Nachtigallen, ihrer Wohnräume und ihrer Kompositionen. Rothenbergs Experimente sind auch grundsätzlich von Bedeutung: Indem sie uns zeigen, wie man Umwelt und Umgebung hören und besser verstehen könnte. Sein Lauschen fixiert den gesamten städtischen Raum, lässt uns Details erkennen, macht uns aufmerksam gegenüber dem Rauschen, das wir sonst höchstens unscharf im Ohr haben. Außerdem sensibilisiert es auch generell, indem wir musikalische Zusammenhänge intensiver verfolgen. In diesem Sinn ist es ein Hörtraining bester Art! Die ideale Ergänzung ist das Hörbuch, eingelesen von Eva Mattes, komplettiert durch Rothenbergs fantastische Musik.

DIE CORONA-TRAURIGKEIT

Die viel zitierte »große Stille« und die noch häufiger genannte »gähnende Leere« sind aus unseren Städten verschwunden. In Köln kommen mir meine Freunde mit weit ausgebreiteten Armen entgegen und tanzen (wenn auch in gebotener Distanz) so manchen Straßenblues, dass es knistert. Nicht nur die Lebensbedingungen sind lockerer geworden, viele erzählen von den Coronazeiten auch bereits mit dem heiteren Blick auf etwas Unglaubliches, das Pfeffer ins sterile Früher gebracht hat.

Unterhalte ich mich mit meinen Freunden bei zwei oder auch drei genehmigten Kölsch jedoch etwas länger, gerinnt die Heiterkeit von Minute zu Minute. Ich bemerke es am

Mienenspiel, an der sich anschleichenden Nachdenklichkeit, an einem kurzen Erstarren oder daran, wie sie sich durch die zerzausten Haare fahren. Dann kippt der zuvor noch lockere Blues und wird ernst, und es ist etwas zu erkennen, das es früher nicht gab: tiefe Traurigkeit.

Nein, es ist keine Trauer, kein Innehalten wegen eines schweren Verlusts, es ist auch keine Melancholie, keine gedämpfte Nachdenklichkeit, sondern genau das, was das urdeutsche Wort »Traurigkeit« meint. Etwas Bodenloses, die Erinnerung an Vergangenes, das der alte Fontane als »unwiederbringlich« bezeichnete. Die früheren Zeiten werden nie wiederkommen und sind für immer vorbei. In bereits vager werdenden Bildern hat man sie noch vor Augen. Es waren Zeiten, in denen man sich ohne langes Nachdenken begegnete, hierhin und dorthin reiste und sorglos in den Tag lebte. Jetzt dagegen bedarf es für jede kleine Aktion eines Anlaufs und genauer Planung. Darf ich, will ich, soll ich? Solche Fragen grundieren ein Gefühlschaos, das noch größer wird, wenn die Nächsten ihr eigenes Chaos beisteuern.

Unsere Dichter nannten es »stille Traurigkeit«, und sie beschrieben das Mienenspiel der so Mitgenommenen mit dem »gesenkten Blick«, einer »Ermattung«, die nach unglücklich verbrachten Zeiten zunächst unmerklich einsetze. Erstarkt sie und wird manifest, entstehen Depressionen, die schwerer wiegen. »Traurigkeit« ist dagegen eher eine plötzlich auftauchende Anwandlung, die langsam vergeht, um bald ungefragt und heftiger wie eine Welle wiederzukommen.

So konturiert sie unseren neuen Alltag. Wir leben mit ihr wie mit einem Schauer, der sich nicht mehr abschütteln lässt. Die Frage ist, in was sie sich einmal verwandelt. In Reflexion? In Tagträume? In Krankengeschichten? Oder in Phasen des stillen Rückzugs, in denen man sich die massiven Bilder dieser Zeiten vergegenwärtigt, um ihnen eine durchdachtere Zukunft abzugewinnen? Solche Fragen könnten auch das religiöse Sprechen berühren, das gerade jetzt die große Chance hätte, sich neu zu artikulieren. Ohne die alten, müde gewordenen Glaubensformeln – mit dem Schwung der Entdeckung eines zweiten, diesseitigen Lebens.

DER FINGER IM BUCH

Ulrich Johannes Schneider (*1956) ist heute Bibliotheksdirektor an der Universität Leipzig. Irgendwann muss er eine interessante, weitreichende Beobachtung gemacht haben: Auf vielen Porträts lesender Menschen gibt es die Geste eines Fingers, der in einem Buch steckt und dort genau die Stelle markiert, wo die Lektüre unterbrochen wurde und nach kurzer Unterbrechung wieder aufgenommen werden soll.

Der Finger im Buch ist das Signal einer Lektürepause, über deren jeweilige Gestaltung Schneider der Ikonografie Aby Warburgs folgend in seinem Buch »Der Finger im Buch« nachgedacht hat. Worüber ließ sich da nachdenken?

Zum Beispiel darüber, was das Bild über den Charakter der Lektürepause und damit auch über das jeweilige Lesen verrät. Schneider hat aus seinen Bild- und Skulpturbeispielen lesender Menschen eine Galerie entworfen, die solche Lektürecharaktere skizziert: das Lesen, das sich einem Text hingibt/sich entführen lässt/auf Veränderung des eigenen Lebens wartet/Bildung ernten/Sprachen hören will.

Schneider filtert diese Gestalten der Lektüre durch ein genaues Studium der Bilder und Skulpturen aus dem Porträt heraus und widmet sich dann den dargestellten Personen: ihrem Aussehen, ihrer Kleidung, ihrer Gestik, dem sozialen Raum, den sie beleben und ausschnittweise mit darstellen.

Die beiden Pfade des Nachdenkens – Analyse des Lektürecharakters und Studium einer Gestalt mit Blick auf das Milieu ihrer Umgebung – werden schließlich abgeglichen und in Verbindung gebracht: Kann man Lektüreerfahrungen bestimmten sozialen Milieus zuordnen? Und umgekehrt: Auf welche Weise liest die vermögende Vizegräfin von Vaudreuil im späten achtzehnten Jahrhundert (auf einem Bild von Élisabeth Louise Vigée Le Brun) anders als der Mönch Alonso Enriquez in der Mitte des siebzehnten Jahrhunderts (auf einem Bild von Juan Bautista Maíno)? Beide Personen figurieren einen geschlossenen Lektüreraum, in dem die gelesenen Texte wie Accessoires von Empfinden und Wissen erscheinen.

Daraus ist ein anregendes Buch geworden. Geschrieben in einem zupackenden und geduldig den Details nachspürenden Gestus, ohne den Firlefanz eines Fachvokabulars. Solche Bücher liebe ich. In ihnen lese ich immer nur ein Kapitel – das aber zweimal, dreimal. In Schneiders Buch sind es zehn, die durch eine Galerie von dreißig Abbildungen von Kunstwerken führen. So erlebe ich kluges Sehen – verwirklicht in einem auch durch die Herstellung beeindruckenden Buch, das ich nicht in einer öffentlichen Bibliothek lesen würde, sondern unbedingt zu Hause in meiner Nähe haben muss.

ANEKDOTE (NACH HEINRICH VON KLEIST)

In den Jahren 1810/1811 hat Heinrich von Kleist eine fast täglich erscheinende Zeitung, die »Berliner Abendblätter«, herausgegeben. In ihr veröffentlichte er viele seiner Anekdoten, in denen er bereits vorliegende Nachrichten und Fakten mit Abgewandeltem oder Erfundenem mischte.

Manchmal stoße ich in den Kurznachrichten regionaler Zeitungen auf skurrile Meldungen. Ich lese sie als Geschichten und schreibe sie zu Erzählungen um – auf diesem Weg entstehen Anekdoten im Gestus und Ton des großen Heinrich von Kleist, so wie diese:

Fünfzig Pizzen

Eine neunzehnjährige Österreicherin aus der schönen Ortschaft Steyr litt so sehr unter Liebeskummer, dass sie keinen Tag leben konnte, ohne ihr männliches Liebesobjekt zumindest einmal gesehen zu haben. Da es sich bei dem Ex-Freund um einen Pizza-Ausfahrer handelte, kam sie auf die Idee, täglich anonym eine Pizza an eine Adresse in der Nähe ihrer Wohnung zu bestellen. Der junge Mann, der jeden Tag erhebliche Strecken zurücklegen musste, geriet bei seinen Auslieferungsversuchen so an Personen, die keine Pizza bestellt hatten und sich auch keine Pizza aufschwatzen lassen wollten.

Da er Auseinandersetzungen mit diesen Nichtkunden aus dem Weg gehen wollte, lieferte er die abgelehnten Pizzen aus Hilflosigkeit schließlich jedes Mal bei seiner in der Nähe wohnenden Ex-Freundin ab, die, von am Ende fünfzig gelieferten Pizzen über Gebühr physisch und psychisch belastet, gestand, die Verursacherin der Pizzaflut gewesen zu sein. Was den jungen Pizza-Ausfahrer derart rührte und bis ins Mark traf, dass er von diesem Geständnis an nie mehr von ihr lassen wollte.

VENEZIANISCHES RONDO

Die Venezianer sind müde. Bei vielen reicht die Kraft nicht einmal mehr, den ewigen Mundschutz zu tragen. Sie lassen ihn flattern oder wischen ihn, wenn sie reden, mit den Händen beiseite.

Reden. Endlich wieder lange und an jedem Eck reden. Stehen bleiben und reden – und den Profumo der Mauern tief in sich einsaugen, bis er sich in den matten Körpern verliert, die so lange in der Stille der Wohnungen eingetopft waren.

Darf man an Kleidung auch draußen tragen, was man sonst im Haus trägt – was meinst du, Paola? Darf man singen, Musik machen? Was sollte man kochen, was essen? Wo einkaufen? Ist die Wassermelone des Händlers nahe dem Ufer unverdächtig?

Ein paar erste Touristen schreiten die Gassen ab und lesen sich aus bebilderten Führern vor, welche Bilder sie sehen. Amerikaner, Engländer, Franzosen. Die Deutschen haben oft Brezeln aus der Heimat dabei, sagt Paola. Dutzendweise Brezeln, mit etwas Salz, das sie als weiße Spur auf dem Pflaster hinterlassen. Wenn die Brezeln aufgezehrt sind, reisen sie ab.

Die Vaporetti fahren regelmäßig, beinahe wie früher. Motortaxis noch nicht.

In den Kirchenbänken sind die vorgeschriebenen Abstände markiert. Betet noch jemand laut? Höchstens ein geflüstertes Aufsagen von Gebeten ist möglich, ein Wispern und

Virenwegbeten zum Beispiel in der alten Kirche am blendend hellen Rialto. Die Brücke scheint sich wie nie zuvor von Ufer zu Ufer zu biegen. Früher streckte sie sich, reckte den Buckel, jetzt stemmt sie die Flanken zitternd gen Boden.

Die Biennale-Gärten sind noch gesperrt. Wer laufen und joggen will, den treibt es hinaus nach Sant'Elena, immer am Ufer entlang.

An den Haltestellen der Vaporetti drängen sich die Menschen in kleinen Scharen. Kein lautes Sprechen, aber alle auf Tuchfühlung, als suchten sie Wärme und Nähe. So stehen sie da – wie Körperinseln im Sonnenlicht, als stimmten sie gleich das Lied des Gefangenenchors aus »Nabucco« an: »Va, pensiero, sull'ali dorate …«

So geht man dahin. Und plötzlich: die schreiend schmale Öffnung der wuchernden dunklen Bäume. Und in der Ferne das leise Rauschen der Fähre, wie bestellt für eine Fahrt in die Freiheit.

DER SOUVERÄNE LESER

Das Buch des britischen Schriftstellers Alan Bennett, »Der souveräne Leser«, liebe ich aus vielerlei Gründen: Zunächst, weil es ein Buch über das Lesen ist, dann, weil sich in ihm viele Tagebucheintragungen finden – und schließlich, weil es von Alan Bennett stammt, der sowieso einer meiner Lieblingsautoren ist.

In »Der souveräne Leser« liest er nicht einfach so vor sich hin und in sich hinein, sondern zeigt seinen Leserinnen und Lesern, *wie* er liest. Er tut dies nicht als Rezensent oder gar Kritiker, sondern als Schriftsteller, der keinem Kanon und keinen Vorgaben, sondern einfach nur seinen zufälligen Neugierden und Vorlieben folgt, die er sich selbst nicht genau erklären kann. Und warum das alles?

Bennett möchte sich über seine Lektüregedanken klar werden. Deshalb verpackt er sie nicht in gelehrte Essays oder staubtrockene Artikel, sondern vor allem in muntere, spontan wirkende Aufzeichnungen seines Tagebuchs. Man sieht ihn lesen, auf und ab gehen, um eine Straßenecke biegen, in ein Café gehen – und das alles mit Lektüren im Kopf oder auch in der Hand.

Virtuos beherrscht er dabei die Kunst, Lektüreerlebnisse unkompliziert, nackt und direkt darzustellen, ohne Fachvokabular und ohne das übliche, oft ablenkende Drumherum (von Einordnung, biografischen Details, Stilzuweisungen etc.). So lockt er einen in Welten, in denen das Lesen endlich wieder ein reines Vergnügen ist und nicht die Eintrichterungspraxis von »Interpretationen«, mit denen uns die Schule lange genug vergeblich gequält hat.

Franz Kafka ist jener Schriftsteller, den Bennetts Texte am häufigsten umkreisen. Er kommt ihm so nahe, dass man glaubt, er habe ihn jeden Morgen in seine Prager Arbeiter-Unfall-Versicherungsanstalt begleitet und nach getanem Bürodienst wieder von dort abgeholt, um mit ihm einen Kaffee zu trinken. Kaffee? Kaffee mit Kafka? Oder nicht doch eher Tee?! Nein, Tee bestimmt nicht. Bier?! Aber nein! Wein?! Auch nicht?! Aber was denn zum Teufel, was konnte und wollte man mit Kafka trinken?! Schwierige Frage, die bereits tief in sein Werk hineinführt und vorerst unbeantwortet bleibt.

Genaueres weiß Bennett aber über das Wohnen: »Kafka hätte nie so geschrieben, wie er schrieb, wenn er in einem Haus gewohnt hätte. Er schreibt wie ein Mensch, der sein

Leben in Wohnungen verbracht hat, mit Aufzügen, Treppen-
häusern, dumpfen Stimmen hinter geschlossenen Türen und
Geräuschen, die durch Wände dringen. Steckte man ihn in eine
hübsche, frei stehende Villa, hätte er nie ein Wort geschrieben.«

Auf der Stelle fallen einem weitere Klugheiten ein, über
Kafka als Schwimmer, badend, lauschend, gehend! Damit man
seinen Lektüren näherkommt, sollte man Bennett lesen.

ANEKDOTE (NACH HEINRICH VON KLEIST) 2

Spanisches Intermezzo

Ein spanischer Privatsammler von alten Gemälden gab bei
einem Restaurator die Ausbesserung eines Bildes aus dem
siebzehnten Jahrhundert in Auftrag, auf dem ein Brustbild
Mariens zu sehen war. Der junge Mann vertiefte sich wochen-
lang in jedes Detail, studierte die schwungvoll geformte Nase,
die weichen, geöffneten Lippen sowie den geneigten Kopf.

Am meisten beeindruckten ihn die helle, breite Stirn und
die langen, in der Mitte gescheitelten, braunen Haare, die sich
seitlich auf beide Schultern legten. Je länger er das Marien-
bild betrachtete, umso mehr erschien es ihm wie ein Porträt
seiner eigenen Liebschaft, deren Eigenheiten Stück für Stück
in seine Restaurierungsversuche eingingen, sodass der Ma-
rienkopf sich allmählich in die Abbildung seiner Geliebten
verwandelte.

Als man das Ergebnis der Bemühungen dem Privatsammler zeigte, erkannte der sein Gemälde nicht mehr wieder und
veranlasste sofort einen zweiten Versuch. Der junge Restaura-

tor machte sich auch sofort an die Arbeit, ohne allerdings zu begreifen, was er hätte verändern oder anders machen können.

Vielmehr vertiefte er sich erneut so lange in das Gemälde, bis sich das Brustbild seiner Geliebten in deren Kindheitsporträt verwandelt hatte. Von dem entsetzten Sammler erneut zur Rede gestellt, antwortete er, er habe die Jungfrau Maria ihrer Pflichten als Mutter Jesu entledigen und sie zu einem Kind machen wollen, das in Zukunft im Haus eines fürsorglichen Paares eine neue Heimat finden werde. Dieses Paar aber bestehe aus niemand anderem als ihm selbst sowie aus seiner Geliebten, deren Kinderwunsch er auf diese Weise befriedigen könne.

DIE MASKENSHOW

Alle Welt geht jetzt mit Maske spazieren. Man trägt sie in einer Hand mit sich herum und wedelt Grüße hierhin und dorthin. Kinder haben sie bunt bemalt und ziehen sie über, wenn sie Straßentheater spielen. Ältere Menschen parken sie am Griff des Rollators, und die fesche junge Szene stülpt sie sich in den Nacken, während ein kühler Longdrink im Glas geschüttelt wird.

Die Straßen, Plätze und Bürgersteige haben sich in Bühnen und Laufstege von Szenen mit Showcharakter verwandelt. Es gibt den dramatischen Auftritt des älteren Mannes, der die Maske lüftet und danach deftig ausspuckt, und es gibt den kapriziösen Auftritt des Jungstars, der zu einer blendend weißen Maske ebenso weiße Sneaker aus Kalbsleder trägt. Frauen in eher mittlerem Alter behandeln die Maske robust und packen sie erfahren am Schopf, während verliebt tuende Paare ein Maskenduo spazieren führen, blau und grün, aber dasselbe Modell.

Das Sprechen fällt schwer. Manche versuchen es mit besonderer Lautstärke, röcheln aber bald resigniert und deuten stumm mit dem Finger auf eine Ware. Käufer und Verkäufer spielen genervt Pantomime, und alle taxieren mit scharfen Blicken den Abstand zum Nächsten und zu einem nicht informierten Begleithund, der alle Herumstehenden beschnüffelt, als habe er noch nie von Corona gehört.

Die wilden Kirschen auf dem Wochenmarkt leuchten dämonischer und dunkler denn je, und die Brombeeren öffnen ihr kompliziertes Gehäuse und lassen eine bedenkliche Saftspur austreten. Der Käsekonsum geht zurück, da viele eine Mundmaske nicht gern mit einem aufdringlichen Käse-Atem durchdringen möchten. Noch schlimmer ist es um den Knoblauch bestellt, er vegetiert bleich vor sich hin. Seine führende Rolle als Allroundgewürz hat er inzwischen an ockerdunkle Ingwerwurzeln abgetreten. Die gesellen sich zu allem und jedem, zu Linsen, Reis, Tee und zeigen eine überwältigende Anpassungsfähigkeit.

Am frühen Abend kippt oft die Stimmung und erste Schreie brechen sich Bahn. Eine Sängerin hat sich auf den Rand eines Brunnens geschwungen. Der Wasserstrahl will sie begleiten, doch sie dominiert ihn gekonnt. Man sieht, wie sie sich ihrer Maske entledigt und, den Kopf im Nacken, einen uralten Song anstimmt: »Masken – nichts als Masken. Bild der Einsamkeit …«

Ist das nicht von Udo Jürgens?, fragt mich jemand. – Könnte sein, antworte ich, hört sich jedenfalls so an. – Donnerwetter!, sagt mein Gegenüber. Was der nicht alles geahnt hat! – Stimmt, antworte ich.

GOTT UND CORONA

Mein guter Freund Friedrich ist Arzt und in diesen Zeiten überbeansprucht. Wenn er überhaupt noch Zeit zum Lesen findet, interessieren ihn historische Darstellungen von Pandemien. Was haben die Menschen früher in ihrer noch viel größeren Hilflosigkeit dagegen getan? Und wie haben sie das Erlebte gedeutet und kommentiert?

Eher durch Zufall ist er auf Texte des barocken Predigers Abraham a Sancta Clara gestoßen, der sich anlässlich der großen Pest in Wien 1679 selbst monatelang in Quarantäne begab und in der Isolation an seinem wortgewaltigen Werk »Mercks Wienn!« arbeitete. Darin las er den Menschen seiner Zeit die Leviten und stimmte mit wahren Donnerworten ein großes »Memento mori« an, das keine der damaligen Stände verschonte.

Warum sind die Prediger unserer heutigen christlichen Kirchen dagegen kaum vernehmbar? Warum zum Beispiel veröffentlicht Kardinal Woelki nicht einen großen Text, in dem er sich selbst und uns allen die weltweiten Katastrophen aus theologischer Perspektive zu deuten versucht? Das alles fragt sich mein Freund, der manchmal so verzweifelt ist, dass er seinen alten, durch die Jahrzehnte mühsam geretteten Kinderglauben nicht mehr mobilisieren kann.

Die Pandemie unserer Tage trifft auf Menschen, die kaum noch glaubensstark, sondern eher glaubensschwach sind. Anders als in früheren Notzeiten strömen sie nicht mehr in die Kirchen, um dort Trost und Hoffnung zu finden. Ganz im Gegenteil – sie entfernen sich angesichts der Pandemie sogar noch mehr als zuvor, da der alte Glaube nun ganz zu versagen scheint. Diejenigen aber, die überhaupt noch glauben, bedürfen einer Deutung des Geschehens, die gerade die grundsätzlichen Glaubensfragen nicht mit den bekannten Formeln zuredet.

Zentral wäre die Frage, wie und in welcher Form Gott an dem beteiligt ist, was wir erleben. Ist die Pandemie ein einziges großes Strafgericht? Was wäre das dann aber für ein grausamer, schrecklicher Gott, wenn er so mit den Menschen verführe? Oder ist sie eine Prüfung, um unsere Lebensentwürfe dramatisch zu korrigieren? Oder aber ist Gott nur ein Zuschauer, der das Geschehen teilnahmslos aus der Ferne wahrnimmt, weil er sich seit den Tagen Jesu alle direkten Einwirkungen auf das irdische Leben versagt?

Wenn dem so wäre, warum beten wir dann? Nur, um uns selbst zu beruhigen? Jedes Gebet richtet sich an das große, unbekannte Gegenüber, in der Hoffnung, von ihm gehört zu werden. Reicht dieses Gehörtwerdenwollen, wenn der erhoffte Zuhörer gar keinen Einfluss auf unser Leben nimmt? Und was würde Jesus, der doch die menschlichen Leiden und ihre Überwindung in den Mittelpunkt seiner Lehren gestellt hat, uns raten?

Viele solcher Fragen beunruhigen meinen Freund, und er wird noch unruhiger, wenn die meisten anderen Freunde abwinken. Gott, Jesus und ihr mögliches Wirken in dieser Welt beschäftigen sie nicht. Sie vertrauen den Stimmen der Virologen, und sie verfolgen genau, wie deren Prophetien sich in Politik verwandeln. Am Ende und unter dem Strich müssen Ergebnisse stehen. Wie viel kostet uns das? Ans große Sterben und ein »Memento mori« wird erst gar nicht gedacht. Die Gegenvision von gelingendem Leben besteht aus Ideen vom heiteren Urlaub. Angeblich haben ihn viele einmal für die schönste Zeit des Jahres gehalten. Na denn.

DAS NEUE HÖREN UND SEHEN

In diesen Tagen beginnt in den großen Konzertsälen die Herbstsaison. Die Berliner Philharmonie, die Elbphilharmonie in Hamburg und auch die Kölner Philharmonie öffnen wieder die Pforten. Die Sitzreihen werden sich zwar nicht füllen, aber die Besucher werden endlich wieder Musik live zu hören bekommen.

Kein noch so bemühter Livestream ersetzt das Erlebnis einer leibhaften Präsenz von Menschen, an deren Spiel man als Zuhörer teilnimmt. Mehrere Monate lang war das nicht möglich, und so erhält die Begegnung mit Solisten und einem verkleinerten Orchester etwas von einer besonderen Premiere. Die Musik trifft auf ein Publikum, das ausgehungert ist wie nach einer zu langen Fastenzeit. Töne und Klänge wird man intensiver wahrnehmen als früher, und es wird zu Begegnungen mit Kompositionen kommen, die man selten oder noch nie in einem Konzertsaal gehört hat.

In der Kölner Philharmonie werden zum Beispiel morgens um 11 Uhr und mittags um 14 Uhr Strawinskys Klavierkonzert und die »Metamorphosen« von Richard Strauss geboten, und am Abend kann man eine »Nacht der Dichterliebe« erleben – und das keineswegs nur mit dem bekannten Zyklus von Robert Schumann, sondern flankiert durch Lieder von Fauré, Poulenc und Barber. Wäre ein solches Programm in früheren Zeiten möglich gewesen? Wohl kaum.

Meine Freunde vermuten, dass sie in diesen Zeiten mehr von der Musik mitbekommen: den Verlauf eines Stückes, die Kontraste und die Führung einzelner Stimmen. Die Musik wird transparenter erscheinen, weil man nicht das große Orchester, sondern eher lauter Solisten in einem offenen Verbund erlebt. »Strukturelles Hören«, eine ambitionierte Forderung aus den Tagen Theodor W. Adornos, ist angesagt, und die Bedingungen dafür sind so gut wie noch nie.

Denn nicht nur die Transparenz kurzer Stücke wird die Konzentration des Hörens steigern, sondern auch die Konzertdauer. Viele Programme benötigen nicht mehr als eine Stunde, womit genau jene Grenze erreicht ist, die Musikpsychologen als mögliches Maximum konzentrierten Zuhörens ermittelt haben. Dauern Konzerte länger, verabschieden sich die Hörer oft nach dieser Frist, geraten ins Träumen oder schreiben im Kopf ihre Steuererklärungen, während sie eigentlich dem vierten Satz einer Brahmssymphonie folgen sollten.

Stattdessen also kürzere Stücke und verblüffende Programme – und um der Konzentration auch nicht die geringste Fluchtmöglichkeit zu bieten, sind auch die öden Pausen und das Anstehen am Bartresen gestrichen. Zum Glück, sagen viele meiner Freunde, die lieber eine Stunde intensiven Hörens als drei Stunden eines gestreckten Programms mit mindestens drei großen Stücken in bekannter Folge (Haydn – Mozart – Beethoven) erleben wollen.

Man darf gespannt sein, wie sich Konzertprogramme in Zukunft gestalten. Vorerst wird man vor allem Kompositionen hören, die einem bestimmten Aufführungsprofil und einer ausgetüftelten Besetzung entsprechen. Und nicht nur die häufig gehörten Stars werden auftreten, sondern vermehrt auch jüngere Musiker. »Vorhang auf!«, möchte man rufen. »Schon lange haben wir uns nicht mehr so auf eine Konzertsaison gefreut!«

IM CHAMBRE SÉPARÉE

Zum Mittagessen im »Le Moissonnier«. Man schlüpft durch den bekannten dunklen Vorhang und steht in einem anderen Raum. Die vertrauten roten Lederbänke spielen Versteck, und das ockergelbe Jugendstildekor der Säulen bildet eine Hintergrundkulisse für die Plexiglas-Trennwände, die den Raum jetzt beherrschen. Dadurch hat er eine zusätzliche theatralische Note bekommen, und das Publikum benimmt sich entsprechend andächtig und ruhig.

Ja, in der Tat, die Stimmen der jetzt noch vierzig Gäste (sonst dürfen es über fünfzig sein) sind viel leiser als sonst, und die meisten sitzen zu zweit, unterhalb der großen Spiegel, in die kaum noch jemand hineinschaut, weil man die Trennwände zur Rechten und Linken als Rahmen eines kleinen Gehäuses empfindet, in das man sich für die Dauer der Mahlzeit vor der übrigen Welt zurückzieht.

Das neue Ambiente kommt all jenen Gästen entgegen, die sich vor allem an den servierten Speisen selbst erfreuen und weniger Wert darauf legen, vor den Besuchern an den Nebentischen durch auffälliges Gebaren zu glänzen. Hat man Platz genommen, die Maske abgelegt und den ersten Schluck frischen Mineralwassers genommen, erkennt man plötzlich, wo genau man sich befindet: in einem Chambre séparée!

Zu zweit sitzt man einander dicht gegenüber, gute Voraussetzungen, um das neue Séparée-Ambiente zu genießen. Man ist derart auf sein Gegenüber fixiert, dass man die Umgebung kaum noch bemerkt. Gastgeberin und Gastgeber kommen (woher eigentlich?) herangeschwebt und flüstern einige begrüßende Worte, und die freundlichen Helferinnen (die für ihre besondere, unauffällige Aufmerksamkeit bekannt sind) servieren wie Feengestalten, die sich aus einem fernen Reich den weißen Gestaden der schmalen Tische nähern.

Gibt es in der Nähe überhaupt noch eine Küche? Man hört davon jedenfalls nichts, und die Speisen von Meisterkoch Eric Menchon und seiner Truppe wirken im Chambre séparée noch um einiges erotischer als sonst. Zwei kleine Beispiele: Auf einem Kalbsfilet-Tatar liegt die hauchdünne Decke eines Birnen-Carpaccios, unterhalten von kleinen Haselnussstücken aus dem Piemont! Und, wenig später, die Offenbarung des Minimalen: ein frittiertes Shizo-Blatt, gefüllt mit geschmortem Geflügel und überzogen von einem Buchweizenflair.

Wird das alles im normalen Sinn *gegessen*? Eigentlich nicht. Was aber dann? Zunächst erscheint es als leuchtendes Bild, das sich einprägt. Dann überlegt man, wie man sich nähert. Vorsichtig bitte! Mithilfe einer kleinen Gabel segmentiert man eine Probe, spürt den Bestandteilen nach, kostet erneut – und trennt sich für eine kurze Pause durch einen Schluck Wein (oder auch zwei).

Man isst ein Tatar also ebenso wenig wie ein gefülltes Shizo-Blatt, sondern lässt es durch behutsamen Umgang mit Besteck und Mund langsam verschwinden. Die Hauptrolle beim Verzehr spielen die Zunge sowie der Gaumen, während die Zähne rein gar nichts zu kauen haben. Der Schluck Wein ist die Begleitkomponente im geweiteten Mund, er durchwärmt die Speisen und verwandelt den Geschmack in Musik (ich könnte sogar genau sagen, in welche ...).

Ich speiste und saß, bis ich der letzte Gast war. Und ich hätte, wäre es möglich gewesen, den Nachmittag hindurch weiter allein dagesessen, um zu schreiben und lesen (eine ideale Lektüre wäre ein Buch von Hartmut Kiltz »Das erotische Mahl. Szenen aus dem ›chambre séparée‹ des neunzehnten Jahrhunderts«). Am frühen Abend hätte ich dann die Fortsetzung dieses Abenteuers verborgener Genüsse mit einer anderen, zweiten Person erlebt, und gegen Mitternacht wäre ich nach Hause gegangen.

ITALIEN ERFINDET DEN HERBST UND DAS FRÜHJAHR

Anna und Herbert sind nun doch in den italienischen Süden gereist, wohin sie schon im Frühjahr reisen wollten. Erst jetzt haben sie es gewagt, da die Zahlen der Neuinfizierten relativ niedrig sind und sogar noch unter den Zahlen in Deutschland liegen. Zuletzt war das Freundespaar mindestens einmal im Jahr in Italien und glaubte eine Idee davon zu haben, wie man dort auf Corona reagiert. Nun aber lernen sie das Land und seine Menschen neu kennen, und viele alte Vorstellungen erweisen sich als überholt.

Denn anders als gedacht, begegnet man in den italienischen Geschäften keinen Nichtmaskierten. Verkäufer wie Kunden gehen mit den Masken so selbstverständlich um, als bräuchte man darüber keine Worte mehr zu verlieren. Auf den Straßen und an den Stränden sieht man viel seltener als früher größere Gruppen. Stattdessen bewegen sich die Spaziergänger zu zweit oder mit der Familie, aber auch solo. Ganz allein können jedoch viele nicht sein, und so hat das Smartphone eine noch größere Bedeutung als früher. Frauen wie Männer tragen es wie eine kleine Monstranz vor sich her, schauen auf das Videobild, mit dem sie sich unterhalten, und haben nicht die geringste Scheu, das auch temperamentvoll und laut zu tun.

Anna und Herbert haben eine solche Lautstärke auf den

Straßen noch nie erlebt. Manchmal hat sie die Wucht eines dramatischen Monologs, und fast jeder hört sich so an, als ginge es um hochexistenzielle Fragen. Die Themen sind aber eher alltäglich und schlicht, nur dass sie jetzt ausgereizt und bis an bestimmte Grenzen getrieben werden. Eine Spur von Wut und Isolation lauert hinter diesen Wortkaskaden, und nur die Schulklassen traben ruhig und fast ergeben durchs Freie, weil die Lehrer jede Sonnenstunde nutzen, um Unterrichtsstunden in Klassenzimmern zu vermeiden. Im Freien finden sich auch viele Gläubige ein und erleben dort auf den Plätzen rund um die Kirchen Gottesdienste, die lautstark aus dem fast leeren Inneren nach draußen übertragen werden.

Der vorgeschriebene Mindestabstand beträgt nicht wie in Deutschland anderthalb Meter, sondern nur einen Meter – was letztlich dazu führt, dass es keinen gibt. In öffentlichen Gebäuden und den Einkaufszonen achtet man noch darauf, nicht aber in den Restaurants, wo Grenzen und Separierungen von Tisch zu Tisch einfach unmöglich erscheinen. Anfänglich winkt man sich noch zu, dann aber springen die vertrauten Funken rasch wieder über, und die Tischbesatzungen wechseln und mischen sich.

Die mit monatelanger Verspätung begonnene Sommersaison an den Stränden ist nun zu Ende. Plexisglasscheiben zwischen den Strandliegen hat es zum Glück nicht gegeben, stattdessen hat man einfach jeden Quadratmeter genutzt und mehr Liegen als früher streng in Reih und Glied mit kaum merklichen Abständen aufgestellt. Erstaunlich viele Herbstfestivals mit Lesungen, Theater, Film und Musik werden bald im ganzen Land stattfinden, die Filmfestspiele in Venedig haben Mut gemacht, und der Start des »Giro d'Italia« in Sizilien wird noch mehr Mut machen.

Auch die Medien bemühen sich um die gute Laune von früher. Anna schickte mir Fotografien von den vielen Seiten, auf denen in den Zeitungen die neuste Mode für Frauen und Männer in aufwendigen Fotografien und Skizzen vorgestellt wird. Strahlendes Weiß ist die Farbe der Saison, notierte ich mir, Weiß und lange Hosen aus Naturstoffen – bis ich bemerkte, dass es längst nicht mehr um den modischen Herbst geht. In Italien entwirft man vielmehr die Trends des kommenden Frühjahrs, und wenn man der Sehnsucht wieder Raum lässt, könnte man sich eine Zeit des Aufblühens vorstellen: grelle Monochromien mit winzigen Blütenmotiven.

LASCHET, DER PAPST UND KARL DER GROSSE

Seit meine Freunde die Bilder vom Besuch Armin Laschets bei Papst Franziskus in Rom gesehen haben, besteht für sie nicht mehr der geringste Zweifel, dass er der nächste Kanzlerkandidat der Union sein wird. Wie er da in seinem dunklen Kommunionsanzug exakt auf Augenhöhe mit dem gut gelaunten Pontifex in dessen Privatgemächern vor einem leer geräumten Schreibtisch saß, erkannten alle, dass ihm das so schnell niemand nachmacht.

Natürlich sind die beiden tief ins Existenzielle abgetaucht und haben sich naheliegend dem Thema der neuen Enzyklika »Fratelli tutti« – wörtlich: Alle (sind) Brüder – gewidmet. US-Außenminister Pompeo hatte sich mit in den Brüderbund einreihen wollen, war aber nicht vorgelassen worden, schließlich befindet er sich – anders als Laschet – im Wahlkampf.

Ganz Staatsmann mit außenpolitischem Flair überbrachte

der Aspirant auf den CDU-Vorsitz die Grüße seiner mutmaßlichen Vorgängerin Angela Merkel und beantwortete Fragen dazu, wie der Papst die innenpolitischen Debatten in der CDU bewerte, mit sokratischer Gelassenheit: »Der Papst weiß mehr, als wir glauben.« Was wir in Deutschland momentan so alles glauben, spielt da keine Rolle, der Papst weiß es sowieso und zieht daraus seine Schlüsse.

Da Armin Laschet inzwischen mehr weiß, als er sagt, glaubt er fast sicher, dass der Papst seine Einladung nach Nordrhein-Westfalen annehmen wird. 2021 steht wieder die Wallfahrt zu den großen Aachenern Heiligtümern an. Schon zur Zeit Karls des Großen reisten die ersten Pilger in Laschets Geburtsstadt, und da Laschet wahrscheinlich von Karl dem Großen abstammt, könnten die Pilgerzüge als Teil seiner Krönung zum neuen Kanzlerkandidaten fungieren.

Das würde endlich mal wieder an die alte deutsche Geschichte erinnern, als Karl der Große noch »Europa« war. Auf diesem europäischen Weg liegt Laschet meilenweit vor Politikern, die zum Beispiel aus Brilon stammen und in der Jugend, statt den Katechismus auswendig zu lernen, Tag und Nacht Gitarre gespielt haben. Laschet dagegen sang fleißig in einem Kirchenchor.

In Rom könnte er Papst Franziskus versprochen haben, ihm nächstes Jahr im Aachener Dom den Thron zu präsentieren, auf dem dreißig deutsche Könige einst nach ihrer Krönung Platz nahmen. Der Pontifex soll schon jetzt sehr beeindruckt gewesen sein und eine weitere, dann auch an die weiblichen Brüder (besser bekannt als Schwestern) gerichtete Enzyklika in Aussicht gestellt haben: »Sorelle tutte«.

GUTEN TAG, FRAU MERKEL

Guten Tag, Frau Merkel, ich melde mich aus meiner einsamen Klause: Häuschen, Garten und ein Stückchen Wald. Ich bin gesund, ich habe die neusten Beschlüsse zur Kenntnis genommen und handle entsprechend.

Der Morgen beginnt mit einem Blick auf das »Alpenpanorama« von 3sat, minutenlange Bilder von Alpengletschern und weiten Tälern. Der Wilde Kaiser, das Nebelhorn. Kein Mensch ist zu sehen, kein Tier, keine Bewegung, selbst die Sessellifte stehen still – das ist ein wunderbarer Auftakt für den weiteren Tag, an dem nichts so sehr geboten ist wie das Vermeiden von Kontakten oder intensive Bewegung.

Ich tröste mich mit dem Blick auf die hochaktiven Eichhörnchen, sie planen den Winter und sammeln momentan eine unvorstellbare Zahl von Nüssen und anderen Delikatessen. Ich selbst vermeide Delikatessen, schon das Wort ist mir fremd geworden, lieber gehe ich in mich gekehrt und selbstverständlich allein durch den Garten, ernte Äpfel, Birnen und Quitten und verspeise sie morgens, mittags und abends.

Ich denke nicht mehr daran, meine nächsten Kreise längere Zeit zu verlassen, schon bei der bloßen Vorstellung sehe ich Sie vor mir, wie Sie Ihr strenges Pokerface aufsetzen oder genervt mit den Augen rollen. Wenn Sie Putin, Trump oder Boris Johnson begegnen, lassen Sie diesen Merkelroller kreisen, ich träume bereits davon, und wenn ich einen Schritt hinaus ins freiere Leben mache, begleitet er mich, und ich blicke verschämt zu Boden. Wie konnte ich nur daran denken, mich mit meinen Freunden zu treffen? Wie kam es mir bloß in den Sinn, meinen Geburtstag in großer Runde zu feiern?

Ich werde natürlich darauf verzichten, liebe Frau Merkel, ich werde allein bleiben, nur meine Frau wird mir als einzige Live-Gratulantin ein Ständchen singen. Nein, sie wird mich nicht umarmen, auch einen Kuss ersparen wir uns. Wir werden sprachlos durch die herbstlichen Wälder tappen und schnüffelnden Hunden ebenso ausweichen wie kinderreichen Familien. Sollte es uns dennoch für ein Stündchen zum Einkauf in die Stadt verschlagen, werden wir unser markantes Maskendeutsch intonieren: knappe Ansagen, keine Adjektive und Verben, Ausrufezeichen nach jedem Substantiv!

Ich werde gehorsam sein und mich so wenig regen wie möglich. Das ferne Leben werde ich über Webcams verfolgen und mir den Angsttraum eines Grabsteins verbieten, auf dem stehen könnte: »Er war mit allem einverstanden.«

EINE NEUE ARBEITSMORAL

Mein Freund Harald, von Beruf Ingenieur, ist mit seinem Sohn nicht zufrieden. Fragt er ihn, welche Zukunftspläne er hat, winkt er ab. Er will nichts *werden* und denkt daher auch nicht an einen bestimmten Beruf. Stattdessen will er vor allem *leben*. Was aber soll das heißen?

Fragt man nach, erhält man lauter Antworten, die vor allem vieles ausschließen. So will Haralds Sohn zum Beispiel nicht immer dasselbe tun. Morgens früh aufzustehen und zur Arbeit eilen, um so etwas wie Karriere zu machen, ist ihm ein Graus. Er behauptet, mit wenig Geld auszukommen, und ist sicher, dass er dieses wenige Geld, wann immer er es braucht, auch irgendwie beschaffen wird. »Irgendwie!« – das lässt meinen Freund Harald aufbrausen. Und wenn nicht –

was dann? So weit denkt sein Sohn angeblich nicht. »Genügend Geld ist immer da« ist einer seiner Schlüsselsätze, und er trägt solche Weisheiten so gelassen und ruhig vor, als käme er gerade aus der Schule asiatischer Gurus.

Früher war Arbeit ein geradlinig verlaufender, sich steigernder und die Ansprüche mit der Zeit erhöhender Prozess, der den ganzen Menschen forderte. Das Leben bestand aus dieser Arbeit, und daneben gab es Freizeit und Urlaub, die mühsam erkämpft und teuer waren und gar nicht so selten langweiliger als alle Arbeit.

Freizeit und Urlaub beansprucht Haralds Sohn aber ebenso wenig für sich wie Arbeit. Er denkt nicht in solchen Kategorien, sondern will sich »dem Lebensprozess« überlassen. Die Welt, die Zeit und die Dinge sollen etwas mit ihm machen, anstatt von ihm in die Hand genommen und nach festen Regeln geformt und gestaltet zu werden. »Alles ist im Fluss« ist einer der Glaubenssätze, die er mit einem sanften Lächeln vorträgt, als hätte er eine tiefere Ahnung vom Geheimnis des Lebens.

Vor Kurzem hat er sich um ein Stipendium für Nichtstun beworben, das von der Hamburger »Hochschule für bildende Künste« ausgeschrieben wurde. Auf dem Bewerbungsformular waren vier Fragen zu beantworten: Was wollen Sie nicht tun? Wie lange wollen Sie es nicht tun? Warum ist es wichtig, genau das nicht zu tun? Warum sind Sie der/die Richtige, das nicht zu tun?

Die Antworten fielen Haralds Sohn leicht: Er will nicht arbeiten. Er will es ein Leben lang nicht tun. Nicht zu arbeiten ist wichtig, weil es den Blick auf die vielen interessanten Dinge des Lebens öffnet, die man sonst gar nicht zur Kenntnis nehmen würde. Natürlich ist er auch genau der Richtige, nicht zu arbeiten, weil er das verfügbare Vermögen des Vaters abschätzen und sich im Notfall darauf verlassen kann.

Die 1600 Euro, die für den Erhalt des Stipendiums gezahlt werden, möchte er seinem Vater schenken. Damit er als ehrgeizarmer Sohn eines ehrgeizigen Vaters erst gar nicht auf die Idee kommt, das Geld für sich arbeiten zu lassen. Das soll vielmehr der Vater tun: Es gut anlegen und vermehren. Notfalls könnte daraus irgendwann eine Stiftung entstehen: gemeinnützig und getragen von all jenen, die nicht wissen, wohin mit ihrem Geld.

EINE KLEINE NACHTMUSIK

Ein Herbsttag in den Neunzigerjahren des 17. Jahrhunderts. Robert de Visée geht durch die Gärten von Versailles, deren Anlage Ludwig XIV. mit großem Interesse und eigenen Ideen begleitet. »Manière de montrer les jardins de Versailles« heißt die Schrift, mit deren Hilfe er den Besuchern den kunstgerechten Besuch der Gärten erschließen will.

Vieles wird in diesen Tagen von Grund auf durchdacht und strengen Regeln unterworfen. De Visée ist vor allem für die Musik am Hof zuständig, er ist Lautenist, Sänger und Komponist, und er spielt dem König fast täglich vor, um dazu beizutragen, die Gedanken zu ordnen und sich nicht zu übereilen, sondern angemessen Schritt für Schritt zu tun. Durch die Gärten, das Schloss und nicht zuletzt auf den weiten Wegen, die den Hof und damit das ganze Land betreffen.

Robert de Visée begleitet dieses Leben und lauscht seinem Spiel nach. Er hält den Kopf etwas schräg und beobachtet die Finger, wie sie die Saiten der Laute streifen und zum Klingen bringen. Sie gehen spazieren, so wie er selbst, Robert de Visée, der seinen Lebensraum als noch junger Mann in der Nähe des Königs gefunden hat und ihn mit seinem Spiel bis an sein Lebensende begleiten wird. Erhobenen Hauptes, stolz, auf so wertvolle und niemals prunksüchtige, sondern eher bescheidene Weise zum Wohlbefinden des Monarchen beizutragen.

Die Stücke für Laute oder Theorbe sind selten länger als einige Minuten. Sie bleiben im Hintergrund und wirken wie Episoden, die einen kurzen Stimmungsmoment erschließen – gleich einem Blick auf diese oder jene Pflanze oder eine andere Gartenminiatur. Der musikalische Raum, den sie eröffnen, erscheint wie eine kurze Umrundung solcher Details, nach der man sich wieder entfernt, um sich weiteren Gartenapotheosen zu widmen, geleitet von einer zugänglichen, jede Raffinesse kunstvoll verbergenden Musik – Gymnopedien bei Hofe.

WIE LEBT ES SICH IN QUARANTÄNE?

Giulio (25 Jahre) ist der Sohn von Bella und Enzo, mit denen ich seit vielen Jahren befreundet bin. Sie besitzen ein italienisches Restaurant in Köln, Giulio soll es einmal übernehmen und war deshalb zur Ausbildung einige Monate in Italien. Dass auch dieses Land zum Risikogebiet erklärt würde, hat er nicht erwartet, die Nachricht ereilte ihn dort. Jetzt ist er wieder zu Hause und muss in Quarantäne.

Wie aber geht das? Und was gibt es zu beachten? Da die ganze Familie nicht richtig Bescheid wusste, hat man sich bei der »Bundeszentrale für gesundheitliche Aufklärung« informiert. Die Quarantäne, hieß es, sei eine »zeitlich befristete

Absonderung«. Um jede mögliche Gefährdung anderer auszuschließen, hat sich Giulio in Isolierung begeben. Das bedeutet ein Leben im Einzelzimmer, keine gemeinsamen Mahlzeiten, keine gemeinsame Verwendung von Haushaltsgegenständen, regelmäßiges Säubern von Oberflächen mit Desinfektionsmitteln, häufiges Lüften aller Räume und Tragen von Mund-Nasen-Schutz, wenn Begegnungen mit den Eltern unvermeidlich sind. Kontakte zu anderen Personen sind ausgeschlossen.

Was aber macht man in Quarantäne? Giulio möchte nicht skypen und sich mit Freunden unterhalten. Sieht er, wie sie sich frei bewegen, tut ihm das nicht gut, sondern stimmt traurig. Filme sehen hat dieselbe Wirkung. Actionfilme gehen gar nicht, und Liebesfilme sind ein Gräuel. Er ist allein, Action und Zweisamkeit sind nicht möglich, und dass ihm Filme jetzt etwas vorgaukeln, wäre das Letzte. »Hast du was zu lesen, das passt?«, fragte er mich.

Ich habe ihm den Debütroman »Hikikomori« von Kevin Kuhn empfohlen. Er erzählt von einem Jungen, der sich mit einem Computer in seinem Zimmer einschließt und dort eine eigene Welt kreiert. Der Titel ist japanisch und meint ein Verhalten von Personen, die sich von der Umwelt absondern und so wenig Kontakte wie möglich aufnehmen. In Japan sollen über eine Million Menschen so leben, und zwar keineswegs nur jüngere, sondern vor allem ältere ab vierzig Jahren.

Ein Onkel hat Giulio dagegen ein Buch über das Leben des heiligen Antonius geschenkt. Von dem hatte er bisher nur wenig gehört. Stark beeindruckt hat ihn die extreme Einsamkeit, auf die Antonius sich eingelassen hatte. Mönchtum, Wüste, Leere, keine anderen Menschen – wie hält man das aus?

Nach diesen Lektüren betrachtet Giulio die Isolierung als eine Art Experiment und macht sich über alles Gedanken.

Tagsüber schlafen? Nachtaktiv leben? Konsequente Askese mit entsprechend frugaler Ernährung? Gymnastik oder ein anderes Training? Klavierspielen? Tagebuch führen? Zuletzt schickte er mir eine Mail:»Ich könnte mich nach fünf Tagen testen lassen und käme bei negativem Ergebnis frei. Ich denke aber nicht dran, sondern bleibe mindestens vierzehn Tage in Quarantäne.« Ich habe ihm eine Postkarte mit dem Bild der »Versuchung des heiligen Antonius« von Hieronymus Bosch geschickt. Damit er ahnt und darauf vorbereitet ist, was ihn erwartet.

KLIMASCHUTZ ALS LEBENSPRAXIS

Mein Freund Hermann und ich kamen auf die Themen Klima- und Umweltschutz zu sprechen. Ich sagte, dass mir das ökologische Vokabular oft sehr trocken, bürokratisch und glanzlos erscheine. Könne man darüber nicht eleganter reden und schreiben? »Erneuerbare Energien« oder »nachhaltige Substanzen« – solche Formulierungen muss sich ein Jurist ausgedacht haben, sagte ich. Sie wirken ja geradezu einschläfernd fad.

Hermann reagierte aber nicht auf mein Gemaule, sondern erzählte recht impulsiv von den Aktivitäten seiner siebzehnjährigen Tochter, die im kommenden Jahr Abitur macht. Mit was Johanna sich nicht alles beschäftigt! Für die, sagte er, ist Klimaschutz nicht bloß ein theoretisches Thema, sondern eine individuelle Praxis des eigenen Handelns.

Während der letzten Sommerferien arbeitete sie in einem landwirtschaftlichen Betrieb, wo sie viele konkrete Details über Saaten, Böden und Fruchtfolgen erfuhr. Zusammen mit einer Freundin kümmert sie sich seitdem um einen Garten in der Nachbarschaft. Schon längere Zeit kocht sie zwei-, dreimal in der Woche am Abend für die ganze Familie und kauft vorher bei ausgewählten Geschäften ein, weil sie sich über unsere Ernährung ebenfalls viele Gedanken gemacht hat.

Klimaschutz, sagte Hermann, besteht für meine Tochter eben aus dem ganz alltäglichen Umgang mit anderen Menschen, Pflanzen, Tieren und Dingen – darüber spricht sie konkret und davon erzählt sie so lebendig, dass du dich wundern würdest! Da geht es nicht abstrakt um Klima und Umwelt, sondern detailliert um Erfahrungsmomente der Lebenspraxis: Mit welchen Verkehrsmitteln sollen wir reisen? Wie sollte ökologische Städteplanung aussehen? Wo können wir lokal einkaufen und dabei auf kurze Handelsketten achten? Wie schaffen wir es, weniger Unnützes zu konsumieren und beim Konsum auf nachhaltige Dinge und Waren zu setzen?

Das alles ließ mich selbst an meine eigenen Jugendjahre denken. Wenn ich ehrlich bin, habe ich mir damals keine einzige dieser praktischen Fragen gestellt. Stattdessen war mein Kopf voll von Theorien und Lektüren. Ich habe Adorno, Benjamin oder Habermas gelesen und an dem Projekt einer von der Frankfurter Schule inspirierten Kulturkritik gefeilt. In konkrete Lebenspraxis ließ die sich nur schwer verwandeln.

Als ich Hermann davon erzählte, bestätigte er das: Ja, auch er habe sich in seinen Studentenjahren viel auf seine kulturkritischen Weisheiten eingebildet! Seine Tochter Johanna dagegen sei Teil einer aktiven Jugendbewegung, die eben viel pragmatischer denke und ihr Handeln vor dem Hintergrund einer deutlich erkennbaren Ethik gestalte. Ethik! Das Wort hätten wir früher, sagte Hermann, nicht einmal in den Mund genommen – jetzt ist das anders.

Stimmt, antwortete ich und fragte: Was liest deine Tochter denn so? – Zum Beispiel »Das Prinzip Verantwortung« von Hans Jonas! Wenn wir von Ethik reden, enthält dieses Buch ihre philosophischen Begründungen. – Das Buch ist von 1979!, entgegnete ich. – Aber immer noch hochaktuell, sagte Hermann, Robert Habeck hat sogar das Nachwort zur Neuauflage in diesem Jahr geschrieben! Gegen Hans Jonas im Verbund mit Robert Habeck kam ich nicht mehr an – und werde als alter Theorienfreak ab sofort Hans Jonas lesen …

SICH ERINNERN

Christine und Toni haben zwei erwachsene Töchter, die mit ihren Familien in Berlin leben und die Eltern über Weihnachten nicht besuchen. Natürlich könnte man skypen und miteinander plaudern, das befriedigt mein Freundespaar aber nicht.

Toni kommt es so vor, als spielte er die Opa-Rolle in einem schlechten Film, in dem weder Ambiente noch Beleuchtung noch der Ton stimmen. Der herumstotternde Typ mit dem verkrampften Lächeln und den schillernden Bartstoppeln, das bin ich doch gar nicht, behauptet er. Und Christine täte es richtiggehend weh, wenn im Bildhintergrund weihnachtliche Dekorationen zu sehen wären. Ihr Anblick würde sie an lauter schöne Familienmomente erinnern, die es diesmal leider nicht geben wird.

Welche schönen Momente?, habe ich naiv gefragt. Christine erzählte, wie früher alle auf ihre jeweils eigene Weise geholfen hätten, die Wohnung zu schmücken. Und dass sie mit ihrer ältesten Tochter das Essen gekocht und mit der jüngeren Kuchen und Plätzchen gebacken habe. Streng getrennt, weil die eine eben gern koche und die andere lieber backe. Ich fragte nach, was denn gekocht und gebacken und wie genau die Räume vom wem geschmückt worden seien. Und mein Freundespaar geriet immer mehr ins Erzählen, als schrieben sie an einem Drehbuch.

Mir gefielen ihre Weihnachtsgeschichten, es waren Szenen schöner Momente, ohne Kitsch, mit dem konkreten Blick auf einzelne Menschen und ihre Vorlieben. Ich würde das aufschreiben, sagte ich – und zwar knapp und ohne erzählerisches Drumrum. Christine und Toni schauten mich an: Aufschreiben?! Im Ernst?! – Ja, sagte ich, diese ganz alltäglichen Weihnachtsgeschichten sind euer Weihnachtsgeschenk, für jedes Familienmitglied schreibt ihr eigene. So bekommen alle ein paar Seiten, die indirekt davon erzählen, wie ihr eure Liebsten seht und was ihr für sie empfindet.

Toni fand Schreiben anstrengend und konnte es sich nicht recht vorstellen, Christine aber wollte Beispiele hören. Es ist ganz leicht, sagte ich, folgt einfach einer guten Idee des amerikanischen Schriftstellers Joe Brainard. Er beginnt jeden Satz mit der Formel »Ich erinnere mich …« – und macht dann mit dem genauen Fixieren der Erinnerung weiter. Etwa so: Ich erinnere mich, dass Jochen den Baum immer nur weit unten und immer nur mit den roten Kugeln geschmückt hat. Oder: Ich erinnere mich, dass Ursel besonders Quittengelee mochte und oft heimlich davon in der Vorratskammer genascht hat. Schreibt diese Erinnerungen mit Zeilenabstand untereinander und verschickt diese handgeschriebenen Listen mit Weihnachtsbriefmarken der Post so bald wie möglich.

Handgeschrieben?! Per Post?!, fragte Toni. Ja, antwortete ich, auch Elke Büdenbender, die Frau unseres Bundespräsidenten, hat das gerade empfohlen. Ich selbst empfehle außerdem das Markenset »Frohes Fest!« der Deutschen Post: zehn Briefumschläge, zehn Briefmarken à 0,80 Euro und 5×2 Grußkarten – alles zusammen für 14,68 Euro! Schreiben ist nämlich nachhaltiger als Skypen, und sich genau zu erinnern ist das Nachhaltigste überhaupt. Christine und Toni schauten mich an, als wäre ich eine etwas unheimliche Erscheinung. Um sie zu beruhigen, sagte ich: Es soll auch ein Markenset »50 Jahre Tatort« geben, vielleicht etwas für große oder kleine Kinder, die Krimis mögen ...

NACHTGEDANKEN

Tage- und Notizbücher gehören zu meinen favorisierten Lektüren. Weil sie den Lebensprozess strukturierend begleiten, kommentieren und von Details der Lebensführung handeln. So gesehen sind sie Teile einer autobiografischen Literatur, die oft ein Fundament bietet für das weiterführende Berichten oder Erzählen.

Der bosnische Schriftsteller und Nobelpreisträger Ivo Andrić (1882–1975) ist ein Sonderfall. Er hat in seinen Romanen und Erzählungen nicht gerne sein eigenes Leben thematisiert. Vielmehr hat er eher im Geheimen Erlebnismomente und Überlegungen in einem während schlafloser Nächte geführten Notizbuch festgehalten. »Insomnia. Nachtgedanken« lassen sich wie ein Protokoll all dessen lesen, was tagsüber verborgen bleibt und zurückgehalten wird, aber dennoch Bahnen in das dunkle Unterbewusstsein gräbt.

Nachts beleben sich diese Motive und verlangen nach Erwiderungen und Antworten ...

MIT TELEMANN IN HILDESHEIM

1990, im Jahr der Wiedervereinigung, habe ich an der Universität Hildesheim mit Forschung und Lehre in den Fächern Kreatives Schreiben, Literarisches Schreiben und Kulturjournalismus begonnen. Dabei habe ich versucht, diesen Fächern eine neue Richtung zu geben und sie auf die neusten Forschungen über kreative Prozesse zu beziehen.

Fast dreißig Jahre lang bin ich Woche für Woche tausend Kilometer mit dem Zug gefahren, aus dem Süden Deutschlands in den Norden und wieder zurück. Jedes Jahr habe ich während meiner Hildesheim-Fahrten die Erde einmal umrundet. Weit über eine Million Kilometer habe ich so zurückgelegt, während an der Universität Hildesheim neue Studiengänge für Kreatives und Literarisches Schreiben und später sogar ein eigenes »Institut für Literarisches Schreiben und Literaturwissenschaft« entstanden.

Die Hildesheimer Jahrzehnte waren ein einzigartiges, nie so vorgekommenes Experiment. Irgendwann werde ich davon einmal detailliert erzählen: von den vielen Überlegungen und Wegen hin zu einem Institut, das es so in ganz Deutschland nicht gab – und von all den jungen Autorinnen und Autoren, die ich bis zu ihren ersten Veröffentlichungen in Verlagen begleitet habe.

Die Coronazeiten haben meine Hildesheim-Präsenz jäh unterbrochen, seit anderthalb Jahren war ich nicht mehr dort. Manchmal kommen mir Bilder, Szenen und Menschen in den Sinn, die mir sehr fehlen. So auch gestern. Zufällig stieß ich auf »Fantasien für Violine solo« von Georg Philipp Telemann. Und sofort erinnerte ich mich, dass mir während meiner jahrzehntelangen Suche nach Schriftstellern, Künstlern und

Musikern, die in Hildesheim gelebt oder die Stadt besucht haben, auch Telemann begegnet war.

Gestern begleitete ich ihn während eines imaginativen Spaziergangs auf dem Hildesheimer Domplatz. Einer seiner Freunde ging uns voraus und spielte seine »Violin-Fantasien«. Und Georg Philipp Telemann erzählte von seinen Hildesheimer Jahren (1697–1701), als er in Hildesheim das »Gymnasium Andreanum« besucht und bereits als junger Schüler seine ersten Kompositionen geschrieben hatte.

EINE DIGITALE LESUNG

Der Vortragssaal des Literaturhauses Stuttgart bietet ca. zweihundert Personen Platz. Als ich ihn gestern aus Anlass meiner Online-Lesung betrat, war er fast leer. Keine Stuhlreihen, kein Publikum, wohl aber ein großes Regiepult mit mehreren Monitoren. Daran saß Alex Katsaros, der meine Lesung vorbereitete und noch einmal den Ablaufplan durchging, den ich ihm zugeschickt hatte. Auch Stefanie Stegmann, die Leiterin des Literaturhauses, war da, und wir unterhielten uns eine Weile über die erheblichen, nicht nur finanziellen Probleme, mit denen die Literaturhäuser gegenwärtig zu kämpfen haben.

Kurz darauf saß ich an dem kleinen Lesetisch, an dem ich schon viele Male (dann aber natürlich vor Publikum) gesessen habe. Alex Katsaros hatte in Absprache mit mir ein bildliches Szenario entworfen: Ich sollte als Vortragender laufend im Bild bleiben – und zu meiner Linken sollte man die eingeblendeten Fotos meines Buches »In meinen Gärten und Wäldern« sowie die von mir ausgewählten Musikvideos zu sehen bekommen.

Ich trank vor Beginn noch eine kleine Flasche Wasser und las ein paar Sätze, ich saß bequem und hatte nur Stefanie Stegmann und Alex Katsaros vor mir, die an den Monitoren saßen und meine Lesung als Regieduo verfolgten.

Sind Sie bereit?! Ja, war ich. Stefanie Stegmann begrüßte die Leserinnen und Leser (»in aller Welt«!) – dann begann die Lesung. Zu diesem Zeitpunkt wusste ich, dass sich weit mehr als die in Präsenzveranstaltungen möglichen zweihundert Gäste zugeschaltet hatten, die Schätzungen anhand der eingegangenen Ticketwünsche beliefen sich auf mehr als das Doppelte.

Die große Zahl irritierte mich aber nicht, ich konzentrierte mich auf die Lesung – die Texte aus den Büchern, meine Fotos, die Videos, meine Kommentare zu den Textstellen, Bildern und Filmen – und ich spürte, wie stark diese Konzentration war und wie sie im Verlauf der Lesung noch stärker wurde. Dazu trug die Stille im Raum bei – und nicht zuletzt die erhöhte Aufmerksamkeit des Regieduos und seine Präsenz in naher Ferne.

Fast anderthalb Stunden dauerte die Lesung – und war auf diese Weise (trotz fehlendem, vermisstem Publikum) eine neue und interessante Erfahrung: das Zusammenspiel der Medien, keine Ablenkung, eine Lesung wie aus einem Meditationsraum, aus dem das Flüstern nach draußen dringt, weitergeleitet wird und Impulse überallhin verbreitet.

Danach streifte ich allein durch das leere, nächtliche Stuttgart. Leicht überdreht, bildete ich mir ein, dass meine Lesung Wellen und Wogen geschlagen hatte. Im Schaufenster eines Geschäfts mit elektronischen Geräten erkannte ich einige Fernseher mit laufendem Programm. Die Nachrichten berichteten von der Vereidigung des neuen Präsidenten Joe Biden in den USA. Schau hin, sagte ich mir, komm wieder zu dir, du bist nicht allein auf der Welt …

UNGLEICHZEITIGKEIT

Während eines Telefonats mit meinem Freund Felix stutzte ich, als er einen Begriff benutzte, den ich lange nicht mehr gehört hatte. Er behauptete nämlich, die Zeiten der Coronapandemie seien Extremzeiten der »Ungleichzeitigkeit«. Wie bitte?! Als junger Student war ich diesem Begriff in den Schriften des Philosophen Ernst Bloch zum ersten Mal begegnet. Bloch hatte damit die unterschiedlichen Entwicklungsstufen von gesellschaftlichen Schichten bezeichnet. Der große Korpus Gesellschaft lebte ihm zufolge in ganz unterschiedlichen Zeitverhältnissen – manche Gruppen um Jahrzehnte verspätet, manche eng gebunden an die neusten Prozesse des vermeintlichen Fortschritts.

Felix verwendete den Begriff aber noch in einem anderen Sinn. Ihm fiel auf, dass die in den Pandemiezeiten neu strukturierten Arbeitsverhältnisse eine Orientierung an gemeinsamen Arbeitszeiten kaum noch zuließen. Unser Freund Ludwig zum Beispiel begann mit der Arbeit in seinem Homeoffice morgens um sieben, arbeitete drei Stunden lang, ging einkaufen und kümmerte sich danach um seine Tochter. Wollte man ihn erreichen, traf man ihn ab zehn eine Zeit lang nicht mehr in seinem Homeoffice an. Wohl aber wieder am Mittag gegen eins. Dann aber war Felix gerade in eine kurze Siesta abgetaucht.

Heidrun wiederum organisierte ihren Homeoffice-Betrieb in laufender Absprache mit zwei Freundinnen. Als Single half sie bei der Betreuung von deren Kindern, manchmal sehr früh am Morgen, manchmal am späten Nachmittag. Die Betreuungszeiten wechselten von Tag zu Tag, Heidrun machte das aber nichts aus, sie betrieb allein eine kleine Agentur. Den Tag über war sie im Homeoffice allerdings nur schwer erreichbar, sie meldete sich zurück, wenn sie Zeit hatte. Dann aber hatten ihre Ansprechpartner oft keine, sodass man über mehrere Tage hinweg häufig den Kontakt suchen musste.

Ich verstand, was Felix mit »Ungleichzeitigkeit« meinte und steuerte einen Begriff bei, den ich ebenfalls vor vielen Jahren aufgeschnappt hatte. Die Soziologin Helga Nowotny hatte damals ein Buch über »Eigenzeit« geschrieben. Darin hatte sie die individuellen Erlebniszeiten in Stellung gebracht gegenüber den gesellschaftlich abgerufenen und geforderten Arbeitszeiten. Kollidierten die beiden Zeitansprüche, erlebten die Einzelnen oft starke Krisen, die zu einer diffusen und gestörten Zeitwahrnehmung führten.

Die Ungleichzeitigkeit in den Arbeitsrhythmen radikalisiert das Erleben der »Eigenzeit«, behauptete ich. Wir wurden fast alle neu darauf geeicht, jeden einzelnen Tag nach unseren jeweiligen Möglichkeiten zu planen und zu gestalten. Solche »Eigenzeit« passt sich aber kaum noch an die »Eigenzeiten« unserer Mitmenschen an. Jeder lebt für sich in einem immer beengter werdenden Erlebnisraum, muss Kontakte mühsam verabreden oder gar suchen. Das aber führt zu starken Belastungen, weil unsere althergebrachten Gewohnheiten und Rituale ihre vertraute Beständigkeit verloren haben. Sie erscheinen außer Kraft gesetzt, sodass viele die durch sie vermittelten Sicherheiten immer stärker vermissen.

Das setzt Flucht- und Ausbruchsideen frei, die sich manchmal auch in altromantischen Erlebnisfantasien niederschlagen. So gab ich meinem Freund Felix gegenüber zu, mich wieder häufiger in meine pubertäre Lieblingslektüre, Joseph von Eichendorffs »Aus dem Leben eines Taugenichts«, zu vertiefen. Das, sagte ich bewundernd, ist eine wunderbar luftige Erzählung von radikalem Freiheitswillen. Der Schnee tröpfelt vom Dach des Elternhauses, der Vater ist unleidlich und borniert wie so oft – da packt der junge Taugenichts die Gelegenheit beim Schopf und zieht einfach los. Kein Gepäck, keine Absprachen, nur auf und davon! Ach, antwortete Felix zum Schluss unseres Gesprächs, wenn man wenigstens das noch könnte!

WARM-UPS MIT ISABELLE GRAW

Isabelle Graw ist Mitbegründerin des Magazins »Texte zur Kunst« und heute seine alleinige Herausgeberin. Seit 2002 ist sie auch Professorin für Kunstgeschichte und Kunsttheorie an der Städelschule in Frankfurt/Main.

Das ist gut zu wissen, weil man so eine Ahnung davon haben könnte, welche Themen sie interessieren und wie sie diese Themen behandelt. Sie hat bereits viele Bücher veröffentlicht, ihr neustes ist jedoch kein Buch über ihre bisherigen, eher professionellen Themen, sondern ein privates, persönliches. »In einer anderen Welt« ist gleichwohl vom lebenslangen Umgang mit Kunst und Ästhetik erkennbar geprägt, gerade diese Hintergrundfolie macht das Buch so interessant.

In den Jahren von 2014 bis 2017 hat Isabelle Graw den Tag mit kurzen Texten begonnen, »Warm-Ups«, wie sie schreibt – Notizen und Überlegungen vor der »eigentlichen Schreibarbeit«. Jede dieser Aufzeichnungen schlägt ein Motiv oder

Thema an und kreist es auf wenigen Seiten ein. So liest man Texte über Rollkoffer, Schlittschuhlaufen, Sneakers oder Krankenhausbetten, aber auch über Sexual Harassment, Biopolitik, Skypen oder Coaching. Die intimste aller Themenlinien aber ist die Trauer über den Verlust ihrer Eltern, die im genannten Zeitraum sterben.

ALLES HÄT SING ZICK

Viele meiner Freunde möchten nicht mehr durch die Stadt ziehen und Winkel erkunden, in denen sie sich in früheren Zeiten nie aufgehalten hätten. Inzwischen haben sie jedes ethnografische Interesse an näheren oder weiteren Umgebungen verloren. Mit dem Auto aufs Land möchten sie auch nicht mehr, denn sie wollen keine Wanderwege ablaufen, die genau so aussehen, wie Wanderwege im Regionalprogramm des WDR eben meist aussehen.

Der »stille Fastelovend« hat ihnen den Rest gegeben. Sich am Rosenmontag ins Haus zu verziehen und den Kommentaren von Guido Cantz zum Hänneschenzug zu lauschen – das war redlich, gut gemeint, aber auch unsäglich brav und damit eine Spur zu viel. Da schmeckten nicht einmal zwei oder drei Kölsch, nichts schmeckte mehr, einige saßen am Abend des Rosenmontags nur noch schweigend in ihren Sesseln und gingen nach frustrierenden Stunden früh zu Bett.

All das hat mit Melancholie nichts mehr zu tun, denn diese gute, alte Melancholie hatte weiche, verträumte und diffuse Noten, die sich vor allem in Übergangsstadien bemerkbar machten. Jetzt aber ist alles schärfer und bitterer. Die Pandemie scheint nicht mehr zu vergehen, laufend entwirft sie neue

Dramen, während man ihre Daten und Verläufe nicht mehr zur Kenntnis nehmen, geschweige denn auf sie reagieren will.

In den Talkshows sitzen immer dieselben Personen und wirken so, als wären sie seit Jahren dort festgewachsen und wiederholten immer dieselben Texte. Markus Lanz wird grauer und grauer, und Oliver Welke grinst inzwischen so zwanghaft, als bereiteten seine Witze selbst ihm Schmerzen. Das Pandemie-Vokabular ist verbraucht, sodass man viele Sendungen lieber gleich ignoriert und sich auf den Mars beamt, wo eine Sonde wenigstens noch so tut, als wäre ihr bloßes Dasein auf dem fernen Planeten bereits weltbewegend.

Wie geht's, wie steht's? Die alten, höflichen Fragen wirken inzwischen wie blanker Hohn. Nichts geht mehr, und es steht miserabel und so, als wären Gedanken an eine bessere Zukunft fast aussichtslos. Selbst das vor Kurzem noch Hoffnung machende Impfthema scheint bereits überholt, denn man ahnt, dass nach den Impfungen weitere, noch nicht geahnte Katastrophen drohen. Die Bundeskanzlerin hat von der Zeit nach der Pandemie gesprochen, dann soll unser Leben wenigstens digital wieder so richtig abgehen. Sind das etwa schöne Aussichten?

In den Arztpraxen sitzen inzwischen Kinder, die das digitale Leben längst leid sind. Sie starren auf ihr Smartphone, das nur noch ein fettes Rauschen hören lässt. Spricht man sie an, antworten sie nicht mehr. Abwesend, entmutigt und lustlos hocken sie herum und können sich eine andere Zeit kaum noch vorstellen. Auch viele Eltern denken nicht gern an eine Fortsetzung ihres digitalen Lebens im Homeoffice. Dort verschwimmen die vielen Stunden zu einem Lagerkoller, in dem sich Privates mit dem Öffentlichen so lusttötend mischt, wie es selbst George Orwell sich nicht ausdenken mochte.

Wagt man überhaupt noch zu träumen, dann von den einfachsten Dingen. In einem Brauhaus zusammen mit ein paar Freunden zu sitzen und zum Kölsch ein paar Radieschen zu essen. In einer Kirche mit anderen ein Lied zu singen, das man als Kind oft und gerne nicht nur in Kirchen gesungen hat. In der Kölner Philharmonie einen Platz einzunehmen und ein Orchester vor dem Konzert die Instrumente stimmen zu hören. Solche kleinen Momente … – sie wären ein Fest. Ohne sie groß zu bereden, würde man sie genießen, weil man sie noch nie als große Momente erlebt hat. Alles hät sing Zick! – murmelte neulich einer meiner Freunde leise vor sich hin. Wovon sprichst du?, fragte ich. Vom nächsten Karnevalsmotto!, antwortete er. Alles hat seine Zeit … Altes Testament, Prediger Salomo … – »da merkte ich, dass es nichts Besseres gibt, als fröhlich zu sein …«.

LANG LANGS EMPFEHLUNGEN

Lang Lang hat seinen Piano-Lektionen acht Empfehlungen vorangestellt, die mir gefallen. Zunächst öffnet er die Tore weit: Klavierüben ist nicht altersabhängig, man kann es jederzeit angehen, ab dem dritten Lebensjahr bis ins hohe Alter. Da beide Hände im Spiel sind, ist es (auch) ein ideales Gehirntraining. Man sollte sich täglich eine Stunde Zeit dafür nehmen. Zwanzig Minuten technische Übungen, zwanzig Minuten kurze Stücke – und: zwanzig Minuten freie Improvisation.

Ich ergänze: Technische Übungen sind Fingerübungen. Klassisch sind die Übungen von Carl Czerny. Langsam und mit Freude angehen. Sich begeistern, dass die eigenen Finger trainieren, stete Steigerungen des artistisch anmutenden Trainings (Fingergymnastik)! Kurze Stücke sollten leicht spielbar sein – und ebenfalls Freude machen. Auf die Auswahl kommt es also an. Konsequentes Üben ist Üben mit der rechten und Üben mit der linken Hand, zunächst getrennt voneinander, dann, in langsamen Schritten, mit dem Einsatz beider Hände!

Für die freie Improvisation gibt es Lehrbücher mit Empfehlungen. Man trainiert die Befreiung vom Korsett der Stücke. Mit anderen zusammen zu spielen, ist ein besonderes Vergnügen. Gesang und Klavier, Geige und Klavier, Cello und Klavier, Querflöte und Klavier, Gitarre und Klavier – man sollte Mitspielerinnen und Mitspieler suchen und sich regelmäßig treffen.

Eine Komposition, sagt Lang Lang, ist auch eine visuelle Erscheinung. Das visuelle Moment einer Komposition begreift man durch ein langsames, genaues Studium eines Stücks. Mit welchem Motiv beginnt es, wo sind die Höhepunkte, wo die An- und Ablaufphasen etc.? Da können Lehrer helfen, das Ganze nennt man Harmonielehre. Hat man davon etwas begriffen, geht es weiter mit der Kontrapunktlehre. Auch dafür gibt es gute Lehrbücher.

Schließlich: Klavierüben ist kein ödes Pflichtprogramm für Menschen, die sich eine fade Disziplinierung antun wollen. Im Gegenteil: Als Übender und Spielender berührt man ein Instrument, und diese Berührung ist ein extrem libidinöser Vorgang. Spielt man mit Freude, ist immer auch Liebe im Spiel. Man spielt mit dem Instrument, man spielt mit sich selbst, man spielt für andere, man spielt mit dem Universum.

MAL WAS ANDERES

Mal was anderes, sagt mein Freund Herbert neuerdings mindestens dreimal in einer Stunde. Er will nicht mehr über Corona reden und meidet alle Themen, die in die Nähe führen könnten. »Mal was anderes« ist ein Signal, sich Corona aus dem Kopf zu schlagen oder von Corona abzuheben. Zum Beispiel hin zum Thema Online-Weinproben.

Herbert hat gerade eine hinter sich und meint, es sei entsetzlich gewesen: Du hast den Vortester auf deinem Bildschirm und siehst ihn schnüffeln, kosten und reden, was das Zeug hält. Die ganze Palette des Weingenuss-Vokabulars gießt er über dir aus, von der »beerenintensiven Restsüße« bis zum »polyphonen Nachklang einer am Gaumen abhängenden Fruchtdosis«. Und dann sollst du zu Hause in deiner Muffelbude das Glas heben und mit dem Bildschirm anstoßen! Dass sich dieser Experte nicht schämt, einem so den Mund wässrig zu machen und dann derart mit dem Probieren allein zu lassen!

Herbert hält das, einmal krass gesagt, für ein Vorspiel ohne Folgen. Er erzählt, dass man den Bildschirm während der Probe auch so einrichten kann, dass andere Weinfreunde mit im Bild sind. Wie die sich oft anstellen! Als kämen sie gerade aus dem Weinberg und hätten die Edelmuskateller-Trauben persönlich gepflückt! Einer, sagt Herbert, habe davon berichtet, wie er jeden Wein standesgemäß mit Spezialkühlern präpariere. Standesgemäß hat er wirklich gesagt, lacht Herbert, stan-des-ge-mäß! Am liebsten hätte Herbert damit gekontert, dass er Thermoweinkühler verschmähe und seine Weine im Keller bei exakt zehn Grad mit chinesischen Raumventilatoren auf den kulinarischen Schluckauf vorbereite.

Manche Probanden, macht Herbert gut gelaunt weiter, zeigten bereits nach dem zweiten Kosten die Neigung zu kleinen sprachlichen Aussetzern. Einer habe von einer »Trockenbeetauslese« und ein anderer von einer »Schaurebe« gesprochen. Ich habe mir das mal notiert, sagt Herbert, nach der vierten Probe wird es dann richtig barock, und einige lassen sich gehen. Dann wird ein harmloser Burgunder zu einem »rasanten Gesöff«, und ein Rheingauer Weißwein feiert Triumphe: »Mit dem lässt es sich aushalten, der ist richtig pompös bettlägerig!«

Mal was anderes, sagt Herbert und hakt das Thema Online-Weinproben ab. Er hat im Netz nach Museumsführungen Ausschau gehalten und ist dort Henriette Reker begegnet. Sie sprach über die große Warhol-Ausstellung des Museums Ludwig in Köln und tat angeblich so, als wäre sie ein Leben lang hinter Warhol her gewesen und hätte kaum je an etwas anderes gedacht. Es soll wieder das typische Vorspiel ohne Folgen gewesen sein: einem den Mund wässrig machen und einen danach mit ein paar Bildchen der Ausstellung allein lassen! Herbert war es leid und hat reagiert. Aus lauter Trotz hat er die neue, über tausendseitige Warhol-Biografie von Blake Gopnik gelesen. Der Untertitel: »Ein Leben als Kunst«. Das sitzt, sagt Herbert: So soll es sein! Keine Vorspiele, sondern das ganze Leben als Kunst!

Herbert hat sich jetzt, da die Ausstellung wieder geöffnet ist, gleich ein Ticket gesichert und wird noch diese Woche seine Runden drehen, eingeweiht wie ein lemko-ruthenischer Warhol-Jünger! Dessen Leidenschaft für Schuhe, seine Freude an Schaufenstern und die täglichen Wahnsinnstelefonate in Tagebuchformat – er wird so Bescheid wissen wie kaum ein anderer! Herbert und ich – wir haben uns gut verstanden:

Die Onlinesitzungen sind Vorspiele für den tiefer gehenden Buchgenuss! Seit Kurzem sind die Buchhandlungen wieder geöffnet! Nichts wie hin!

RASTSTÄTTEN

Als Kind habe ich Raststätten geliebt und mich meist gefreut, wenn ich in einem Auto saß, das sie anfuhr. Das ist längst anders, denn jetzt stürze ich meist in eine Raststätte, trinke und esse rasch etwas (das ich sonst nie trinke und esse), eile auf die Toilette und sitze schwuppdiwupp wieder am Steuer: Nix wie weg!

Das ist sehr schade, flüstert das Buch »Die Raststätte. Eine Liebeserklärung« von Florian Werner, das der Raststätte als Liebesobjekt für die Sensibelchen unter den autofahrenden Frauen und Männern huldigt. Damit das gelingt, quartiert sich Werner in der Raststätte von Garbsen Nord ein und kümmert sich um alle Details: die Bauten, das Essen, die Toiletten, die Kunden, die Gespräche, ja sogar um das Drumherum sämtlicher Pflanzen.

Und?! Was passiert?! Man lernt eine Raststätte verstehen, man schaut ihr in die Augen, man sieht ihr fast alles nach, und man trennt sich von seinem Liebesobjekt nur, weil man weiß, dass man sich bald wiedersehen wird. Ein Buch der »Umwertung aller Werte«: Das Unterschätzte feiert Triumphe! Und das auch gerade jetzt, wo Raststätten eher ferne Inseln in unseren Träumen als Orte realer Aufenthalte sind.

IMPFUNGEN

Begegne ich meinen Freunden, verlaufen die Gespräche auf den Straßen momentan sehr ähnlich. Bist du schon geimpft? Nein? Wann bist du dran? Und wo? Impfzentrum oder Hausarzt? Welcher Impfstoff?

Einer meiner älteren Freunde hat von seiner Impfung in der Hausarztpraxis berichtet. Noch nie hat er dort so viele gut gelaunte Menschen erlebt. Keine leidenden oder behandlungsbedürftigen Patienten, sondern solche, die sich auf die Impfung freuten und dafür dankbar waren. Es habe eine fast ausgelassene Stimmung geherrscht, eine italienische Sprechstundenhilfe habe sogar mit Maske gesungen! Mein Freund fühlt sich befreit und erzählt davon, dass er sich jetzt anders bewege als zuvor. Natürlich weiter mit Abstand, Maske und Vorsichtsmaßnahmen, aber doch weniger ängstlich. Auch gedanklich habe er aus seiner engen Klause herausgefunden und nehme mehr wahr, sagt er, fast sei es so, als habe man ihm ein erweitertes Leben geschenkt.

Freunde, die in Bayern auf dem Land leben, melden trotz ihres Alters über siebzig dagegen starke Verzögerungen. Die Hausärzte haben zu wenig Impfstoff, und die Impfzentren muss man alle paar Tage anrufen, weil sie oft behaupten, bestimmte Daten noch nicht richtig gespeichert zu haben. Sehnsüchtig denkt man an Berlin, wo bereits Menschen über sechzig von den Behörden angeschrieben werden und einen Termin erhalten. So sollte es sein, sagen sie, umstandslos, ohne viele Anrufe, Termin melden und bestätigen, fertig.

Über die Nachwirkungen kursieren viele Gerüchte. Manche Geimpfte melden sogar bei Impfungen mit »BioNtech Pfizer« Fieber und anhaltende Müdigkeit, die erst nach etwa zwei Wochen abzuklingen scheinen. Die meisten Freunde überhören so etwas aber und sagen: Hauptsache geimpft, egal mit welchem Mittel, selbst »Sputnik V« würden sie akzeptieren.

So erlebe ich alles in allem eine bisher in der Pandemie noch nie dagewesene Aufbruchsstimmung. Es geht voran, spätestens im Herbst haben wir das Schlimmste hinter uns – das ist der Tenor. Die Kehrseite besteht darin, dass erst vor Kurzem fixierte gute Vorsätze bereits wieder infrage gestellt werden. Könnte man nicht doch bald wieder fliegen? Und eher früher als später eine längere Autoreise durch halb Deutschland planen? Im Saarland soll es besonders günstige Hotelangebote geben, und an Nord- und Ostsee sollen Ferienhäuser speziell für Großfamilien und Freundeskreise zu mieten sein.

Jetzt kommen die vertrauten alten Zeitverläufe langsam wieder ans Tageslicht: Feiertage, Brückentage, Urlaube! Die Pandemie hatte ihren eigenen Kalender geschaffen, mit erheblichen Beschränkungen und der Bindung an die täglich gegenwärtigen Nachrichten. Möglich war alles unter Vorbehalt und musste mit der Lebenswelt in der Umgebung abgeglichen werden. Jetzt dagegen sieht es so aus, als sprengten die Impfungen solche Fesseln und öffneten wieder ungeahnte Freiräume.

Ich gebe zu, dass ich weiter ein mulmiges Gefühl habe. Der Blick meiner meisten Freunde ist auf Deutschland fixiert, die schlimmen Meldungen aus Brasilien, Indien, Tschechien oder Frankreich lassen sie an sich abperlen. Bald werden die Bewohner dieser Länder es auch gepackt haben, so reden sie sich die Zukunft schön. Wenn die Pandemie aber eines mit aller Wucht gelehrt hat, dann war es die Erfahrung des globalen Lebens. In China ist ein Sack Reis umgefallen, war mal ein abgestandener Internetwitz über belanglose Nachrichten. Heute zuckt man zusammen, wenn man so etwas liest.

SZENEN DER ENTSPANNUNG

Georg sagt, er sei nicht mehr an derart viele Menschen gewöhnt. Noch immer beobachte er sie daraufhin, welche Masken sie wo und wie lange tragen. Sein Nervensystem sei strapaziert, er sei überempfindlich und bewege sich zögernd und vorsichtig. Wenn er mit fünf Menschen an einem Esstisch im Freien Platz nehmen solle, zähle er alle paar Minuten, ob es auch wirklich nur fünf Personen seien. In ihm sei ein innerer Zahlenspeicher installiert, in dem die Inzidenzzahlen mit denen der Getesteten, Geimpften und Genesenen um die besten Plätze wetteiferten.

Hanna darf wieder im Freien bedienen. Sie ist, wie sie sagt, »überglücklich«. Vorher hat sie im Onlineshop des Restaurants gearbeitet und die Mahlzeiten zum Abholen zusammengestellt. Das hat ihr nicht sehr gefallen, es war eintönige Arbeit ohne ausreichendes Feedback. Feedback aber ist alles, jedes Wort eines Gastes hallt in ihr nach, wenn sie im Freien bedient. Die Gäste sind freundlicher als früher, findet sie. Dankbarer auch. Und die Trinkgelder sind größer. Am Wochenende möchte sie schwimmen gehen. Nicht in einem Freibad, sondern in einem der vielen Badeseen in der Nähe. Wenn ich mal wieder richtig abgetaucht bin, sagt sie, ist wieder alles in Ordnung.

Sitze mit Peter an den Tennisplätzen, und wir schauen den Spielern zu, die jetzt wieder regelmäßig trainieren. Im TV laufen die Übertragungen von *Roland Garros*. Kein Turnier hat eine solche visuelle Präsenz: roter Sand, weiße Linien, die Zuschauertribünen mit den blumenbestückten Strohhüten. Peter kann stundenlang zuschauen, und anders als sonstiger Sport langweilt ihn das keine Minute. Wenn nur Boris Becker nicht wäre! Becker kommentiert die Spiele auf einem Niveau, das Peter nicht mehr gewohnt ist: »Da ist noch Luft nach oben«, »Das Match geht in seine heiße Phase«, »Der Serbe weiß, was ihm blüht« … – Zum Schütteln und Würgen, sagt Peter.

Klaus dehnt den Mittag im Freien aus, fast drei Stunden sitzt er an einem Zweiertisch zusammen mit seinem besten Freund. Sie bestellen Vorspeise, Salat, Hauptspeise, Nachspeise und eine zweite Nachspeise. Und zu jeder Bestellung ein anderes kleines Getränk. Sekt, Weißwein, Wasser, Espresso, noch einmal Sekt. So lange haben wir uns noch nie einer Mahlzeit gewidmet, sagt K. – Gewidmet? – Ja, gewidmet ist genau das richtige Wort. – Das sind ja italienische Sitten, sage ich. – Ja, sagt er, sind es. Endlich gelingt uns der italienische Mittag mit einer Mahlzeit von drei Stunden, ohne schlechtes Gewissen, völlig entspannt, als wären wir in unserem Zweitleben angekommen.

SOMMERTAGE

Diese warmen Tage, die sich von Stunde zu Stunde noch steigern, beginnend mit dem gleißenden Morgenlicht, das langsam erste kleine Schatten einzieht, den Garten in Besitz nimmt, seine Fluchten durchmisst, am Mittag stillsteht, zum Mittagsleuchten wird, zur Lagerstätte, bis die ersten um eine Spur kühleren Abendzonen sich ausbreiten und das Licht im Dämmern hinter den Horizonten verschwindet …

IN DIE FERNE UND ZURÜCK

Der Ich-Erzähler in Arnold Stadlers Roman »Am siebten Tag flog ich zurück« fliegt zum Kilimandscharo, weiß aber nicht genau, was er dort sucht und will. Er erinnert sich an traumhafte Abbilder des großen Berges aus seiner Kindheit und an die Sehnsucht, die sich damit verband.

In Afrika angekommen, gerät dieses Gefühl aber schon bald auf den Prüfstand – so wie das ganze Unternehmen überhaupt. Warum so weit reisen? Sollte er es nicht bei der Sehnsucht belassen? Der Erzähler denkt nicht wirklich daran, den Kilimandscharo zu besteigen, sondern umkreist ihn unaufhörlich, in skurrilen und bizarren Gedanken.

Am Ende hat er so etwas wie den Kilimandscharo-Blues und reist am siebten Tag wieder ab. Ein Roman aus der Zeit nach den schlimmsten Tagen der Pandemie, ironisch, heiter und nachdenklich: Lohnt sich das Reisen wieder? Lohnt es sich überhaupt noch? Oder: Wie weiter?!

DA WAR ICH EIGENTLICH NOCH NIE

»Da war ich eigentlich noch nie« ist der Titel eines Reisebuches, das Thomas Böhm aus vielerlei Texten zusammengestellt und herausgegeben hat.

Er führt uns darin in die »Wunderkammer des Reisens in Deutschland« und nimmt den schönen Begriff ernst. In »Wunderkammern« lagern verborgene Welten aus dem Alltag, die wir nie so richtig geschätzt und beachtet haben. Indem wir sie ausstellen, sie durch die Brille skurriler, kurioser und auch leidenschaftlicher Texte betrachten, erleben wir ihre Eigenarten und Geschichten – was nichts anderes meint als: Wir erleben sie als Szenen der Literatur.

Endlich fahren wir wieder mit der Eisenbahn, durchwandern Parks und Gartenlandschaften, mieten uns in Seebädern an der Küste ein, unterhalten uns mit Zimmermädchen und Kellnern, setzen uns auf Fahrräder, campen im Nirgendwo, machen Ferien auf einem Bauernhof und lernen jeden Tag mindestens eine neue Reisebekanntschaft kennen.

So macht das Reisen durch Deutschland großes Vergnügen, denn das Reisen ist viel mehr als eine Flucht ins lethargische Dasein, wo wir immer gleiche Tage verbringen. In Böhms »Wunderkammern« erleben wir unsere scheinbar vertrauten Umgebungen neu, staunen über Ferienrituale und werden angesteckt von der Freude daran, die Welt in ihren versteckten Hintergrundtexten anders und verfremdet kennenzulernen.

DEFINITIV

In meinem Freundeskreis existiert ein seltsames Raunen. Es hat ein eigenes Vokabular, das man früher noch nicht gehört hat. Bestimmte Worte drängen sich vor und sind immer wieder zu hören, auch da, wo sie nichts zu suchen haben. Ein häufiges Wort dieses unsicher wirkenden Lebensgefühls ist zum Beispiel »definitiv«. Überall taucht es auf, in Wetterberichten, ja selbst in harmlosen Sportreportagen. Ein Gewitter naht definitiv mit Starkregen, und die Erstrundenpartie unserer deutschen Fußballer in Tokio ist nicht gerade leicht, definitiv nicht. Woher kommt dieser Humbug?

Er reagiert auf die Unsicherheit in vielen Lebensbereichen, die durch die Pandemie entstanden ist. Lange Zeit stand nichts »definitiv« fest, sondern musste untersucht, befragt, abgeklärt und erst aufwendig entschieden werden. Was darf man, was nicht? Solche Fragen haben unser Leben monatelang bestimmt, und sie haben Wirkungen hinterlassen.

Unter dem definitiven Lack, der die offenen Fragen und Wunden künstlich verdeckt, warten die Angst machenden Themen. Wenn sie auftauchen, zeigt sich das Momentum. Es biegt um die Ecke, winkt, setzt sich fest, zeigt Drohgebärden. Das Momentum bildet die Gegenwelt zum Definitiven. Es ist ein Springinsfeld des sozialen Lebens, das Unerwartete, die plötzlich auftauchende, erschreckende Nachricht.

Wenn sie in digitalen Texten erscheint, hilft nur das »Digital Wellbeing«, das der Soziologe Urs Stäheli gerade in einem viel gelobten Buch über die »Soziologie der Entnetzung« skizziert hat. Einige meiner Freude haben gestaunt, welche Figuren des sozialen Lebens er ganz nebenbei rehabilitierte. Stell dir vor, sagt Peter, der Schüchterne und Introvertierte hat einen großen Auftritt! Er erhält Beifall, weil er der nimmermüden Vernetzung entkommen und sich ein eigenes Reich von Themen und Lebensformen erhalten will.

Endlich darf ich wieder introvertiert sein, freut sich Peter, ja, es ist sogar angesagt und gilt als Strategie! Daraus lässt sich einiges drehen und machen, zunächst mal mithilfe einer schlichten Plug-Off-Software, die einige Zeit für Ruhe und Netzstille sorgt! Zur Überwindung der Pandemie gehören eben auch solche Praktiken des radikalen Nachrichtenentzugs. Dann erst kann ein befreites Momentum nach dem andern entstehen, positiv besetzt statt negativ und niedermachend! Das sind wirklich mal schöne Aussichten! Definitiv!

KALL, EIFEL

Manchmal, wenn ich im Kölner Hauptbahnhof auf den Zug nach »Wissen, Sieg« wartete, fuhr noch eine andere Regionalbahn ein: »Kall, Eifel« war der Zielbahnhof. Jedes Mal, wenn ich das las, dachte ich an den Schriftsteller Norbert Scheuer, der in meinen Augen so etwas wie ein literarischer Verwandter ist.

Er lebt seit ewigen Tagen in Kall, und er hat über die Menschen und die Landschaften seines Heimatortes viele Bücher geschrieben. Ein Band mit Erzählungen heißt wirklich »Kall, Eifel«, sodass der Zielbahnhof der Regionalbahn zugleich ein Buchtitel ist. Norbert Scheuer fährt von Köln nach Kall, Eifel – so wie ich von Köln nach Wissen, Sieg fahre – das habe ich oft gedacht.

Gestern hat Norbert Scheuer in der »Süddeutschen Zeitung« einen langen, eindrucksvollen Bericht darüber veröffentlicht, wie er das Hochwasser in und um Kall erlebt hat. Am Schluss hat er auch von der Buchhandlung »Pavlik« erzählt, in der er seit Jahren immer seine Bestellungen abgeholt hat.

Nobert Scheuer schreibt:

»Die Buchhandlung Pavlik in der Bahnhofstraße existiert nicht mehr. Am Montag habe ich noch dort angerufen, mir die Reclam-Ausgabe der Lieder von Sappho bestellt. ›Natürlich, Sie können das Buch morgen hier abholen‹, war die freundliche Auskunft von Thomas Pavlik, der tatsächlich die meisten Bücher, die er verkauft, gelesen hat, so auch das von Sappho, denn er zitiert gleich einige Zeilen. Pavlik und seine Frau waren vor einigen Jahren in die Eifel gezogen und wagten es, in unserem Städtchen eine Qualitätsbuchhandlung mit Beratung aufzumachen. Bald konnten sie die Ladenräume vergrößern, dann kamen die Viruswellen. Aber sie überlebten die erste, die zweite und die dritte dieser Wellen relativ gut, doch diese ganz reale Flutwelle wird die kleine Buchhandlung wahrscheinlich nicht überstehen. Das Einzige, was sich noch im Schlamm der Ladenräume findet, ist eine dicke, fette Kröte, die sich hier ganz wohlzufühlen scheint, ansonsten wurde alles fortgeschwemmt.«

DIE RHETORIK DER SPORTKOMMENTARE

Die Rhetorik der Sportkommentare kann auf mehreren Ebenen verlaufen. Die erste ist die informative, neutrale (oder auch wertende): Daten, Raum- und Zeitangaben, Benennungen und Beschreibungen von Bewegungsabläufen (in sachlichem, beobachtendem Gestus).

Die zweite ist die emotionale: das Erfassen und Signalisieren der spannenden, bewegenden, das Publikum psychisch aktivierenden Momente (in mitgehendem, zuspitzendem Gestus).

Die dritte ist die literarische: die Wahrnehmung des sportlichen Geschehens aus einer sich in Metaphern, Umschreibungen und Lyrismen artikulierenden Distanz (in erzählendem, retardierendem Gestus).

Die vierte ist eine zusätzliche, eher selten vorkommende: das Einbetten des Geschehens in die Biografien und Lebenswelten der Sportlerinnen und Sportler (in epischem, ausholendem Gestus).

Gestern hat Sportkommentator Carsten Sostmeier auf allen vier Ebenen während der Kommentierung des Dressurwettbewerbs der Reiterinnen bei den Olympischen Spielen in Tokio geglänzt. Ich folge seinem Kommentar und zitiere teilweise wörtlich:

Zu Beginn blicken wir auf das kleine Gut Aubenhausen nördlich von Rosenheim, wo die Reiterin Jessica von Bredow-Werndl lebt. Gleich kommt ihr großer olympischer Moment, wo sie zusammen mit ihrem Pferd Queen zur Königin des Abends werden könnte. Die Stute trägt sie nicht nur auf dem Rücken, sondern auch im Herzen. So geht sie mit dem Pferd tanzen und macht das Pferd zur Tänzerin … Und wir bewundern das Wechselspiel von Schubkraft, Tragkraft und Schubkraft, während die Reiterin erscheint: wie gemalt!

Die Hürden kommen mit den unvorhersehbaren Schreckensmomenten, die der Kommentar elegant pariert: Schulterfreier, starker Trab, huch, ein kleiner Vertreter. Und: Schade, das Pferd muss etwas abwerfen, schade, dass es die Einerwechsel im Entréebereich etwas veräppelt, ein natürlicher Vorgang im unpassenden Moment …, doch dieses Missgeschick lächelt Jessica von Bredow-Werndl einfach aus dem Viereck!

So etwas Fantastisches gab es noch nie in der Geschichte des olympischen Mannschaftssports, haucht der Kommentator am Ende, die Emotionen galoppieren durch seinen Körper, und er schließt als Hymnus-Chorknabe: Ihr seid die Königinnen des Abends, und Deutschland ist weiterhin das Königreich in der Mannschaftsdressur!

KÖLN IN MEINER NÄHE 1 –
FRÜHMORGENS

Manchmal denke ich über das morgendliche Erwachen und Aufstehen nach. Sobald ich eine Person besser kennengelernt habe, frage ich sie, wie sie das macht: frühmorgens erwachen, aufstehen, den Tag beginnen. Es gibt reizvolle Wege, sich mit einem Tag vertraut zu machen, und ich möchte viele kennenlernen, um die eigenen zu erweitern.

Normalerweise erwache ich morgens sehr früh. Das war schon immer so. Manchmal denke ich, das Schlafen langweilt mich, und ich warte die halbe Nacht nur darauf, aufwachen zu dürfen. Dann habe ich das Schlafen hinter mir und kann mit etwas Neuem beginnen. Also los! – sage ich mir: Was habe ich heute vor? Selbst wenn es in meinem Schlafzimmer noch stockdunkel sein sollte, versuche ich zu erahnen, wie weit das Licht draußen schon ist. Schleicht die Sonne bereits über die Horizontlinie? Ich schaue zum Fenster, und meist überfällt mich dann mehr als eine Ahnung – etwa so: Draußen hat sich dichter Nebel breitgemacht, die Temperatur beträgt etwa zehn Grad, der Boden ist noch feuchtnass, der Nebel wird aber bald abziehen und einer gelassenen Helligkeit ohne Sonneneinwirkung Platz machen.

Ich habe viele Freunde, denen es schwerfällt, sich von den Bettdecken und dem Bett zu lösen, das ist bei mir nicht der Fall. Im Gegenteil, ich bin froh, die Bettdecken beiseite schlagen und das Bett verlassen zu können. Schon während der ersten Schritte zieht es mich nach draußen.

Meist machen einige Gegenstände in meiner Umgebung erste Gegenangebote: Ich könnte Wasser erhitzen, um mir einen Tee oder einen Kaffee zu kochen. Ich könnte mich aber auch an einen Tisch setzen und einige Frühmorgengedanken notieren. Oder ich könnte eine Liste mit all den Dingen anlegen, die dringend fehlen und die ich später einkaufen sollte.

Ich schaue mich weiter um, während einige Dinge weitere Angebote machen: Ich könnte mir einige der Fotografien und Bilder anschauen, die ich an den Wänden angebracht habe, oder ich könnte die Fensterläden öffnen, um das Licht hereinspringen zu lassen.

Stattdessen suche ich auf den Stühlen des Wohnraums aber nach meiner am Abend zuvor abgelegten Kleidung. Sie hat sich über Nacht breitgemacht, das Dunkel tief in sich eingesogen und daher eine gewisse Schwere erhalten. Ich streife die Sachen über, denn ich möchte am Morgen nicht lange darüber nachdenken, was ich anziehen sollte, weswegen ich vor meinem ersten Gang ins Freie meist genau das anziehe, was ich am Abend zuvor getragen habe.

Also los! – ich bin bereit, die Wohnung zu verlassen – und so gehe ich vorsichtig in den Hausflur und horche, ob ich im Treppenhaus allein unterwegs bin. Möglichst allein und ohne frühmorgendliche Unterhaltungen möchte ich Wohnung und Haus hinter mir lassen, denn ich habe frühmorgens einen starken Widerwillen, jemandem zu begegnen. Im Treppenhaus herrscht ein sanftes, entstaubtes Klangvolumen, ich höre ein Saxofonsolo von nebenan, wo ein junger Schauspieler wohnt, der zum Glück kein Saxofon spielt, aber gern Saxofonsoli hört.

Ich öffne die Haustür und gehe ins Freie. »Buon giorno«, sagt jemand, der mich aus der Tür treten sieht und gerade vorbeieilt, und ich antworte: »Buon giorno!« Dann aber beginnt, plötzlich und hinterrücks, die Schwerkraft der Wohnung zu wirken, sie zieht mich noch einmal in ihren nächtlichen Bann – und so mache ich kehrt und gehe zurück in die beiden Zimmerchen, um nach dem Rechten zu sehen. Habe ich versehentlich den Herd oder das Radio angestellt oder laufen gelassen?!

Ich mache noch einmal einen kleinen Rundgang und kontrolliere die beruhigende Stille. Alles ist noch beim Alten, es gibt keinen Anlass, beunruhigt zu sein. Ich nicke und mache ein Foto im Kopf, indem ich mir ein Bild der Räume einpräge. Ja, das sind und waren sie – zwei schlichte, vor sich hindämmernde, klangarme Räume, selbst nach Jahren stehen wir noch immer in freundschaftlichem Austausch. Ist das nicht erstaunlich?

Ein letztes Mal: Also los! – ich schließe die Wohnungstür zweimal ab, gehe durch den Flur und öffne erneut die Haustür. »Günaydın efendim!«, sagt der türkische Kioskbesitzer, der gerade aus seinem Büdchen tritt und lächelnd eine kleine Verbeugung macht. Wir sind seit Langem befreundet und überbieten uns darin, die entlegensten Zeitschriften aus aller Welt zu bestellen und uns über ihre neusten Ausgaben zu unterhalten.

»Günaydın aşkım«, antworte ich, fahre mir mit der rechten Hand durchs Gesicht und verliere mich auf dem großen, rechteckigen Platz, auf dem das morgendliche Leben beginnt …

DIE VIELFALT DER SPORTARTEN

Die Vielfalt der Sportarten, die während der Olympischen Spiele in Tokio gezeigt werden, lässt mich darüber nachdenken, wie sie sich unterscheiden.

Es gibt solche, in denen die Sportlerin oder der Sportler allein mit sich selbst sind (Bodenturnen, Laufen, Schwimmen etc.). In einem zeitlich begrenzten Verlauf kommt der Körper solistisch zum Einsatz. Die Konfrontation mit seinen Widerständen führt zu einer hohen Form der Selbstbeobachtung, die sich in einer konzentrierten Gestik niederschlägt. Die Zuschauer erleben solche Auftritte als Aktionen mit einem mehr oder minder starken theatralischen Gestus, der unterschiedliche äußerliche Grade der Präsentationen erlaubt.

Es gibt aber auch Sportarten, in denen die Sportlerin oder der Sportler mit einem dinglichen Gegenüber agieren (Kanufahren, Rudern, Bogenschießen etc.). Hier kommt der Körper in einem zeitlich begrenzten Verlauf im dualen Zusammenspiel zum Einsatz. Solche Sportarten zeigen im idealen Fall besondere Formen von Eleganz: in der Beherrschung der Sportgeräte und in dem Quantum ihrer *Einverleibung*.

Als einen Höhepunkt solcher Darbietungen habe ich den Kanu-Slalom der Kanutin Ricarda Funk erlebt, der mit einer Goldmedaille belohnt wurde. Der Einsatz des Kanus vervielfältigt die körperlichen Aktionen und wird von den starken Wasserströmungen auf extreme Weise herausgefordert. Dadurch entsteht ein virtuoser Tanz inmitten der Wellen und Strudel, den man als Zuschauer in sprachloser Anspannung verfolgt …

DIE ALTEN UND DIE NEUEN ZEITEN

In Johanna Adorjáns Roman »Ciao« kommen, nach ihren eigenen Erläuterungen, »ganz nette, mittelalte Männer« vor, »die Feminismus gut finden, aber plötzlich nicht mehr wissen, ob sie einem eigentlich ein Kompliment machen dürfen oder ob das neuerdings verpönt ist«. Einige meiner Freunde haben zustimmend genickt, ja, das stimmt, auch sie haben bemerkt, »dass sich Dinge verändert haben und sie Sachen falsch machen können«, und auch sie »wissen gar nicht genau, was«.

Im Hintergrund geht es aber um viel mehr als um Stimmungslagen von Männern, die stark irritiert sind. Die alten und die gegenwärtigen Zeiten scheinen generell kaum noch etwas gemeinsam zu haben. Gesellschaftliche Veränderungen verlaufen momentan auf vielen Ebenen verstörend rasant, Johanna Adorján spricht sogar von der größten gesellschaftlichen Umwälzung seit 1968.

Wenn sich meine Freunde an die eigene Nachkriegskindheit erinnern, gehen die rückwärtsgewandten Fantasien in Zeiten zurück, in denen die Medien noch eine kaum spürbare Rolle spielten. Es gab kein Fernsehen, telefoniert wurde selten, und im Radio hörte man nur ab und zu ein paar Nachrichten und sonst höchstens die neusten Schlager. Man selbst kam in diesem Mediensäuseln nicht vor, sondern lebte in engen familiären Bezirken und schaute nur im Urlaub ein paar Meter nach draußen. Der Zusammenhalt mit *den anderen* verlief in einem fast dörflich zu nennenden, begrenzten Raum, um dessen Gewohnheiten und Lebensregeln alle wussten, die sich ihm zugehörig fühlten.

Von diesen geradezu somnambul verbrachten Zeiten ist nicht das Geringste mehr übrig geblieben. Die engen Zirkel sind längst gesprengt, jede Aktion steht unter medialer Aufsicht, und die Menschen sind eifrige Protagonisten, die der Metapher vom Leben als Schauspiel genügen wollen. Damit sind elementare Umbrüche im Lebensgefühl verbunden. Die intimen dialogischen Räume gingen verloren, und die früher oft noch gesellig-empathischen Diskurse verlaufen jetzt auf Plattformen, wo Kritik, Häme, Missgunst und Neid selbstverständlich sind.

Das Leben in den Twitter- oder Instagram-Rhythmen der sozialen Medien empfinden die meisten Freunde inzwischen nicht mehr als lebenswert. Themen und Kommentare erhalten für wenige, flüchtige Momente eine Scheinbedeutung, die sich lautstark darstellen muss, weil sie bereits am nächsten Tag wieder verpufft ist.

Da jedes Mal eine Vielzahl von Menschen ungefragt an ihnen teilnimmt, lebt man in Wogen kleiner Dispute, die sich immer mehr in Haarspaltereien ergehen. Die größeren sozialen und ökonomischen Themen werden kleinteilig seziert, so lange, bis die Fragestellungen verblasst sind. »Leider werden die Debatten oft sehr schwarz-weiß geführt«, sagt Johanna Adorján, »es gibt überhaupt kein Dazwischen mehr, keine Geduld und Nachsicht.«

Genau das lässt viele meiner Freunde gegenwärtig verzweifeln. Einige träumen ernsthaft vom Auswandern, andere ziehen sich verunsichert in kleine Lebensbezirke zurück und beschränken sich auf minimalste Lebensäußerungen. Das Vertrauen ins *große Ganze* existiert nicht mehr, überall scheinen Gefahren zu drohen.

Die Zwanzigerjahre dieses Jahrhunderts wird man einmal als eine Zeit zuvor unvorstellbarer Katastrophen erkennen, geprägt durch eine Rückkehr von Empfindungen, die früher durch Kriege ausgelöst wurden. Die öffentlichen Diskurse tragen nicht mehr zu ihrer Bewältigung bei. Auch die *Seelsorger*, die einmal für den Seelenfrieden zuständig waren, bieten keinen nennenswerten Halt. Die Kirchen leeren sich, und im Winde klirren die Fahnen …

KÖLN IN MEINER NÄHE 2 – AUSGEHEN

Der Platz draußen vor meiner Tür wird ringsum von alten Häusern mit schönen Fassaden gerahmt. In der Frühe strömen die Menschen aus den Türen und eilen zu den Bus- und U-Bahn-Haltestellen. Man hört dieses Eilen und Strömen wie einen vibrierenden Cluster. Er klingt nach Cis-Dur, auf- und abschwellend – und sorgt wie nebenbei für eine muntere Atmosphäre.

Ich bin froh, nicht miteilen zu müssen, denn ich gehe keiner geregelten Tätigkeit nach. Langsam zu gehen und herumzuschlendern, kommt mir allerdings auch nicht in den Sinn. Ich würde vielleicht im Weg sein, auffallen oder gar Ärgernis erregen, weil man mir ansehen könnte, dass ich mir Zeit für mich selbst nehme.

Ich benötige diese Zeit für mich selbst, was mich in den Augen vieler Herumeilender zu einem Menschen nicht nur von gestern, sondern von vorgestern macht. »Du bist ein Mensch von vorgestern«, sagen Bekannte manchmal zu mir, und ich antworte: »Man tut, was man kann.«

So gehe ich einen ersten Kompromiss ein: Ich eile nicht herum, schlendere aber auch nicht, sondern lasse mich von den anderen Herumeilenden ein Stück vorwärtsbewegen. Auf diese Weise komme ich durchaus etwas voran, ohne dass ich zielstrebig erscheinen würde. Ich lasse mich also bewegen und erreiche eine kleine Bäckerei, vor der schon eine Schlange von Wartenden steht und sich die Füße vertritt.

Ich stelle mich dazu und überlege, ob ich etwas einkaufen sollte. Eigentlich nicht, denn Brötchen, Brote oder andere Backwaren müsste ich zurück in meine Behausung tragen, sonst würden sie rasch trocknen oder in den lästigen Papiertüten verdorren. Als ich an der Reihe bin, bestelle ich eine kleine Tasse Kaffee ohne Milch und Zucker in Begleitung eines halbrunden, sichelmondförmigen Hörnchens. »Das würde ich gerne hier, vor Ort, verzehren«, sage ich, und die junge Verkäuferin hat großes Verständnis für mich und antwortet: »Kein Problem, junger Mann!«

Sie bringt die Tasse Kaffee und das Hörnchen zu dem runden Tisch in einer Ecke, setzt beides vorsichtig ab und lächelt einen Moment zufrieden, als habe sie so früh am Morgen schon etwas ausgesprochen Gutes und Wertvolles getan. Immer wenn ich sie sehe, denke ich an eine Figur in »Così fan tutte« – dort könnte sie als Despina auftreten. Mozart hat ihr eine Arie auf den Leib geschrieben, das weiß ich, kann es ihr aber leider nicht sagen.

Und so sitze ich an dem runden Tisch in der Ecke und schließe die Augen. Ich warte, bis der Kaffee etwas erkaltet und die dampfenden Schwaden auf seiner Oberfläche abziehen. Sie steigen langsam auf und erreichen meine Nase, ein Geruch, der an einsame Stunden in Kaffeehäusern erinnert. Währenddessen kaufen die Anstehenden ein und verstauen das frisch Erworbene in ihren Taschen und Rucksäcken. Es sieht so aus, als planten sie lange Fußmärsche oder Exkursionen, und ich denke von Fall zu Fall darüber nach, wohin es sie ziehen könnte. In meinen Augen bilden sie als Ensemble einen Chor, dem Verdi eine Brot-Hymne auf die Leiber geschrieben hätte.

Ich sitze fast eine halbe Stunde allein und weiche den Blicken der Käuferinnen und Käufer aus, die mich für weiß Gott was halten. Bestimmt denken sie darüber nach, was mich hierher verschlagen hat und so lange ausharren lässt. Dabei warte ich nur, bis der Kaffee genießbar und das Hörnchen verzehrt ist.

Dann aber stehe ich auf. Die Zeit der Herumeilenden ist längst vorbei, draußen ist es viel stiller als zuvor, bald werden sich die ersten Einkäufer auf den Weg machen. Ich gehe durch leere Straßen und horche, was aus den geöffneten Fenstern tönt. Eine junge Frau singt anscheinend zu ihrer Morgentoilette, so kommt es mir vor, und zwei junge Frauen unterhalten sich italienisch darüber, was sie als Nächstes unternehmen werden. Ich könnte einige Ideen beisteuern, unterlasse das aber lieber.

Und so drehe ich meine Runden und denke darüber nach, wofür ich mir Zeit nehmen sollte. Die Welt meines Viertels macht es mir leicht, jeden Tag komme ich auf andere Gedanken.

»Bon jour, mon cher«, sagt eine Frau zu mir, die einen langen, dunklen Mantel trägt und anscheinend als eine der ersten Einkäuferinnen unterwegs ist. Ich kenne sie, sie ist Gitarrenlehrerin und gibt manchmal Konzerte in der Kirche am Markt. Während der Pandemie hat sie für nur einen einzigen Zuhörer gespielt, 1:1-Konzerte hat sie das genannt, und ich war ihr begeisterter, stummer Fan.

»Bon jour«, antworte ich und intoniere ein kleines Motiv: »J'ai des airs de Purcell dans la tête« (»Ich habe Melodien von Purcell im Kopf«), sage ich, und sie lacht. Stücke von Henry Purcell mag sie besonders, darauf spiele ich an. Sie wird sich daran erinnern, vielleicht lädt sie mich bald wieder ein, dann werde ich in einer Kapelle der Kirche am Markt zu hören bekommen, wie sie Stücke von Purcell spielt …

NOMADLAND

So, jetzt habe ich endlich auch »Nomadland« gesehen! Die Schauspielerin Frances Louise McDormand (die ich aus dem Film »Three Billboards Outside Ebbing, Missouri« kannte) *spielt* darin keine bloß erdachte Figur, sondern verkörpert eine Frau, die nach mehreren schweren Schicksalsschlägen mit ihrem Van auf den Straßen und in den südlichen Landschaften der USA unterwegs ist. Sie bleibt in ihrem Wagen weitgehend allein und für sich, trifft unterwegs aber immer wieder auf Menschen, die allein unterwegs sind und sich bei Gelegenheit für Stunden oder Tage treffen, um sich auszutauschen.

Auch diese Menschen sind keine *Figuren* im landläufigen Sinn, sondern verkörpern zunächst einmal sich selbst: ihr Leben, ihre Gewohnheiten, ihr Sprechen, Denken und Fühlen. Die meisten haben noch nie in einem Spielfilm mitgewirkt, daher erscheinen sie nicht wie inszenierte Gestalten, sondern wie Mitwirkende eines Dokumentarfilms, die in ihren eigenen Umgebungen und mit ihren Besonderheiten zu Wort kommen.

Als »Nomaden« sehen sie sich, als Menschen, die kein festes Zuhause haben und auch keines haben wollen. Um sich einen Verdienst zu sichern, übernehmen sie Teilzeitaktivitäten in Fabriken, Genossenschaften oder landwirtschaftlichen Betrieben. So arbeiten sie an einem in ihren Augen selbstständigen Leben ohne Bevormundung und beschränkende Eingriffe von außen.

An diesem auf den ersten Blick schlichten Dasein in der Rolle des Zuschauers teilzunehmen, überraschte mich. Laufend fragte ich mich, was ich an dieser uneitlen, geradlinigen, direkten und starken Hauptdarstellerin so eindrucksvoll finde.

Und weiter dachte ich darüber nach, wie es einer Regisseurin (wie der in China geborenen Chloé Zhao, die seit Langem in den USA lebt) gelungen war, in den letzten Krisenjahren einen Film zu drehen, der ohne jede Spur von Aggression oder Gewalt auskommt.

Selten habe ich so selbstverständlich erscheinende Formen von Zuneigung und Hilfsbereitschaft gesehen wie in diesem Film. Die Menschen stehen einander nie im Wege, sondern gehen unentwegt aufeinander zu, unterstützen und beraten sich und entwickeln dabei eine unaufgeregte Lebensklugheit, die einen in jeder Szene verblüfft.

Als diese großen Stärken des Films mich erreicht hatten, begriff ich, warum es diesem Film gelungen war, viele Auszeichnungen zu erhalten. Es ist der Film, der zu unseren letzten Krisenjahren auf schon beinahe unheimliche Weise passt: als Geschichte einer Frau, die sich von allem Vertrauten löst, ihr Leben selbst in die Hand nimmt und nur noch der eigenen Urteilskraft vertraut. »Nomadland« entwirft in diesem Sinn ein eindrucksvolles Autarkiemodell unserer Tage: als Meditation über unterschiedliche Lebensformen, die alten Freiheitsideen abgewonnen werden, um sie neu zu aktualisieren.

NOMADLAND 2

Ich denke weiter über »Nomadland« nach, es geht jetzt um die Entstehungsgeschichte des Films. Was ist daran interessant und zeittypisch?

Dem Film liegt das Sachbuch »Nomaden der Arbeit« der Journalistin Jessica Bruder zugrunde. Auf dieses Buch wurde die spätere Hauptdarstellerin des Films, Frances McDormand, aufmerksam. Sie kontaktierte die Regisseurin Chloé Zhao und schlug ihr vor, aus dem Stoff einen Film zu machen, in dem sie die Hauptrolle übernehmen wollte.

Diese Konstellationen der Entstehung sind selten. Der Film hat zunächst kein Drehbuch, sondern bezieht sich auf das thematische Terrain eines Stoffs: nomadisch lebende Menschen, meist allein unterwegs in den weiten Landschaften der USA. Darin besteht der dokumentarische Anteil des Films, der durch die späteren Laiendarsteller als Präsentation nicht fiktiver, sondern realer Menschen gesichert wird.

Fiktiv sind aber die biografischen Konstellationen der weiblichen Hauptfigur Fern, die vor dem Hintergrund eines persönlichen Scheiterns verschiedene Stationen ihrer Lebensgeschichte aufsucht. Dieses fiktive Element führt und leitet durch den Film und bindet die nicht fiktiv konzipierten anderen Darsteller an seinen roten Faden.

Das Bezeichnende und Zeittypische besteht darin, dass die fiktive Geschichte nicht zentral, sondern das Leitungselement für einen dokumentarisch entwickelten Stoff ist. Die Regisseurin benutzt die Fiktion als Folie, vor der sich die Geschichten der anderen Darsteller in authentischer Weise abzeichnen. Genau daraus bezieht der Film seine starke Wirkung. Er verdrängt die Fiktion zugunsten des *ehrlich* erscheinenden Anspruchs eines prägnanten Themas.

Das sagt einiges aus über die gegenwärtige Rolle der Fiktion. Viele Regisseure und Schriftsteller halten ihre Dominanz für überholt. Angesichts der großen Krisen der Welt erscheint sie als zu schwach, um starke Inhalte in Szene zu setzen. Um das zu tun, greifen die Künste auf das reale Leben zurück und verwandeln seine Sprachen. Medial – so wenig wie möglich inszeniert.

»Das ist nicht dein Ernst«, höre ich eine laute Stimme hinter mir, als ich weitergehe. Ich drehe mich um, und vor mir steht eine voluminös wirkende Frau mit einem Gorgonenhaupt. Die schwarzen Haare umrahmen den Kopf in wilder Manier, ich frage mich, ob sie diese Frisur in der Frühe eigenhändig so hergerichtet hat oder ob diese Wirbel einen naturwüchsigen, dramatischen Wuchs haben.

Neben ihr erkenne ich einen großen Hund mit hellem Fell, der mich unbeweglich anstarrt, als machte er von mir lauter kritische Nahaufnahmen.

»Meinen Sie mich?«, frage ich die Fremde, sie schüttelt aber sofort den Kopf und deutet auf die Kopfhörer in den Ohren. »Entschuldigen Sie«, sagt sie, »ich war etwas zu laut, ich sprach mit einem Freund, wir haben eine Meinungsverschiedenheit.« – »Ihr Hund scheint kein Gefallen an mir zu finden«, antworte ich, »sagen Sie ihm doch bitte, dass ich so schlampig aussehe, weil ich auf einem ersten Morgengang durch die Umgebung bin. Ich vernachlässige dann oft meine Kleidung, gegen Mittag sehe ich besser aus, glauben Sie mir!« – »Sie kaufen rasch etwas ein?«, fragt sie. – »Nein, zum Glück nicht, ich nehme lediglich Kontakt mit dem neuen Tag auf.«

»Das hört sich gut an«, sagt die Frau, die ihren Freund wohl vergessen hat und sich stattdessen um eine neue Unterhaltung bemüht, der nämlich mit mir, einem herumstreunenden Wesen, das ein Hund früh am Morgen nicht genau zu orten weiß. Ich spüre, wie sie mich in ihre neue Unterhaltung hineinziehen möchte, ein leichter Magnetismus scheint bereits zu wirken, ich ahne aber nicht, wovon er ausgeht, von den gewaltigen Haarwirbeln der Frau, ihrem entgegenkommenden Lächeln oder den Blicken des Hundes, der jetzt die Schnauze geöffnet hat und eine schwere Zunge lasziv vibrieren lässt.

»Wie heißt Ihr Hund?«, frage ich, und sie entgegnet, er heiße Oskar, nach Oskar Matzerath aus der »Blechtrommel« von Günter Grass: »Haben Sie keinen Hund? Wenn nicht, sollten Sie sich einen zulegen, er könnte Sie bei Ihren morgendlichen Spürgängen durch die Umgebung begleiten.« – »Darüber habe ich auch schon nachgedacht«, antworte ich, »es geht aber nicht, weil ein Hund mich ablenken würde. Ich würde die Welt mit den Augen des Hundes betrachten und die Suche meines Rundgangs verfehlen, verstehen Sie?«

Die Frau schaut mich nachdenklich an, und wir schweigen einen Moment. Ich hoffe, dass sie mich nicht für einen skurrilen Taugenichts hält. Dann aber macht sie einen verblüffenden Vorschlag: »Darf ich mich bei Ihnen einhängen? Wir schlendern eine Weile zusammen, Sie gewöhnen sich an den Hund, und der Hund gewöhnt sich an Sie.« – »Sehr gern!«, antworte ich und halte ihr meinen rechten Arm hin, in den sie sich mit ihrem linken einhängt. Oskar beobachtet das mit Interesse, greift aber nicht ein, sondern gesellt sich, als wäre das selbstverständlich, zur Rechten der beiden Menschen, die jetzt zusammen, wie ein Paar, ihre morgendlichen Wege fortsetzen.

Wie seltsam! Lange bin ich nicht mehr in einer derartigen Paar-Inszenierung durch mein Viertel gegangen! Plötzlich habe ich das Gefühl, die Frau neben mir zu kennen, das aber kann doch nicht sein, oder irre ich mich? »Es ist seltsam«, sage ich, »aber ich habe das Gefühl, Sie zu kennen. Doch woher? Ich weiß es nicht!« – »Das Gefühl habe ich übrigens auch«, antwortet sie, »vielleicht kennen wir uns – wie sagt man? – von alters her.« – »Von alters her? Ich weiß nicht …«, sage ich, »ich sollte mich Ihnen vorstellen: Ich heiße Joseph, nicht mit f, sondern mit ph.« – »Guten Morgen, Joseph mit ph«, antwortet sie, »ich heiße Johanna. Darf ich erfahren, was dich umtreibt?«

»Ich habe momentan keinen Beruf«, antworte ich, »ich lebe in einer Art Auszeit. Für wie lange, weiß ich noch nicht.« – »Oh«, antwortet sie, »das hört sich gut an, ich denke an etwas Ähnliches. Ich bin Opernsängerin. Zurzeit trete ich als ›Königin der Nacht‹ im Opernhaus auf. Vielleicht möchtest du mich einmal singen hören?« – »Gern«, antworte ich, »ich kenne Mozarts ›Zauberflöte‹ recht gut. Die Arien der Königin der Nacht sind höllisch schwer, stimmt's?« – »Sie hören sich schwer an, das stimmt! Ich bin ihnen aber durchaus gewachsen!«

Ich gehe mit einer Opernsängerin namens Johanna am Arm, einem Hund namens Oskar zur Rechten und einer Oper namens »Zauberflöte« im Ohr durch mein Viertel, denke ich. »Der Hölle Rache kocht in meinem Herzen. Tod und Verzweiflung flammet um mich her!« – ich erinnere mich genau. Was aber wird als Nächstes passieren? Wird Mozart aus einem Fenster winken? Oder wird Sarastro persönlich um eine Ecke biegen, um es mit der Königin der Nacht am Morgen aufzunehmen?! …

KÖLN IN MEINER NÄHE 4 –
WEITERGEHEN

Vorerst gehe ich weiter mit der Opernsängerin Johanna, die sich bei mir eingehängt, und mit ihrem Hund Oskar, der sich angehängt hat, durch eine schmale Straße, die geradewegs auf die kleine Kirche zuführt, in der ich während der Pandemiezeiten Gitarrenmusik von Henry Purcell gehört habe.

Im zweiten Stock eines Mietshauses öffnet sich ein Fenster, und ich erkenne meinen Freund Kaspar, mit dem ich manchmal zum Basketballspielen verabredet bin. Er ist mehr als zwei Meter groß, die Größe hat ihn zu einem fast perfekten Basketballer gemacht, vielleicht fehlt es seiner Größe etwas an Schnelligkeit, das aber würde ich ihm niemals sagen, sondern lieber für mich behalten.

Kaspar hat eine Freundin, sie ist Yogalehrerin und spricht etwas Chinesisch, jetzt ist sie aber wahrscheinlich nicht in der Wohnung, sondern unten in ihrem Yogastudio im Parterre. Mir kommt kurz die Idee, ihr meine Begleitung vorzustellen, dann aber meldet sich eine angeborene Scheu, die mir untersagt, es zu weit zu treiben, denn wie sollte ich es schaffen, Mozart, die »Zauberflöte«, Yoga und das Chinesische miteinander in Beziehung zu setzen, vom Basketballspiel ganz zu schweigen?

Ohne weiter zu überlegen, gebe ich mir einen Ruck, winke Kaspar zu und rufe: »›Alba Berlin‹ hat gewonnen?« – Kaspar und ich sympathisieren mit »Alba Berlin«, Kaspar hat einmal für diesen Verein gespielt, das ist längst vorbei, aber er schaut jedes Spiel, bestimmt auch gestern Abend, da spielte »Alba Berlin« in der EuroLeague. Ich wusste davon, hatte aber vergessen, in der Frühe das Ergebnis zu recherchieren.

Jetzt aber glaube ich wahrhaftig an den nächtlichen Sieg von »Alba Berlin«, deshalb entscheide ich mich für einen zusätzlichen begeisterten Ausruf und schicke ein »Hojotoho!« hinauf in den zweiten Stock. Kaspar ist einer der wenigen Basketballspieler von Niveau, die mit dem hohen Niveau von Richard Wagners Walküre mithalten können, »Hojotoho!« ist unser Wagner-Erkennungs- und Freudensignal, denn bekanntlich singen die Walküren in Wagners Bühnendrama »Die Walküre« in erregten Freudenmomenten laufend »Hojotoho!«

Als ich das Signal hinaufschicke, bleibt Oskar stehen und bellt plötzlich unerwartet entschieden und lauthals, er hört gar nicht mehr damit auf, und als ich Johanna irritiert anschaue, sagt sie: »Oskar mag Wagner überhaupt nicht, er hasst die ›Walküre‹ geradezu!« – »Aber warum denn?«, flüstere ich, da schaut Johanna mich an und sagt: »Ich habe es zu oft gesungen, er mochte es einfach nicht mehr. Er braucht jetzt Ruhe und Stille, absolute Ruhe und Stille, sonst hört er nicht auf zu bellen.«

Ich bin etwas ratlos, doch langsam kommt mir ein guter Gedanke, schließlich habe ich die kleine Purcell-Kirche vor Augen, und so sage ich zu Johanna: »Sollen wir einen ruhigen, stillen Moment in der kleinen Kirche da vorne verweilen, würde Oskar das gefallen?« – Johanna schaut hinüber, und ich bemerke, wie diese Idee zündet, und so schlagen wir zu dritt den Weg zur Kirche ein, vor der Oskar gebeten wird, sich bequem zu lagern. »Wird er nicht angekettet?«, frage ich Johanna, aber sie winkt sofort ab: »Oskar kann man nicht anketten, das würde er niemandem erlauben. Er wartet hier allein auf uns, auch wenn es Stunden dauert. Schau!«

Als Johanna »Schau!« sagt, lässt sich Oskar in einem gespielten Anfall von Müdigkeit auf den Boden fallen, streckt sich aus, bettet den Kopf auf seine Vorderpfoten und tut so, als habe er seit Jahren kein »Hojotoho!« mehr gehört. Ich nicke ihm zu, aber er beachtet mich nicht, und so gehen Johanna und ich in die kleine Kirche und setzen uns in eine Bank …

ABSCHIED VON ANGELA MERKEL

Welche Themen sind für die Wahlentscheidung von großer Bedeutung? Klimawandel, Mieten, Mindestlohn, Digitalisierung? Jajaja, murmelt es in den Lagern meiner Freunde. Keiner will aber ein Thema hervorheben, bis Friedrich, unser Politologe, sich traut. Große Bedeutung hat nach seiner Meinung ein lange Zeit unterschätztes und bis heute in seiner Bedeutung noch kaum erkanntes Ereignis: der Abschied von Angela Merkel! In den letzten Wochen hat die entsprechende Abschiedssymphonie viele Medienseiten in aller Ausführlichkeit dominiert. Frau Merkel geht – wie sind die Merkeljahre einzuschätzen? Was hat sie geleistet, was nur in Angriff genommen, was liegen gelassen?

Viele Nachrufe auf die Merkel-Ära weckten die Sehnsucht nach einer Frau, die vor allem standgehalten hat. Und warum? Weil vergessene Tugenden wie Schlichtheit und Ehrlichkeit, die rar geworden sind, Erfolg hatten. Angela Merkel war die Kanzlerin irritierender Krisen, die sich seit ihrem Amtsantritt potenzierten und die Politik vor große Herausforderungen stellten. Sie hat darauf nie hektisch, panisch oder gereizt reagiert, sondern vorgeführt, wie hilfreich der gesunde Menschenverstand sein kann, um solche Krisen zu bewältigen. Ihn mit dem *Common Sense* zu verbinden – das war ihr einfaches Politikkonzept.

Wer leistet so etwas in Zukunft, wenn die Krisen sich noch weiter potenzieren? Plötzlich wurde klar, wie sehr die SPD mit Olaf Scholz von Merkels Abgang profitieren könnte. Viele Legislaturperioden hatte die Partei sich im Abseits gewähnt, ein Hinterherläufer der CDU/CSU. Der Abschied der Kanzlerin veränderte die Perspektive entscheidend. In der stärksten Regierungspartei war keine neue Merkel in Sicht, und Olaf Scholz war gewitzt genug, genau in diese Rolle zu schlüpfen und zu zeigen, dass er neben Angela Merkel ebenfalls standgehalten hatte.

Ich kann das, ich bin es – das genügte, um aus Olaf Scholz einen kompatiblen Merkel-Ersatz zu machen. Er wirkte geduldig, verhalten, gelassen. Weitere Krisen? Sind mit hanseatischem Kalkül zu bewältigen. Je ruhiger Olaf Scholz wurde, umso mehr traute man ihm zu. Mit offenem Hemd, halbwegs trainiert, kein Überschäumer, sondern ein Kandidat mit leicht positivem Preis-Leistungs-Verhältnis. Gerade richtig also für deutsche Mentalitäten der Gegenwart, in denen Visionen für die nächsten Jahrzehnte in jedem Artikel vorkommen, selten aber ernst genommen werden.

Olaf Scholz könnte die Regierungsbank so unbeweglich drücken, wie Angela Merkel sie endlos wirkende Jahre gedrückt hat. Ein Koalitionspaket welcher Art auch immer wird er mühelos hinbekommen. Er wird todlangweilige TV-Reden halten und sich mit Annalena Baerbock auf einem Potsdamer See beim Schlittschuhlaufen zeigen. Das Rumoren von Robert Habeck wird er gekonnt weglächeln und regional ganz auf den Norden setzen. Die rheinische Frohnatur Armin Laschet wird dann längst wieder im Aachener Hinterland verschwunden sein – rheinische Temperamente akzeptiert das wählende Volk sowieso nur, wenn die Kandidaten Adenauer heißen.

DER HERBST DER MUSEEN

Im Herbst zieht es viele wieder in die Museen. Der Fotograf Filip Haag hat sich bei seinen Besuchen nicht nur auf die besichtigten Kunstobjekte, sondern auch auf die Menschen konzentriert, die sich den Objekten nähern. Wie genau machen sie das? Wie wirkt das Gesehene auf die Körper ein, die sich in oft seltsamer Gymnastik vor den Kunstwerken bewegen?

Entstanden ist das Buch »Die Kunst des Augenblicks. Begegnungen im Museum«. Es zeigt skurrile Formen der Begegnung, die bei genauerer Betrachtung kleine Geschichten erzählen. Sie offenbaren seltsame Formen des Sich-miteinander-Bekanntmachens: Formen der Unterwerfung, der gezielten Aneignung, des Flirts oder auch des vorsichtigen Studiums.

Filip Hags ungewohnte Perspektiven erweitern unsere Freude am Sehen. Sie lassen das Publikum nicht aus, sondern zeigen es in jenem diskreten Umgang mit Farben und Figuren, der das Museum in einen theatralen Raum verwandelt.

DIE SCHÖNHEIT DER HEIMKEHR

Worin besteht (nach einer Zeit weiter Fahrten fern von zu Hause) die Schönheit der Heimkehr? Gärten, Zimmer und Haus haben eine merkliche Patina angelegt. In den Gärten dominiert nun der Herbst mit seinen Farben, Beeren und dem schwächer werdenden Grün.

In den Zimmern sind die sonst nahen Dinge auf Distanz gegangen und blicken leicht entfremdet zurück. Liegen sie noch am richtigen Ort? Wollen sie Veränderung? Am liebsten würde ich sie eine Weile nicht berühren, sondern ihnen das Stillleben-Dasein noch etwas gönnen.

Das Haus hat sich in ein langsam atmendes Gebilde entwickelt. Ich gehe durch die Räume, als müsste ich jeden einzeln begrüßen und nach einem Zusammenhang suchen. Habe ich hier gelebt? Sind das meine Bücher? Und die Blätter auf dem Schreibtisch – habe ich sie (aber mit welchen Texten?) beschrieben?

Die Schönheit der Heimkehr besteht in der Rekonstruktion der gewesenen Tage und einer möglichen Korrektur ihrer Gestaltung. Soll alles so bleiben, wie es war? Oder hat der Aufenthalt in der Ferne eine Verschiebung der Proportionen bewirkt, nicht im Ganzen, wohl aber an dieser oder jener Stelle? Rekonstruktion und Korrektur suchen nach einer Vermittlung. Wie könnte sie aussehen?

In einem Unterstand liegen in gelben Postkisten die Zeitungsberge und die Post der letzten Wochen. In der Ferne habe ich keine deutschen Zeitungen gelesen und nur selten Nachrichten aus Deutschland verfolgt. Ich habe mit und in den Kulturen eines anderen Landes gelebt, ganz und gar, mit seiner Sprache, seinen Ritualen und seinen Texten und Klängen.

Schaue ich jetzt auf die deutschen Bilder, begegnen mir lauter Menschen, die mir fremd geworden sind. Ach ja, da ist er wieder, der Nachrichtensprecher, wie heißt er doch gleich? Und da sind sie, die Bilder des »Alpenpanorama« auf 3sat, das ich früher manchmal anschaute, um den Bergen und Gipfeln nahe zu sein. Soll ich damit fortfahren oder mir andere Welten suchen, die den Aufschwung der Fantasie nähren? Und – welche neuen Musikaufnahmen gibt es? Die Schönheit der Rückkehr besteht auch aus Recherchen des lange Zeit nicht Wahrgenommenen und urplötzlich neu Auftretenden.

DAS GROSSE NICHTS

Was für ein Vakuum! Die sondierenden Parteien reden von den Inhalten, die sie (natürlich »auf Augenhöhe«, »mit viel Demut« und Selfie-Gedöns) inszenieren. Was dabei entsteht, ist eine seltene Form von Journalismus: einer *ohne* Inhalte, der laufend dieselben Fragen stellt und weder etwas erfährt noch sonst wie vorankommt.

Also berichtet man einfach mal über das große Nichts, es besteht aus dem leichten, direkten oder indirekten Lächeln von Annalena B. oder Robert H., aus der Untersuchung ihrer Hosennähte oder der Schwere der Aktentaschen, die herumgetragen werden. Unglaublich vielsagend soll auch sein, auf welchem Gelände sich wer mit wem im Einzelnen wozu verabredet hat. Als Sensation erscheint es bereits, wenn Markus S. einmal einen Schritt schneller geht als sein Generalsekretär.

Wie sieht das Leben all dieser Politiker gerade wohl aus? Das fragen sich meine Freunde und schütteln den Kopf. War es nötig, sich so zu bescheiden und vor den Journalisten eine solche Farce zu inszenieren, als bewegten die sich im Kraftfeld des Grals und seines Hüters Amfortas, der bekanntlich erlöst wird, wenn er das Richtige gefragt wird? Die Volksvertreter sagen nichts und winden sich stattdessen vor Mikrofonen, obwohl ihnen die erlösenden Sätze längst auf der Zunge brennen.

Um sich zumindest ein wenig voneinander zu unterscheiden, hat sich das Spiel zu einem Panoptikum mit verschiedenen Rollen entwickelt. Olaf S. bevorzugt die des Untertauchers, der auch einmal für ein paar Augenblicke von den Bildflächen verschwindet, um nach den Blumen in seinem

Garten zu sehen, während Armin L. die Rolle des Mannes übernommen hat, der unter einer tiefen Max-Frisch-Krise leidet: Ich weiß nicht mehr, wer ich bin. »Homo faber«? »Stiller«? Oder ein ganz anderer? Christian L. träumt in den Pausen des Schweigens von den Automobilen der Zukunft, mit denen er schon als junger Azubi so gerne gefahren wäre, und Annalena B. hat eine Gymnastik entdeckt, die das Reden im hohen Sopran mit leidenschaftlich wirkender Körpersprache verbindet.

Vollends komisch wird dieses Theater, wenn es als Talkshow aufgeführt wird. Zu Beginn lächeln die Moderatorinnen noch wohlgemut, dann aber geht ihnen in den sich endlos hinziehenden Phasen des inhaltlichen Stillstands allmählich jede Puste aus, und man beobachtet Journalistinnen, die wie in Trance vieles durcheinanderbringen. Welche Partei vertritt, verflixt noch mal, der Herr in Blau, der sich gerade so vielsagend kratzt? Und was will die mir gegenübersitzende Dame in Rot uns allen damit sagen, dass sie sich über ihr Knie streicht?

In den Sendern liest man rasch noch einmal die Klassiker zur Körpersprache. Samy Molchos Bücher nahmen es sogar mit pantomimischen Darstellungen auf, und auch Geheimagenten des FBI haben davon geschrieben, wie man Menschen liest, die etwas Böses vorhaben. Von links nach rechts? Von oben nach unten? Oder quer, einfach mal quer, gescannt?

Das deutet an, wohin sich die Politik zurückgezogen hat: ein Leben in Verstecken und im Dunkel hinter Vorhängen, die höchstens mal kurz rascheln dürfen. Meine italienischen Freunde lachen darüber. Sie nennen es aus alter Erfahrung eine Frühform der *Commedia dell'arte*. Gute Idee, sagen meine deutschen Freunde, daraus soll ja einmal Großes entstanden sein. Hoffen wir es!

FRANKFURT, KETTENHOFWEG 123

Nahe dem Haupteingang zum Frankfurter Buchmessenge-
lände verläuft der Kettenhofweg von der Senckenberg-Anla-
ge (mit dem Naturkundemuseum) bis zur Alten Oper. Als
Jugendlicher bin ich ihn oft entlanggelaufen und habe manchmal vor dem Haus Nr. 123 gehalten, wo der Philosoph und
Musiktheoretiker Theodor W. Adorno wohnte. Viele seiner
Bücher hatte ich gelesen, etwa die »Minima moralia« oder
auch seine »Noten zur Literatur«.

Einmal habe ich bei ihm angerufen. Ich hatte ihm einen
langen Brief geschrieben und wünschte mir eine persönliche
Antwort. Seine Frau meldete sich und sagte, er könne nicht
mit mir sprechen, er sei in der Badewanne. Ich konnte mir
nicht vorstellen, wie Theodor W. Adorno in einer Badewanne saß. Deshalb insistierte ich nicht weiter und schrieb ihm
einen zweiten Brief, in dem ich mich für den Anruf entschuldigte.

Heute befindet sich am Haus Kettenhofweg 123 eine Plakette, die von der Stadt Frankfurt dort angebracht wurde. Sie
erinnert an Theodor W. Adorno. Er trägt darauf eine volumi-
nöse Brille, wie er nie eine getragen hat. Seine Brille war klein
und unauffällig. Die Plakettenbrille ist eine Ruhmesbrille, sie
will sagen: Die kleine Brille ist gewachsen, sie hat sich um
den Adorno-Ruhm vergrößert. Als ich die Plakette während
meines Spaziergangs betrachtete, dachte ich: Spiel dich nicht
so auf – Theodor W. Adorno war ein leiser, ruhiger Mensch
und kein Mediendirektor …

SOPHIE CALLE ERFINDET
WAHRE GESCHICHTEN

Die französische Künstlerin Sophie Calle hat in ihrem Buch
»Wahre Geschichten« fünfundsechzig kurze Geschichten zu
einem abwechslungsreichen Lebensrückblick komponiert. Jede
Erzählung kreist um ein zentrales Psychomotiv, sei es eine
Begeisterung, eine Verletzung, ein Bruch oder ein Bekenntnis.
Kommentiert und scheinbar beglaubigt werden diese Textfrag-
mente durch Fotografien, die den Texten eine visuelle Seiten-
spur anfügen.

Fraglich erscheint aber mit zunehmender Lektüre, ob es
sich bei den Fotografien wirklich um solche der Autorin oder
nicht eher um zufällige Fundstücke handelt. Hat man sich
auf diesen Zweifel eingelassen, liest man auch die kurzen
Texte anders: Sind es wahre Geschichten? Oder Dramatisie-
rungen von Fantasien? Oder Entwürfe für ein zukünftiges
Traumleben?

Sophie Calle spielt mit den Mustern der *autofiktionalen
Literatur*. Ihre »wahren Geschichten« erweisen sich dabei als
ein besonders gelungenes Beispiel. Sie entzünden im Weiter-
und Nachfantasieren Projekte eines von minimalen Impulsen ausgehenden Bilder- und Fantasieangebots, das in eigene, nie geahnte Geschichten umschlägt, von denen man
am Ende selbst nicht mehr sagen könnte, ob man sie sich ausgedacht oder wirklich erlebt hat. So gesehen ist dieses Buch
ein Animationsspeicher mit fast unbegrenzten Möglichkeiten.

KÖLN IN MEINER NÄHE 5 –
DER GESANG

Ich schaue mit Johanna auf die kleine, runde Apsis der Kirche, in der eine einzelne Kerze auf einem hohen Kerzenständer brennt. Sonst gibt es fast keinen Schmuck, nur die Kerze und das Weiß der Apsiswände. Keiner von uns beiden sagt etwas, und ich habe das Gefühl, als würden die anfänglich noch von draußen hereinflutenden Stimmen wie auf Geheiß immer leiser. Die Stille zieht sich zusammenn, sie wird dichter und massiver, und ich fange an, auf meine inneren Stimmen zu lauschen. Sie wünschen sich Musik, eine einzelne Stimme zur vereinzelten Kerze. Soll oder darf ich Johanna bitten, etwas zu singen?

Ich versuche es auf einem Umweg und frage: »Singst du auch manchmal in Kirchen?« – »Du möchtest, dass ich etwas singe?«, antwortet sie unerwartet direkt und öffnet die obersten Knöpfe ihres Mantels, als lockerte sie sich schon einmal zur Vorbereitung eines Auftritts. – »Ich würde mich freuen, aber ich möchte dich nicht drängen«, sage ich.

Seit ich sie gefragt habe, denke ich an »Lascia la spina«, die Händel-Arie, die Cecilia Bartoli gerne singt. Ich bleibe sitzen und erwähne leise das Stück. Johanna steht auf, legt den Mantel ab und geht nach hinten, in den dunkleren Eingangsbereich der kleinen Kirche. Ich drehe mich aber nicht nach ihr um, sondern schaue weiter nach vorn in die Apsis, wo die Flamme der einzelnen Kerze sich flimmernd windet.

Was für ein schöner Moment! Ich sitze da mit offenem Mund und warte heftiger denn je auf Musik, auf einen Gesang und damit darauf, dass Johanna im hinteren, dunklen Raum der Kirche mit ihrer Arie beginnt. Sie tut es dann auch, aber sie singt unerwartet leise, als wollte sie die Töne erst an den kleinen Kirchenraum anpassen. Noch nie habe ich diese Arie so verhalten gehört, das aber tut ihr sehr gut, als meldete sich aus den Tiefen eines Dunkels ein aufflackerndes helles Licht.

Ich lausche, als sich die Tür des Kirchleins öffnet und jemand hereinkommt. Ich drehe mich nun doch um und erkenne einen Mann, der ein kleines Bündel auf seinem Bauch spazieren trägt. Ein Vater mit seinem Neugeborenen? Er bleibt im Eingangsraum der Kirche stehen und legt den rechten Zeigefinger bittend auf den Mund. Anscheinend schläft das kleine Kind und soll nicht geweckt werden. Johanna verstummt dann auch sofort und lächelt dem Ankömmling zu, der Mann geht einige Schritte Richtung Apsis und setzt sich in eine der vorderen Bänke.

Ich schaue genauer hin und sehe das schmale Gesicht des Kindes, es hat die Augen geschlossen und trägt eine dunkle Kapuze. Die Bauchtrage ist bequem, anscheinend ist der breite Sitz gepolstert, an beiden Seiten hat er kleine Stützen, die das Gesicht rahmen. Was für ein schönes Bild!

Johanna kommt aus dem dunklen Kirchenbereich wieder zu mir zurück und setzt sich neben mich, es ist ein merkwürdiger Moment, denn einige Sekunden lang habe ich ein Empfinden, als wären wir mit dem kleinen Kind verbunden. So sitzen wir minutenlang, die Opernsängerin Johanna, ich, der ich sie um »Lascia la spina« gebeten habe, ein Vater, der seinem Kind einen Ruhemoment gönnt, und der Säugling, der von alledem nichts bemerkt, sondern still vor sich hin schlummert, mit geschlossenen Augen, mit einem schwarzen Haarwirbel an der hellen Stirn, gemalt wie von einem niederländischen Meister aus der Mitte des siebzehnten Jahrhunderts.

FÜR SICH SEIN

Die Coronapandemie hat viele früher eher vernachlässigte Themen des individuellen Erlebens in den Vordergrund gerückt. So sind in letzter Zeit zahlreiche Bücher zum Alleinsein, zu Isolation und Einsamkeit und damit auch zu den Praktiken einer auf sich selbst gestellten Lebenskunst erschienen.

Johann Hinrich Claussen und Ulrich Lilie vertiefen diese Themen in ihrem Buch »Für sich sein. Ein Atlas der Einsamkeiten« durch szenisch erzählte Blicke auf die unterschiedlichsten Medien: Wie entwerfen sie Darstellungen und Erlebnisformen der isolierten Welten in der Musik, in Literatur, Philosophie oder bildender Kunst? Sie summieren sich zu einer Art »Atlas der Einsamkeiten«, wie der Untertitel es nennt.

Das meint: Den Autoren geht es darum, Konstellationen abzustecken und ein weites Feld nicht zu gliedern, sondern erst einmal zu eröffnen. Meister Eckhart, Isaac Newton, Petrarca, Caspar David Friedrich, Emily Dickinson, aber auch Greta Garbo und Marlene Dietrich – das sind einige der Personen, die einem begegnen und einen Abdruck des »für sich seins« hinterlassen.

In kurzen Kapiteln entdecken die beiden Autoren genuine Techniken des Umgangs mit Empfindungen, die einen überfordern, aber auch Planungen neuer Lebensentwürfe herausfordern. Ein Buch, das man als einen Begleiter zum pandemischen Leben lesen kann.

ALLEIN

»Allein«, »Einzeln sein«, »Für sich sein«, »Die neue Einsamkeit« – das sind nicht zufällig Titel von gegenwärtig viel gelesenen Sachbüchern. Sie stellen Diagnosen der Pandemie, die das Innenleben unserer Gesellschaft ausleuchten und jene sich deutlich herausbildenden Lebensformen beschreiben, die auch ich in meinem Freundeskreis beim Blick auf die verschiedensten sozialen Schichten und Altersstufen beobachten kann. In den öffentlichen Debatten traten sie meist hinter den lautstark diskutierten Themen wie Impfpflicht, Inzidenzen, Hospitalisierung zurück, weil sie eher leise und oft auch nur scheu behandelt wurden.

Die regelmäßig über das Land hereinbrechenden Pandemiewellen rüttelten immer von Neuem und immer mächtiger an den alten, vertrauten Lebensbezügen. Sie bewirkten nicht mehr nachlassende, tief sitzende Irritationen, die zum Rückzug führten. Der große Reichtum von Erlebnissen und Eindrücken schrumpfte zusammen, viele Menschen bewegten sich nur noch in kleinen Kreisen, reduzierten den Umgang mit Freunden und hielten sich lange Zeiten in Räumen auf, die den Charakter von Verstecken annahmen.

Das führte oft zu einer psychischen Isolation, die hinter den lustlos absolvierten täglichen Pflichten gefährlich lauerte. Sie trat nicht offen zutage, hinterließ aber deutliche Spuren. Die immergleichen Nachrichten machten das Erzählen mundtot, sie reduzierten es auf ein Berichten und Sortieren von Meinungen zu den alles beherrschenden Daten und Fakten. Langsam zog eine sich dadurch einstellende Stummheit in die Beziehungen ein, sie trennte Paare und Freunde und warf die Vereinzelten auf sich selbst zurück.

Manche reagierten panisch mit kurzfristigen Entscheidungen für neue Lebensformen, sie zogen um, kündigten den Job oder suchten einen Halt bei Therapeuten der unterschiedlichsten Art. Dabei verloren sie das Vertrauen in die Zukunft. Ging es ganz verloren, stellten sich Depressionen ein, die das isolierte Leben noch stärker verdunkelten.

Dass lebensstimulierende Künste wie etwa Schauspiel oder Musik nur noch sehr reduziert möglich waren, ist besonders fatal. In den alten Zeiten hatten sie viele Begeisterungsfähige zusammengeführt, die sich zwar nicht von vornherein nahe waren, aber stets neugierig und oft geradezu hingerissen an überraschenden Darbietungen teilnahmen. Sie vermittelten Vitalität und wirkten lange nach.

Bald werden die versteckten Krankheitssymptome sich auch in Zahlen niederschlagen. In England haben die Nachforschungen zu Themen wie Einsamkeit und Isolation vor einiger Zeit sogar zur Bildung eines damit beschäftigen Ministeriums geführt.

EIN BESONDERES KOCHBUCH

Elisabeth Bronfen ist Kulturwissenschaftlerin und hat Bücher zum Beispiel über die schöne (weibliche) Leiche, die Kulturgeschichte der Nacht oder die Figur der Diva geschrieben. Ein ganz besonderes Buch sind ihre »Kochmemoiren« mit dem aufflammenden Titel »Besessen«. Das strahlende Wort gibt die Richtung vor, denn Elisabeth Bronfen kocht (wenn möglich) täglich und das stets mit experimentellem Spürsinn, die Märkte in der Nachbarschaft mit den Lagerstatten ihrer Küche und deren Einrichtung verbindend.

»Die Pfanne«/»Vorrätig«/»Der Topf«/»Der Ofen« oder »Für sich kochen« – das sind unkonventionelle Überschriften der Kapitel, deren Rezepte alles andere als phlegmatische Aneinanderreihungen von Zutaten und Mengenangaben sind. Elisabeth Bronfen erzählt die Gerichte so, dass auch Ausflüge in Beobachtungen zu Küchen- und Kochtraditionen der unterschiedlichsten Kulturen an den Wegesrändern erscheinen.

So durchwandert man an der Seite dieser besessenen Köchin nicht nur die Stationen ihres Kochens, sondern auch die ihrer sonstigen Themen. Dann heißt es: »Bœuf Stroganoff gehörte zu den Lieblingsgerichten von Marlene Dietrich, und weil meine Mutter eine große Verehrerin der Filmdiva war, liebte auch sie diese Speise …« Oder: »Am liebsten würde ich alles, was sich hacken, reiben, raspeln oder pürieren lässt, zu einem runden oder flachen Burger formen und anschließend in der Pfanne braten …«

Ja, rufe ich, ja, unbedingt, ausprobieren – den japanisch inspirierten Burger oder die italienische Variante oder den orientalischen … – damit könnte man schon einmal einen Anfang machen. Fast jede Seite von Elisabeth Bronfens Buch könnte ich zitieren, jede ist frisch, lebendig, originell und steckt voller Überraschungen, als Leser gerät man in ein immerwährendes Träumen, in dessen Kabinetten sich Elisabeth Bronfen als Zaubermeisterin bewegt. Man möchte ihr zur Seite stehen und zur Hand gehen, man möchte einige Gläser mit ihr trinken, während die Speisen sich auf dem Herd hin und her bewegen und ihre Leidenschaft für das Kochen kein Ende nehmen will.

Blanchieren, glasieren, temperieren, mumifizieren, inhalieren – die Küche Elisabeth Bronfens erscheint wie eine Ideenwerkstatt und das Kochen als amalgamierende Tätigkeit des vitalen Lebens.

JAHRESBEGINN

Am Silvesterabend hatte ich mit Freunden das Silvesterkonzert in der Kölner Philharmonie besucht. Das Gürzenich-Orchester spielte Musik mit französischen und spanischen Wurzeln, und hinterher fühlten wir uns ein wenig, als wären wir im Süden Europas unterwegs gewesen. Wir zogen durch die Nacht und hatten vor, hier und da für ein Kölsch einzukehren, aber wir taten es dann doch nicht, sondern gingen weiter und weiter, in kleiner Runde. Es war ungewöhnlich warm, fast vorfrühlingshaft, das ließ uns weiter an den Süden glauben, und die spanisch inspirierte Musik ging uns nicht aus dem Kopf, sondern wollte an die frische Luft. Dann summte einer von uns eine Weile vor sich hin, und die anderen machten mit.

Ich erzählte von dem Buch eines Schriftstellers, in dem ich in letzter Zeit oft gelesen hatte. Es heißt »Gehen allein unter Menschen« und ist von dem Spanier Antonio Muñoz Molina. Auf über fünfhundert Seiten erzählt er von seinen Wegen durch große Städte, durch Madrid, Paris oder New York, immer allein, aber keineswegs einsam. Es ist ein Gehen in Gesellschaft der Zeichen, Dinge und Menschen ganz in der Nähe. Ohne viel wissen zu wollen, einzig konzentriert auf das Sehen und Hören. Der leise Abendwind, das Pfeifen der Schwalben, die visuelle Polyphonie der Buchstaben und Sätze an den Häuserwänden und hinter den Schaufenstern – das animiert den Spaziergänger, der kein Ziel kennt, sondern sich treiben lässt.

Mit der Zeit nahm die Umgebung einen freundlicheren Charakter an, wir bemerkten es, als wir in den Norden der Stadt zogen und anderen Gruppen begegneten, die oft grüßten und sich auf Mitternacht vorbereiteten. Sie standen lose an den Straßenecken herum, saßen auf den Bänken der Plätze, tranken Kölsch und unterhielten sich gedämpft, als fürchteten sie, in eine frühere Ausgelassenheit zurückzufallen. Die aber war nirgends spürbar, das Grüßen wollte kein Ende nehmen, und wir begriffen, dass es den vielen herumziehenden Scharen dazu diente, sich ihrer Zusammengehörigkeit in einer seltenen Silvesternacht zu vergewissern.

Selbst das Herunterzählen des Countdowns war nicht hörbar, sondern ging im Sausen der Raketenblüten unter, die bunte Strahlenbilder in das Himmelsdunkel zauberten. Nach Mitternacht nahm die allgemeine Entspanntheit noch zu, was mich an Formulierungen des Essayisten Daniel Schreiber erinnerte, der in seinem Buch »Allein« von der Kraft auch schwacher sozialer Bindungen schreibt. Solche oft täglich empfangene Impulse, die wir gemeinhin unterschätzten, hätten eine »Brückenfunktion« und führten im Alltag unserer Städte im Idealfall zu einer »umsichtigen Freundlichkeit«.

Ich verstand gut, was er meint, die umsichtige Freundlichkeit ist eine besondere Kölner Errungenschaft, die viele Fremde verblüfft und erstaunt, wenn sie sich die ersten Tage in der Stadt aufhalten. Natürlich hütete ich mich, davon in der Silvesternacht zu sprechen, das hätte nicht gepasst. Ich spürte aber, dass der Gedanke daran mich zu Beginn des neuen Jahres optimistisch stimmte.

Die Krönung von alledem bescherte das Neujahrskonzert der Wiener Philharmoniker. Daniel Barenboim dirigierte, und kurz vor dem Ende sprach er ein Grußwort. Er redete von der Schönheit eines Orchesters, das im Grunde ein Gemeinschaftskörper einander zugewandter Menschen sei. Jedes Instrument eine Eigenheit, und alle zusammen miteinander verbunden zu Klangcharakteren! Solche Bilder und Erlebnisse könnten uns helfen, einander nicht als Gegner, sondern als Teil einer Gemeinschaft zu verstehen. Meine Freunde und ich saßen bewegt vor dem Bildschirm, und es dauerte eine kleine Weile, bis der erste sagte: »Also denn, Prost Neujahr!«

KRAUTWELTEN

Die Schriftstellerin Angelika Overath hat ein Buch über »Krautwelten« veröffentlicht. Es geht um Kraut in allen nur denkbaren Facetten und Hinsichten. Natürlich erscheinen Krautrezepte (Krautsalat, Kimchi, Sauerkraut, Kohlsuppe etc.), dann aber auch Hinweise und Erläuterungen über die Heilkräfte von Kraut (wie etwa Umschläge mit Kraut).

Besonders gefallen haben mir die Krautporträts (von Weißkraut, Spitzkraut, Rotkraut, Wirsing, Blumenkohl, Rosenkohl, Grünkohl etc.), die jeder Kohlsorte einen kleinen Teppich ausrollen und sie in ihrer Eigenart und besonderen Schönheit präsentieren und auftreten lassen.

Dann geht es in die Kunstabteilung und zu Gemälden, auf denen der Kohl nicht nur in all seiner Nützlichkeit, sondern auch in seiner ästhetischen Erscheinung gewürdigt wird. Zum Glück werden die Gemälde (Juan Sánchez Cotáns »Stilleben mit Quitte, Kohl, Melone und Gurke« von 1601 oder Pieter Aertsens »Marktfrau mit Gemüsestand« von 1567 oder die geradezu triumphalen Kohlpflanzen Giovanni Segantinis von 1880) auch in Farbe abgebildet.

Daneben sind wir mit Kraut auf hoher See, und während wir immer begeisterter Kraut essen, erfahren wir, wie »Kraut und Liebe« zusammengehören (es geht um Krautfilme, gebauschte Kohlblätter und Krautkleider aller Art …).

Angelika Overath erzählt im Vorwort, wie sie auf das Thema Kohl gekommen ist. Am Anfang stand eine Wanderung im Oberengadin von Muottas Muragl (2453 m) hinauf zum Schafberg, wo sich die Segantini-Hütte befindet (2731 m). Früher hat sie nach diesem Anstieg eine Schmerztablette genommen, jetzt würde sie es – den Heilkräften des Kohls sei Dank! – wohl auch ohne schaffen.

Was soll ich sagen? Dass ich genau diesen Anstieg vor Kurzem nicht geschafft, sondern aufgegeben habe, um mit der Seilbahn hinab ins Tal nach Sils-Maria zu Nietzsches anstiegsfreien Wanderwegen zu flüchten. Ach …

DER HEILIGE ANTONIUS

Ich verfolge das Jahr anhand mehrerer Kalender, die es durch eine jeweils eigene Brille betrachten. Einer heißt »Immerwährender Heiligenkalender«. Er erzählt die Geschichten der Tagesheiligen, heute ist der Hl. Antonius von Ägypten (251–356) dran.

Die Heiligengeschichten beschäftigen mich seit Langem. Weniger als »fromme Legenden«, wie man sie Kindern präsentiert, sondern als Geschichten von meist exzentrischen und dezidiert lebenden Menschen, die Entwürfe für eine unbedingte Existenz im Blick auf religiöse Erfahrungen entwickelt haben.

Der heilige Antonius zum Beispiel hat seine vertraute Umgebung verlassen und sich in der thebaischen Wüste, im Süden Ägyptens, in eine Höhle zurückgezogen. Als einer der ersten hat er eine Konzeption des Mönchtums erfunden, die zunächst nicht an eine klösterliche Gemeinschaft (wie später beim heiligen Benedikt) gebunden war, sondern den mönchischen Eifer einsiedlerisch isolierte und ihn dadurch nicht zuletzt vielen Bewährungsproben aussetzte. Erst als er diese Versuchungen abgewehrt und überstanden hatte, öffnete er seine Lebensform für Schüler, die ein solches Leben teilen wollten. Danach entstanden die ersten Klöster.

Ich habe den heiligen Antonius manchmal im Blick (es gibt unzählige bildliche Abbildungen bekannter Künstlerinnen und Künstler), weil ich das von ihm entwickelte asketische Lebensmodell oft in der Existenz der Schreibenden wiederfinde. Der Rückzug, das einsiedlerische Dasein, die passionierte Hingabe an das Kreisen um spirituelle Erfahrungen – da gibt es viele Parallelen. Schreiben wäre dann eine Wüstenschrift, Franz Kafka würde diese Einschätzung wohl teilen, oh ja, ich sehe ihn nicken und auf einem Blatt Papier etwas notieren …

KÖLN IN DER NÄHE 6 – KOMPONIEREN

Nach einer Weile steht der Mann mit dem Neugeborenen auf und geht vorsichtig ein paar Schritte auf den Kerzenständer zu. Er bleibt vor ihm stehen, während ich sehe, dass das Kind plötzlich die Augen öffnet und zur Kerze hinüberschaut. Fast zugleich stehen auch Johanna und ich auf und schleichen leise zur Kirchentür. Wir blicken noch einmal zurück zur Apsis und verschwinden nach draußen. Dort liegt Oskar, schlafend, in all seiner Fülle. Johanna und ich tauschen die Telefonnummern aus und trennen uns, am Abend wird sie die »Königin der Nacht« singen, und ich werde in der Oper sein.

Allmählich ist es Zeit, wieder zurück nach Hause, in meine

kleinen Zimmer, zu finden. Ich nehme die schmale Straße und höre die Geräusche eines Basketballs, der auf Betonboden trifft. Es ist dieses vertraute Klacken, etwas dumpf, als intonierte jemand die Sekunden, mal schneller, mal holpriger. Kaspar trägt sein »Alba Berlin«-Trikot und zielt mit dem Ball auf einen Korb, der mit seinem Brett an einer Hauswand hängt. Nebenbei trainiert er einen kleinen Jungen, dem er laufend den Ball zuwirft. Ich bleibe stehen und schaue dem Training zu, Kaspar winkt und ruft: »Schneller Handwechsel, Dribbling, mit Parcours!«

Der Junge darf den Ball führen, tief und schnell, er ist recht geschickt und kreist herum, als hätte er diese Übungen schon häufig gemacht. »Na los!«, ruft Kaspar mir zu. »Du bist der dritte Mann!« Der Junge tut so, als hätte auch er längst daran gedacht, ich bekomme den Ball zugespielt und stehe hilflos damit herum. »Mann!«, ruft Kaspar. »Was ist mit dir los?« Ich tippe den Ball dreimal auf und lasse ihn Richtung Korb fliegen. Dort klatscht er wie eine schwere Kartoffel gegen das Brett und streift den Korb, ohne in sein Netz zu finden.

»Mann, Mann, Mann!«, ruft Kaspar, und ich muss nun doch lachen, winke ihm und dem Jungen zu und gehe weiter, hinüber zu dem kleinen Platz, auf dem die Marktstände stehen und die Kundinnen die Waren begutachten.

Kleine Märkte haben etwas Geselliges, die Waren liegen verstreut und dekorativ herum wie farbige Noten, denen man bestimmte Tänze durchaus zutrauen könnte. Ich halte einen Moment inne und lasse mir eine Tüte geben: eine Zitrone, eine Orange, eine Birne, einen Apfel – und als Höhepunkt: einen samtweichen Weinbergpfirsich ... Das ergibt ein südlich inspiriertes Quintett.

Warum habe ich nie komponiert? In diesem Moment habe

ich die Melodienführung der fünf Instrumente im Kopf, zwei Violinen, Viola, Violoncello und eine Harfe! Was hat die Harfe in diesem Kreis zu suchen? Ihre Musik ist der Vorhang oder der Schleier, der dem Auftritt der vier anderen vorausgeht, einige Takte nur, dann melden sie sich nacheinander zu Wort, die erste Violine, die Viola, die zweite Violine und das Cello, das sich so hören lässt, als hätte es Abschließendes, Universelles zu sagen, während die anderen nur an der Oberfläche des Lebens herumkratzen.

Leider werde ich nach der Rückkehr in meine Zimmer diese schöne Stimmführung längst wieder vergessen haben und nicht mehr abrufen können, mein Opus 1 bleibt im Dunkeln, wie seit vielen Jahren, denn ich habe bereits so manche Opus 1 geschrieben, rare, verstiegene Kompositionen, die eigentlich in die Kölner Philharmonie gehören und dort von den besten Interpretinnen und Interpreten gespielt werden sollten.

Seltsam ist, dass ich in Gedanken noch nie für das Klavier komponiert habe, wohl aber ein Duo für Fagott und Querflöte oder eine Polka für Pauke und Triangel. Meine besten Kompositionen sind wohl die für zwei Celli, ich habe sie Jacques Offenbach gewidmet, der bekanntlich Cellist war und häufig Stücke für zwei Celli geschrieben hat.

Ich habe mit Freunden oft über meine Kompositionen gesprochen, und sie haben meist dasselbe gesagt: »Du bist zu vorsichtig! Du traust dich nicht! Das ist wirklich sehr schade!« Ja, das ist es, aber was soll ich machen? Der Tag liefert mir Noten und Klänge, ein jeder neu und anders, mein Kopf wird inspiziert, strukturiert und durchkomponiert, und wenn ich in meine Zimmer zurückkomme, trete ich ein in die Höhle der Stille, die alles Gehörte mit Gewalt ausradiert und auf einen einzigen dissonanten Septakkord reduziert.

Beethoven machte es anders. Er ist ebenfalls täglich spazieren gegangen, lange und ausdauernd. Während seiner Spaziergänge hat er die Töne und Klänge aus der Luft, den Windströmen und dem ätherischen Strahlen des Universums gepflückt und mit dem Stift in sein Notizheft eingetragen. Die Hände hinter dem Gehrock hat er sein Heft ausgeführt.

Endlich finde ich zurück in meine Straße, der türkische Büdchenbesitzer steht wieder vor der Tür und hält die Tagesausgabe von Le Monde für mich bereit. »Le cadeau du matin«, sagt er, und ich antworte: »Quelle joie!« Mit Le Monde in der Hand komme ich in meine stillen Zimmer zurück, entkleide mich, stecke die Morgenkleidung in eine Waschmaschine und gehe unter die Dusche, damit das kalte Wasser meinen Körper massiert. Ich atme tief durch, trockne mich ab, finde zurück in mein Bett und schließe die Augen.

ALTERN IN DER PANDEMIE

Viele meiner älteren Freunde erleben die nicht endende Pandemie als einen Bruch mit ihren bisherigen Plänen und Lebensvorstellungen. Das Alter hatten sie sich als eine interessante Epoche ausgemalt und damit Ideen für ein entspanntes Leben verbunden. In Notfällen würde die eigene Familie aushelfen, so hatten manche sich das gedacht. Fernreisen standen auf der Wunschliste, auch längere Aufenthalte in der Fremde, der Nachholbedarf erschien groß, und nichts deutete darauf hin, dass er nicht befriedigt werden konnte.

In ihrem Klassiker über das Alter hat die Schriftstellerin Simone de Beauvoir zentrale Komponenten dieser Lebensphase untersucht. Die körperlichen Erfahrungen der Alternden hatte sie mit den psychischen einer anderen Zeiterfahrung verknüpft und daraus Strategien einer Alltagsbewältigung abgeleitet. In der Pandemie aber stehen alle diese Komponenten auf dem Prüfstand und müssen notgedrungen neu gedacht werden.

Der Körper erlebt keine normale Spät-, sondern eine extreme Angstphase, er kommt kaum noch zur Ruhe. Zeit zerfällt in eine sich wiederholende Folge von hilflos wirkenden Anläufen und Aktionen, um dem Virus nicht nur zu entgehen, sondern es nach bestem Wissen für längere Zeit außer Kraft zu setzen. All diese Aktionen bringen aber keine Ruhe, sondern vermehren sich ununterbrochen weiter, sodass man in kurzen Zeiträumen ganze Lebenspläne neu entwerfen und durchdenken muss: Wie weiter? Wohin? Mit anderen? Mit der Familie?

Die körperlichen Erfahrungen verbinden sich daher nicht mehr mit denen einer vorhersehbaren Zeit und münden nicht mehr in einen Alltag, der Stabilität und einen überschaubaren Verlauf bieten würde. Hinzu kommen die großen ökonomischen Ungewissheiten. Welche Branchen wird es nach der Pandemie noch geben, welche werden ganz neue Arbeitsfelder anbieten – und wird man die vielleicht notwendigen Umorientierungen mit den früher in Aussicht stehenden finanziellen Rücklagen auch schaffen?

Mit den vertrauten Altersstrukturen zerfallen auch die Traditionen der alten Familienverbände. Firmen, Betriebe und vertraute Berufe können oft nicht weitergeführt werden, sondern bedürfen veränderter Impulse und eines Umdenkens. Das wird nicht nur von jungen, sondern auch von älteren Menschen in immensem Maß verlangt. Die Musik und die Gebote dazu liefert momentan die Ampelkoalition, die von den melancholischen Abschiedswalzern der Merkel-Ära auf digitale Kraftwerk-Rhythmen der Habeck-Future umgeschaltet hat.

»Die Pandemie hat mir mein Alter geraubt« ist der Satz, den mein Freund Kurt alle paar Tage wiederholt. Selbst die früheren Ruhe- und Erholungszeiten in Brauhäusern wirken jetzt wie Phasen eines unruhigen Inseldaseins, währenddessen man lauter dunkle Stürme am Horizont aufziehen sieht. Wann kommt die nächste Corona-Variante? Wer zahlt die riesigen staatlichen Schuldenberge?

Die Gegenwart hat etwas Gespenstisches, und die Gespenster sind die Geister der Pandemie, die immer mehrere Schritte voraus zu sein scheinen. Man holt sie nicht ein, und wenn man sich auf ihrer Höhe glaubt, tauchen sie anderswo wieder auf, begleitet von einem Vokabular, das sich aus dem Nichts drohend aufschraubt und alle Alarmglocken läutet: »Kritische Infrastruktur« ist das neuste Droh- und Trendwort. Die Pandemie hat längst eine eigene Sprache entwickelt, die auf den Straßen von morgens bis abends gemurmelt wird: Heinz spielt sich jetzt als »Impfbotschafter« auf, und Marion ist eine ausgewiesene »Impfdränglerin«, die schon Daten mit dem Hausarzt für die vierte Impfung vereinbart hat. Hier und da erregt das den Phantomschmerz eines »Impfneids«, den auch eine mögliche »Impfpflicht« leider nicht beseitigen wird.

DIE SPRACHEN DES PARLAMENTS

Neulich haben zwei Autorinnen und ein Autor vorgeschlagen, die Stelle einer Parlamentspoetin oder eines Parlamentspoeten einzurichten. Katrin Göring-Eckardt, die Vizepräsidentin des Deutschen Bundestages, hat darauf mit einiger Begeisterung reagiert und versprochen, die Idee im Präsidium einzubringen. Wie zu erwarten, hagelte es hier und da zunächst einmal Spott und Kritik. Soll sich die Literatur der Politik andienen? Brauchen wir dichtende Hofnarren und Gedichte über die Impfpflicht? Und wer wählt die infrage kommenden Personen aus?

Es hat mich nicht erstaunt, dass die Idee unter meinen Kölner Freunden dagegen sofort breite Zustimmung fand. Den Alltag in gute Songs und Lieder zu verwandeln, ist eine urkölsche Fähigkeit, die Kinder schon in den Schuljahren beherrschen. Das hat weder etwas Steifes noch Künstliches, solche Poesie entsteht fast von selbst. Sie muss auch nicht unbedingt von lauter Komik oder sattem Humor getränkt sein, nein, manchmal gelingt sie auch durch schlichte Beobachtung von Menschen und ihren Verhaltensformen. Die Wirkung einer solchen Literatur besteht vor allem darin, die Welt aus der Distanz zu porträtieren, ihr das umtriebige Getue zu nehmen und die Dinge aus unerwarteten Blickwinkeln zu betrachten. Das kann befreiend, erleichternd oder sogar wohltuend wirken.

Dass man den Bundestag mit seinen Redebeiträgen allein und in rhetorischer Quarantäne belässt, ist nicht einzusehen. Man sollte sich daran erinnern, dass die politische Rede im alten Griechenland eine Aufgabe war, die von Meistern der Rhetorik durchdacht und in Szene gesetzt wurde. Elegantes und wirkungsreiches Sprechen waren Themen einer Schulung bis hin zu den feinsten Verästelungen von Wortwahl, Stil und Ausdruck. Auch das frühe Nachdenken über dichterische Praxis orientierte sich zunächst an der Rhetorik als einer Kunst der bilderreichen und klangvollen Rede.

Die deutschsprachige Literatur verfügt über viele unterschiedliche Temperamente aller Altersgruppen, sich solchen Aufgaben zu stellen. Lässt man denen, die dazu bereit wären, die notwendigen Freiheiten, könnte das zu Ergebnissen führen, die man auf jeden Fall länger in Erinnerung behält als die rhetorischen Floskeln der Trockenbaureden. Eine gerade in Deutschland drohende Gefahr bestünde höchstens darin, auch ein solches Virtuosität erforderndes Schreiben in ein *Amt* zu verwandeln und es am Ende noch mit einem Büro und Sekretariat auszustatten. Dichtung als Büroarbeit mit Aktenordnern?! Bitte nicht!

Vorstellen kann ich mir stattdessen, dass man ein Duo von Autorin und Autor für einen zeitlich begrenzten Zeitraum von etwa vier Monaten einlädt, sich zu den politischen Themen des Parlaments in jeder nur denkbaren Form (Lyrik, Sketch, Erzählung, Artikel etc.) zu äußern. Diese Texte sollten genau dort Gehör finden, wo sonst die oft staubtrockenen Reden gehalten werden. Das würde zu einer möglichen Annäherung von Parlament, Literatur und Kultur und damit von Lagern beitragen, die seit Langem nicht miteinander umzugehen wissen.

Ich erinnere mich gut daran, dass sich Roger Willemsen einmal ein ganzes Jahr Zeit genommen hat, an den Sitzungen des Parlaments als aufmerksamer Beobachter teilzunehmen. Was er wahrnahm und erlebte, verwandelte er in ein Buch: »Das Hohe Haus«. Willemsen blieb die ganze Zeit auf Distanz, er mischte sich nicht unter die Rednerinnen und Redner, sondern saß wie ein Stoiker auf der Zuschauertribüne. Auf den ersten Seiten seines Buches verfolgt er einleitend am Fernsehen die Neujahrsansprache der Kanzlerin: »Herrschen? Sie spricht. Was für ein Redetyp ist dies? Eine Ansprache? Eine Gardinenpredigt? Ein Märchen? Warum nicht? In früheren Jahrhunderten hat man gepredigt …«

Ach, es ist so einfach, die richtigen Fragen zu stellen. Willemsen konnte es brillant, viele andere nach ihm werden es auch können. Und meine Kölner Freunde würden endlich wieder mehr zu lachen haben.

EMOJIS

Der Verlag Klaus Wagenbach veröffentlicht seit einiger Zeit eine neue Reihe über »Digitale Bildkulturen«, deren schmale Bände jeweils ein digitales Bildphänomen (wie etwa Selfies, Screenshots oder Gifs) analysieren. Die Reihe »widmet sich den wichtigsten neuen Formen und Verwendungsweisen von Bildern und ordnet sie kulturgeschichtlich ein« – so die Herausgeber Annekathrin Kohout und Wolfgang Ullrich.

Gala Rebane hat den Band »Emojis« geschrieben. Das hat mich beschäftigt, weil ich über die Entstehung dieser (ursprünglich aus japanischen Bildtraditionen stammenden) Zeichen wenig wusste. Ich benutze Emojis in vielen meiner Mails gerne, habe jedoch beobachtet, dass ich es nur dann tue, wenn ich die Adressatinnen oder Adressaten gut kenne oder sogar mit ihnen befreundet bin. Emojis sind für mich also Zeichen, deren Verwendung eine gewisse Privatheit des textuellen Austauschs voraussetzt.

Ist diese Privatheit gegeben, fungieren sie als emotionale

Stimmungsträger: Sie schwächen ab, ironisieren, melden starke Euphorie oder leichten Kummer, drehen durch oder räuspern sich aus dem Abseits. Mit anderen Worten: Sie geben den eigenen Sätzen ein Bildkostüm, das die Einordnung dieser Sätze erleichtert und ihr Gewicht verständlicher macht.

Emojis zu benutzen, ist also für mich ein Hilfsmittel, um besser und vor allem nicht falsch verstanden zu werden, sie geben Sätzen bestimmte Noten. Ich verwende sie nicht so, wie ich Buchstaben verwende, sondern als begleitende Bilderschrift, die hier und da zum Akustischen tendiert. Dann erhält ein Satz einen Akzent, einen Ausruf oder einen Seufzer, und die Aneinanderreihung von Emojis ermöglicht die Erzählung einer kleinen Geschichte des Empfindens, sogar im Diminuendo.

PUTINS KRIEG

Diese ersten Kriegstage führen zu einer Schockstarre. Fortgesetzte Nachrichtenzufuhr, als habe man nicht richtig verstanden. Was passiert da gerade? Fragen solcher Art werden nur punktuell beantwortet, denn das Nachrichtenangebot reicht nicht aus, um die weiten und schrecklichen Dimensionen der Vorgänge zu verstehen oder gar zu deuten.

Zurückgeworfen auf die vermeintlichen kleinen Gewissheiten, bleibt das Ausharren: unruhiges Sitzen, aufstehen, ein paar Schritte tun, verfolgt von Bildern, Sätzen und Nebenschauplätzen. Die Paraden der politischen Kommentare helfen nicht weiter, während die offene Zukunft einen immer bedrohlicheren Charakter annimmt.

Was tun? In regelmäßigen Abständen meldet sich die Frage

und hinterlässt nichts als Hilflosigkeit. Telefonate mit den Freundinnen und Freunden. Wie harmlos und verblendet erscheint jetzt das Leben der letzten Jahre in unseren westlichen Regionen, während im Osten der Krieg Stück für Stück vorbereitet wurde!

Schließlich, ermüdet von der steten Wiederholung der Nachrichten und *Einordnungen*: die Suche nach gründlicherer Aufklärung, nach Texten und Büchern, nach Erzählungen und Geschichten. Recherchen, ausgedehnte Recherchen … Und? Das soll helfen?!

UKRAINISCHE LEKTIONEN

2015 widmet sich der Osteuropa- und Russland-Experte Karl Schlögel in seinem Buch »Entscheidung in Kiew. Ukrainische Lektionen« der Ukraine: »Ich musste feststellen, dass man sich ein Leben lang mit dem östlichen Europa, mit Russland und der Sowjetunion beschäftigen konnte, ohne eine genauere Kenntnis von der Ukraine zu besitzen – und ich war nicht der Einzige im Fach, der zu dieser Einsicht kam.«

Er reist nach Lemberg und Kiew, nach Odessa, Charkiw, Dnipropetrowsk, Donezk und Czernowitz, dort entstehen Städteporträts, die er zum einen aus eigener Anschauung, zum anderen aber auch durch seine bewährte Methode, Topografien von Städten historisch zu lesen, gewinnt. So entsteht Schlögels Buch »Entscheidung in Kiew. Ukrainische Lektionen«, das in diesen Kriegstagen helfen könnte, die Sicht auf die Ukraine zu vertiefen. Eines der einleitenden Kapitel weist die Richtung: »Sich ein Bild machen. Die Ukraine entdecken.«

Der Krieg in der Ukraine beherrscht die Gedanken. Frage mich laufend, wie *angemessene Reaktionen* auch im privaten, hilflosen Bereich aussehen könnten. Die Unbekümmertheit früherer Tage ist dahin und einer steten Selbstbefragung gewichen: Was weiß ich über die Ukraine? Was genau ist seit den Neunzigerjahren dort geschehen?

Meine seit Tagen anhaltenden Recherchen (Bücher, Filme, Bilder) machen auf mich den unangenehmen Eindruck einer fragwürdigen Wiedergutmachung, als wäre mein Nichtwissen eine Art Schuld. So gesehen haben die Recherchen etwas von gezielter Ablenkung: als wollte ich auf dem Umweg über nachgeholtes Wissen die momentan täglich in den Medien zu verfolgenden dramatischen Bilder ruhigstellen. Was sich natürlich als unmöglich erweist …

Meine Kölner Freundinnen und Freunde schickten mir die Titelseite des »Kölner Stadt-Anzeigers« mit dem Foto der 250 000 Menschen, die an der Kölner Großdemonstration teilnahmen. Die Verwandlung eines Rosenmontagszugs in eine politische Demonstration – das war in Köln kein einfaches Vorhaben, wenn man sich die Trinkwilligkeit und den unbedingten Amüsierwillen vieler Kölnerinnen und Kölner gerade an diesem Tag in Erinnerung ruft. Ich hatte Bedenken, ob alles gutgehen würde.

Meine Freundinnen und Freunde erzählten mir: Es war ein angemessen ruhiger Umzug, keine Trinkgelage an den Rändern, keine falschen Töne, Gesänge, Texte. Worauf ich im Stillen stolz war, ohne dass dieser bequeme Stolz nun wirklich weitergeholfen hätte. Was bleibt? Recherchieren, weiter recherchieren …

LAGERBILDUNGEN SEIT KRIEGSBEGINN

Ich kann mich nicht erinnern, jemals erlebt zu haben, dass meine Freunde so unterschiedlich wie jetzt auf gegenwärtige Weltereignisse reagierten. Seit Putins Kriegsbeginn haben sich die Lagerbildungen dramatisch verschärft und führen zu angedachten Konsequenzen, die nichts mehr miteinander zu tun haben. Als lebten die Lager nicht mehr in derselben Welt, sondern orientierten sich in völlig verschiedene Richtungen, die sich gegenseitig ausschließen oder im Weg sind.

Die Lagerbildungen entstehen dadurch, dass jede Gruppe ein bestimmtes Segment der Gegenwart als dominante Vorlage für ihre Reaktionen nimmt. Der Krieg ist das erste, nächstliegende. Er hat viele meiner Freunde in eine Lähmung versetzt, die sich in einem dauernden Medien- und Nachrichtenkonsum niederschlägt. Den ganzen Tag über bleiben sie auf Sendung, folgen den aktuellen Mitteilungen und spüren angesichts der furchtbaren Kriegsbilder ihre Ohnmacht nur umso mehr.

Einige spenden Geld, andere unterschreiben Petitionen, demonstrieren oder schließen sich Hilfsorganisationen für Flüchtlinge an. Die älteren fühlen sich an ihre eigene Vergangenheit erinnert, sprechen häufig darüber und tauchen in düstere traumatische Bildwelten ab. Das schlägt sich in vielerlei Lektüren nieder, solchen zur Geschichte der Ukraine, aber auch solchen über den Zweiten Weltkrieg und die Bombardierungen deutscher Städte. Die Mediengegenwart zieht die verdrängten Erlebnisse an und lässt sie nachts wieder aufleben.

Andere blicken weiter auf die aktuellen Corona-Daten. Ihr Kreis ist deutlich kleiner geworden, für manche ist die Pandemie trotz wieder steigender Infektionszahlen keine Bedrohung mehr. Sie bilden sich ein, im Fall einer Infektion mit einer Art Grippe davonzukommen, und die wirklich Infizierten scheinen ihnen das zu bestätigen, weil kaum jemand offen von einer schweren Erkrankung berichtet.

Stattdessen ist man vor allem damit beschäftigt, wieder zum »normalen Leben« früherer Tage zurückzufinden. Draußen essen, Veranstaltungen besuchen, gemeinsam etwas unternehmen – fast an jedem Tag wird neu vereinbart, wie man den Verlauf gestalten könnte. Das zieht andere Lektüren nach sich, nämlich solche über Programme der Lebenskunst, die jetzt auf dem Buchmarkt so gefragt sind wie noch nie. Dabei geht es um Entwürfe eines Lebens, das die Schocks der Pandemie aktiv verarbeitet und sich für die Zukunft neu rüstet: Was darf ich noch? Was kann ich vernachlässigen? Womit sollte ich mich intensiver als früher beschäftigen?

Das dritte Lager hat die bedrohlichen Szenarien des Klimawandels nicht aus dem Auge verloren. Der Krieg hat sie in ein neues Licht gerückt, indem die Fragen nach der Herkunft unseres Energiebedarfs lauter geworden sind und mit Fragen nach der Zukunft von Kohle, Gas, Öl und erneuerbaren Energien verbunden wurden. Manche dieser Freunde haben ganz praktische Konsequenzen gezogen. Sie versuchen, sich in Kleingärten selbst zu versorgen, gründen Genossenschaften und kümmern sich um Projekte des Urban Farming. Auf einem Stück Land tätig sein und den Energiebedarf drosseln – das sind Projekte, die jetzt eine starke Anziehungskraft ausüben.

Schließlich gibt es aber auch Freunde, die an nichts anderes als baldigen Urlaub denken. Urlaub von allem, von Krieg, Pandemie und Klimawandel! Urlaub weit weg, möglichst auf sicheren, sonnigen Inseln, auf Mallorca oder Griechenland! Eine starke Fernbewegung ist im Gang, stärker noch als vor den Pandemiezeiten. Sie zieht meist nur eine einzige Konsequenz: vergessen, wegdriften, den Kopf in einen Fantasiemodus schalten, der dem von Fernsehfilmen mit gutem Ausgang ähnelt. Krisen sind dort flüchtige Erscheinungen, die man nicht ganz ernst nehmen muss. Sie gehören zum »Gang der Dinge«, und an ihrem Ende wartet immer »ein neuer Tag«. Wo hat man das schon seit ewigen Zeiten gehört? Richtig, im Schlager. Ist das der Grund, warum er gerade jetzt einen so erstaunlichen Aufschwung nimmt?

MARY RUEFLE

Mary Ruefle soll in den USA, wie ich erst seit Kurzem weiß, eine sehr bekannte Lyrikerin und Essayistin sein. Bei uns gab es lange Zeit keine Texte von ihr in deutscher Übersetzung, jetzt aber hat der Suhrkamp Verlag einen vorsichtigen Anfang (mit einer Übersetzung von Esther Kinsky) gemacht.

»Mein Privatbesitz« ist eine Sammlung von über vierzig kurzen Prosa-Inseln, deren Titel ganz wörtlich zu verstehen ist. Denn es geht wirklich um Dinge oder Gefühlszustände in einer sehr privaten und intimen Form des Besitzens und Aufbewahrens.

Die Gegenstände gehören zu der *einen* Person, die von ihnen erzählt, und man gerät, wenn man diese suggestiven Texte liest, in ein unaufhörliches Träumen und Schlingern, als wollten sie einen in eine andere Welt hinüberlocken: dorthin, wo einen die eigenen Schlüssel merkwürdig anstarren oder wo es viele Nuancen von Traurigkeit gibt, eine blaue, rote, grüne und naturgemäß solche, die man selbst frei hinzuerfinden kann.

Man liest sich trunken an diesen Texten und verwandelt sich dabei in eine Figur, die ferne Sätze verknüpft, als webte sie an einem Teppich, auf dem sie endlich davonfliegt.

DAS ENDE DER VERBLENDUNG

All jene unter meinen Freunden, die sich noch genau an die Nachkriegszeiten erinnern und aus deren Erfahrung sich früher einmal ihre Zukunftsvisionen ableiteten, sind seit dem Beginn des Ukraine-Krieges laufend damit beschäftigt, ihre Lebensgeschichten zu sichten und neu zu befragen: Warum hat mich die Kriegspolitik Putins so überrascht, warum war ich nicht wach und aufmerksam genug und warum bewege ich mich jetzt wie gelähmt und hilflos, ohne eine Antwort auf mein Versagen und meine Ignoranz zu finden?

In unseren aufgewühlten Unterhaltungen spielt eine große Rolle, dass die geopolitischen Vorstellungen der meisten Freunde von der Annäherung der Westmächte nach dem Krieg geprägt sind. Erschien die Versöhnung zwischen den früheren »Erzfeinden« Frankreich und Deutschland nicht wie ein welthistorisches Signal für einen dauerhaften Frieden? Und verstärkte die allmähliche Entstehung der EU und der NATO nicht die Vermutung, dass die Kriegszeiten wahrhaftig endgültig vorbei seien und die Völker und Staaten des Westens Mittel und Wege gefunden hatten, miteinander auszukommen und zu leben?

Die Fünfziger- und Sechzigerjahre waren in diesem Sinn Jahre einer Friedensarchitektur, die eine fortschreitende An-

näherung der westlichen Länder mit nachhaltigen Handels-
verbindungen verknüpfte und dadurch glauben machte, der
militärische Frieden habe eine starke Basis im wirtschaftlichen
Fortschritt.

Diese positiven Friedenserfahrungen erhielten in den Sieb-
ziger- und Achtzigerjahren ihre Ergänzung durch die Ostpolitik, das Ende der DDR, den Zerfall der Sowjetunion, die
Verträge mit Polen und die Ausweitung der EU. Die Freunde
sahen sich damals in ihrer Einschätzung bestärkt, dass die
Methoden der Friedenssicherung im Westen auf den Osten
übertragen werden und dort zu ähnlichen Erfolgen führen
könnten.

Anfang der Neunzigerjahre leuchtete die Idee eines »Gemeinsamen Haus Europa« (Gorbatschow) so stark wie nie, die
Nachkriegszeit erschien endgültig beendet. Als die Kriegsma-
növer im zerfallenden Jugoslawien begannen, wurden sie noch
lange als Störmanöver, aber nicht als erste Anzeichen von aggressiven Brüchen einer auf dauerhaften Frieden setzenden
Europapolitik begriffen.

Die Strategien der Friedenssicherung erschienen vielmehr
weiter durch die Nachkriegsverhandlungen vorgegeben: Verträge schließen, die Annäherung der Völker so umfassend
wie möglich in allen Bereichen betreiben und einen diplo-
matischen Verkehr in Bewegung halten, der mit einem Auge
das politisch Mögliche verfolgt und mit dem anderen die Be-
lohnung durch wirtschaftliches Wachstum im Blick behält.
So sah man in den russischen Gesprächspartnern weiter nahe
Bekannte oder sogar Freunde, mit denen sich alles jederzeit
regeln lassen würde. Die fortschreitende Globalisierung der
Wirtschaft erschien als zusätzliches Vertrauensangebot. Wer
konnte noch damit rechnen, dass Waren, Güter und Verkehrs-

ströme der aggressiven Durchsetzung machtpolitischer Interessen dienen würden?

Erst mit Beginn des Ukraine-Krieges erschienen die russischen Politiker als nicht mehr ansprechbare Figuren von gestern, die der Nachkriegspolitik der friedensorientierten Zeitsprünge nicht gefolgt waren, sondern sich weiter in den alten ideologischen Bunkern verschanzt hatten. Am langen Tisch saßen die westlichen Regierungschefs in weiter Entfernung einem Diktator gegenüber, der gar nicht mehr auf Gespräche und Verhandlungen bedacht war, sondern seinen Truppen längst Kriegsbefehle erteilt hatte.

Die große Blendung – sie hatte im Westen ihre Hauptursachen darin, dass die West- und Ostpolitik jahrzehntelang so überzeugend und beinahe betörend gewirkt hatten, dass die realen Zeugnisse von Gewalt, Abschottung und Despotismus nicht als große Gefahren wahrgenommen wurden. Mit dem Ende der Verblendung erscheint das Nachdenken über die Nachkriegszeit wieder aktuell. Es bleibt nichts übrig, als den alten Glanz der Verständigungen zu polieren und darauf zu hoffen, dass durch den Westen der Ruck einer neuen Wachsamkeit geht, der sich nicht mehr auf Illusionen verlässt.

PAULINE BLICKT IN IHREN GARTEN

Meine allein lebende Freundin Pauline ist krank. Jeden Morgen blickt sie in ihren Garten, in dem das Gras angeblich bedrohlich wächst und sich zu dichten Grünmatten zusammentut. Pauline mag gar nicht mehr hinschauen, deshalb hat sie mich angerufen und vorsichtig gefragt, ob sie mir helfen und

Gras mähen könne. Nicht zu viel, aber doch so, dass aus dem Garten wieder eine übersichtliche Erscheinung werde.

Natürlich bin ich gleich zu Pauline geeilt, habe den Rasenmäher aus dem Geräteschuppen geholt, ihn angeworfen und mit dem Mähen begonnen. Ich muss hinzufügen, dass ich Rasenmähen mit einem lauten Mäher nicht mag. In früheren Jahrzehnten war das noch anders, da wurde in unseren Gärten zweimal im Jahr mit der Sense gemäht, und ich war als Kind jedes Mal dabei und hielt den Wetzstein in der Hand. Mähen mit der Sense verläuft langsam und sinnlich, die Sense schwingt sich durchs Gras, wischt die Halme energisch zur Seite und lässt sie als lange Streifen ermüdet liegen.

Mähen mit einem lauten Benzinmäher dagegen verläuft anders. Der Mäher rattert gegen das Gras an, schleudert die klein geschnittenen Halme erregt zur Seite, bläst sie zusätzlich fort und hinterlässt eine kahle Spur. Da das Gras im Garten meiner Freundin hoch war, musste ich mich mit dem Mäher durch die Bestände kämpfen und Schleusen bahnen. Ich bemerkte, dass es um Akte roher Gewalt geht und dass ich, je länger ich mähte, immer dreister und besessener mähte. Der Garten sollte erbleichen und sich blass in seinen gemähten Spuren zeigen. Mich hatte ein Furor gepackt, und ich hörte nicht auf, bis der gesamte Rasen gemäht war.

Das ist also das Geheimnis des Mähens mit Benzinrasenmäher, dachte ich, das Ganze ist eine aggressive Orgie, wahrscheinlich vor allem für Männer, die mal den Wüterich rauslassen wollen.

DAS STADION AM ZOO

Heute spielt der Wuppertaler SV im Endspiel des Niederrhein-Pokals gegen den SV Straelen. Gewinnt die Mannschaft dieses Spiel, hat sie sich für die Hauptrunde des DFB-Pokals qualifiziert, in der attraktive Gegner auf sie warten. Ab 16.15 Uhr verfolge ich das Endspiel, das leider nicht im alten Stadion am Zoo stattfindet, sondern in Duisburg.

Der Zoo lag auf einem Hügel oberhalb des Stadions, in dem der WSV seine Heimspiele austrug. Da wir Jungs uns diesen Besuch nicht leisten konnten, gingen wir in den Zoo. Für den besaßen wir Dauerkarten, und von dort konnten wir die Spiele gut verfolgen.

Wenn das Stadion sich füllte, befiel die Tiere in ihren Käfigen eine starke Unruhe, als trainierten sie. Die Elefanten trampelten auf der Stelle, die Aasgeier schlugen Flanken, und die Affen spielten Doppelpass. Nur die Seehunde mochten keinen Fußball, sondern Formel-1-Rennen, und so rasten sie im Kreis durch ihre viel zu kleinen Becken und ließen das Wasser überschwappen. Wir machten mit und begleiteten den Furor der Tiere mit einem großen Geschrei, das bis in die Stadionreihen hallte.

Um den Aufruhr Einhalt zu gebieten, wurde ein hoher Zaun errichtet, der den Zoo vom Stadion trennte. Prompt drehten die Tiere den Spielen den Rücken zu und stellten jedes Interesse für immer ein. Stattdessen widmeten sie sich den Besuchern und verwickelten sie in seltsame Spiele, denen wir dann exotische Namen gaben: Nashornschweigen, Arahüpfen, Tigerkreisen. Kamen wir erschöpft nach Hause zurück, erkannte man uns nicht wieder, so sehr hatten wir mit den Tieren sympathisiert, während wir die Spiele im Stadion ignorierten.

PUTINS DR. NO-MONOLOGE

Mehr als hundert Tage nach Beginn des Ukraine-Krieges scheint die Vorstellungskraft vieler Freunde allmählich zu erlahmen. Die täglichen TV-Reportagen wühlen sie nicht mehr so auf wie früher, und die hierzulande geführten Debatten über Rüstungslieferungen erscheinen wie politische Ersatz- oder Scheingefechte, deren Rhetorik mit keinerlei real erscheinenden Anschauungen verbunden ist.

Dennoch ist der Krieg noch immer allgegenwärtig und legt sich mit seinen Nachrichten und Bildern wie ein nicht fassbares Zweitleben auf den gegenwärtigen Alltag. Das führt zu viel Innehalten und einem fortwährenden Fragen danach, welche Reaktionen und Antworten für den Einzelnen möglich und angemessen sind.

Einige Freunde rühren sich nicht mehr vom Fleck und verfolgen den Krieg wie gelähmt, als wollten sie erst wieder planen, wenn er vorüber ist. Andere engagieren sich in Hilfskomitees und fühlen sich dann meist konkreter mit den Ereignissen verbunden. Sie unterstützen Flüchtlinge, unterrichten Kinder und Jugendliche oder vermitteln ukrainischen Familien Arbeit und Unterkunft.

Die Potenzen der Vorstellungskraft werden trotz alledem schwächer, weil die möglichen Absichten und Strategien der russischen Seite längst nicht mehr zugänglich oder gar begreifbar erscheinen. Ein Freund erzählte mir, dass die seit Kriegsbeginn gezeigten Bilder Putins, der wie ein einsamer Akteur in seinen menschenleeren Rückzugsräumen nur noch auf Fragen dienstbarer Journalisten antwortet, ihn an James Bond-Filme der frühen Sechzigerjahre erinnern. Dort gab es (wie etwa in der Gestalt des Dr. No) den fanatischen Einsamen auf einer Insel, der über Atomwaffen verfügte und sich dafür rächen wollte, dass man seine Ideen nicht angemessen gewürdigt und anerkannt hatte.

Eine ähnlich absurde und früher für verrückt gehaltene Konstellation erscheint nun wieder, als verwirklichten sich jetzt Fantasien, die man einmal für bloße Wahnvorstellungen und Stoff von Filmdrehbüchern gehalten hatte. Dass sie von russischer Seite aus realisiert werden, ist mit den Mitteln althergebrachter Vernunft nicht zu verstehen. Alle Erklärungen aus dem Zentrum des Aggressors, ausschließlich von ihm selbst vorgetragen, ignorieren vielmehr den Anspruch an ein aufgeklärtes Denken, das sich einmal auf jederzeit möglich erscheinende Verständigungsformen in Konfliktfällen verlassen hat.

Inzwischen aber ist die Verrücktheit schon so weit gediehen, dass es solchen Gesprächen an den notwendigsten Grundlagen fehlt. Wie soll man mit Menschen verhandeln, die nicht nur ein anderes Weltbild, sondern sogar – viel diffuser und gefährlicher – eine ganz andere Vorstellung vom Realen haben? Putins Erzählungen sind Dr.-No-Monologe, die nicht die geringsten Ansatzpunkte für so etwas wie Dialoge hergeben. Die Atmosphären, denen solche Monologe entstammen, wirken nicht zufällig kalt und erstarrt, als wären sie künstlich.

All das hinterlässt den gegenwärtigen Eindruck eines kaum noch auflösbaren Stillstands, der immer mehr wie ein Perpetuum mobile des Krieges erscheint. Zerstörte Städte und Landschaften, Tausende von Toten, Millionen von Flüchtlingen bilden den furchtbaren Realitätsgehalt solcher Eindrücke, die von keinen denkbaren Lösungsideen mehr begleitet werden. Genau das führt zu der latenten Verzweiflung, die viele meiner Freunde gegenwärtig spüren. Die Vorstellungskräfte drohen zu versiegen, und kein Geheimagent ist in Sicht oder denkbar, der den einsamen Aggressor auf seiner Insel noch erreichen könnte.

DAS FOTO SCHAUTE MICH AN

Die in Kiew geborene und heute in Berlin lebende Schriftstellerin Katja Petrowskaja hat sich einige Jahre lang in Fotografien vertieft, die sie in Ausstellungen, Zeitschriften oder Zeitungen eher zufällig entdeckt hat. Darüber hat sie kurze Kolumnen geschrieben, die zunächst in der »Frankfurter Allgemeinen Sonntagszeitung« erschienen und jetzt in dem Band »Das Foto schaut mich an« versammelt sind. Es sind keine bloßen Beschreibungen dessen, was zu sehen ist, sondern Geschichten, die davon erzählen, wie das jeweilige Foto näher und näher rückt. Es tritt aus dem Strom der sonst noch gesehenen, flüchtigen Bilder heraus, der Blick fixiert es lange und stellt eine innere Verbindung her.

Katja Petrowskaja erzählt also davon, wie das Foto zu einem Teil ihres Lebens wird, wie es seine anfängliche Fremdheit verliert und seine Fühler nach dem Seelenleben der Betrachterin ausstreckt. Die Wirkung ihrer Texte auf eine Leserin/einen Leser ist stark: Man sehnt sich danach, im eigenen Rahmen solche Fotos *zu entwickeln*, man erlebt Fotos genauer und hält in seinen Lektüren und Blicken immer wieder inne: Halt?! Schaut dieses Foto mich an?! Aber warum – und was oder wer schaut da?

DER STROMKREIS DES ERZÄHLENS

»Inter arma silent musae« (»Während des Krieges schweigen die Musen«) ist ein bedenkenswerter Satz, den der Berliner Kunsthistoriker Wilhelm von Bode während des Ersten Weltkriegs in Abwandlung des Cicero-Satzes »Inter arma silent leges« prägte. Jetzt, im Verlauf des Ukraine-Krieges, bewahrheitet er sich in mancherlei Hinsicht. Viele Autorinnen und Autoren der Ukraine schreiben nämlich nicht weiter an ihren literarischen Texten, sondern verlegen sich häufig auf journalistische. Während sie in früheren Zeiten noch Erzählungen, Romane, Dramen oder Gedichte schrieben, arbeiten sie jetzt an Blog-Einträgen, Artikeln oder Tagebuch-Notaten.

Den neun Musen sprach man in der Antike eine besondere animierende Wirkung zu. Sie sind Göttinnen, die den jeweiligen Künsten zugeordnet sind und zu ihrem Schutz beitrugen. Sie stimulierten Lyrik, Tanz oder Drama und personifizierten deren öffentliche Präsenz. Der Krieg nimmt ihnen die Kraft und lässt sie verstummen – diese resignierte Einsicht steckt hinter dem Satz Wilhelm von Bodes.

Blogs, Artikel und Tagebücher ukrainischer Autorinnen und Autoren sind derweil eine nicht mehr fortzudenkende wichtige Quelle unserer fernen Blicke auf die Kriegsereignisse. Manche dieser Texte las ich in letzter Zeit meiner bald neunzigjährigen Nachbarin vor, die sich TV-Bilder der getöteten Menschen und der zerstörten Städte nicht mehr anschauen mag. Dabei erfuhr ich viel über die besondere Wirkung dieser Texte, weil sie Erinnerungen und Bilder an die weit zurückliegenden Kriegsereignisse hier in Deutschland wachriefen. Wovon wird erzählt, was wird durch diese Texte deutlicher als durch alle TV-Bilder?

Im »Ukrainischen Tagebuch« der Autorin Oxana Matiy-chuk in der »SZ« zum Beispiel geht es um alle nur denkbaren Facetten des Alltags im Krieg. In ihrem Heimatort Czernowitz treffen Flüchtlinge ein. Wo bringt man sie unter, wo beschafft man die notwendigsten Dinge, angefangen von Küchengeräten über Spielsachen für die Kinder bis zu Tierfutter? Nichts ist mehr selbstverständlich, die Lebenskreise des früheren Alltagslebens sind schwer gestört und fortwährend geht es darum, das Leben neu zu improvisieren, den Lebensmut zu erhalten und manchmal sogar (wenn auch nur für die Kinder) so etwas wie momentane Lebensfreude zu ermöglichen.

Genau diese Erlebnisse sind es, die meiner älteren Nachbarin vertraut erscheinen. Im Alltag des Krieges wirken die Lebensäußerungen stark gedämpft und punktuell. Die Erfahrung von Zeit ist eine der kurzen Augenblicke, in denen sich ungeplante Bewährungen abspielen, die trotz großen Einfallsreichtums keinen dauerhaften Halt versprechen. Die Menschen sind aufeinander angewiesen und rücken enger zusammen denn je. Hilfsbereitschaft und Verständnis sind oberste Tugenden, die keiner verordnen muss, sondern die sich von selbst ergeben.

Deutlicher wird die Wertschätzung auch kleiner Dinge und unscheinbarster Handlungen. Wohnungen, Möbel, Gegenstände erscheinen nicht mehr als privater Besitz, sondern als Angebot, von dem viele Menschen Gebrauch machen. Notgedrungen entwickelt das Leben frische Ketten sozialer Bindungen, über die auch die Geschichten vom Krieg Nahrung erhalten. Nachrichten, Telefonate und Erzählungen lassen den Stromkreis eines Erzählens entstehen, das jede einzelne Mitteilung auf den Prüfstand legt, abklopft und die möglichen Konsequenzen bedenkt.

Die gegenseitige Nähe, die forschende Umsicht und das nicht aufhörende Sprechen der Menschen – sie sind die Voraussetzungen dafür, dass auch nach diesem Krieg die Musen sich wieder rühren werden. Langsam und allmählich wird das Erlebte und Erzählte zu ihrem Stoff werden, und wir werden von dem lesen und das empfinden, was wir durch keine TV-Bilder erfahren haben.

SKIZZEN DER BEMUTTERUNG

Neulich erhielt ich nach einem WhatsApp-Anruf eine Rückmeldung: »Waren Sie mit Ihrem WhatsApp-Anruf zufrieden?« Ich empfand die Frage zunächst als indiskret und ärgerte mich darüber, dass ich meinen Freund Peter angerufen hatte. Er hatte mir von seinem nagelneuen E-Bike erzählt und davon, wo er es erstanden hatte – es war eine lange, komplizierte Geschichte. »Nein«, sagte ich leise, »mit diesem Anruf war ich nicht zufrieden.« Schließlich wollte ich mich über ein ganz anderes Thema unterhalten. Badeseen in der Umgebung – darüber hatte ich sprechen wollen. Peter kennt viele Badeseen. Seit er ein E-Bike benutzt, sind es noch einige mehr geworden, leider sind wir auf dieses Seitenthema aus- und abgewichen.

Dann aber kam mir der Gedanke, dass die Fragestellung von WhatsApp vielleicht nur die technische Seite des Anrufs im Blick hatte. Konnte man darüber lange schreiben und reden? Vielleicht, ich aber kann es als ewiger Digital-Debütant leider nicht. Warum fragte man mich überhaupt? Warum sollte ich einen harmlosen Anruf bewerten oder gar kommentieren?

Ich erinnerte mich, dass mir DHL seit einiger Zeit lange

Mails schickt. Sie kündigen Pakete an und fragen nach, wo sie abgelegt werden sollen. Bitte an einem sicheren und nicht einsehbaren Ort! Ich habe mich zunächst für einen kleinen Schuppen neben dem Haus entschieden, stellte mir dann aber vor, wie schwer es die DHL-Botin haben würde, sich in der chaotischen Dunkelheit des Schuppens zurechtzufinden. Den Vorschlag, die DHL-Sendung vor der Haustür abzulegen, fand ich verlockend. Dann erschien er mir aber trotz seiner poetischen Stimulanz (»Das Paket vor der Haustür« wäre ein Titel für eine Short Story) doch zu leichtsinnig. Ich entschied mich schließlich für die Variante »Bitte klingeln!«, das war im Grunde noch schöner: eine klingelnde Postbotin! Ein Paket, das nicht abgelegt, sondern feierlich überreicht wurde!

Ich träumte von der hochpoetischen Szene, als sich Amazon meldete: »Ihre Bestellung ist auf dem Weg zu Ihnen und nur noch fünf Stationen entfernt!« Wirklich?! Ich studierte die Anfahrt des Amazon-Boten auf dem Stadtplan-Ausschnitt, auf dem die einzelnen Stationen punktgenau markiert waren. »Was heutzutage nicht alles möglich ist«, flüsterte ich und verbat mir streng, diesen Greisensatz ein zweites Mal zu denken.

Dann aber wurde ich unruhig. Wusste der Amazon-Bote, wo er sein Paket abzulegen hatte? Wäre er zum Klingeln zu bewegen? Nein, sagte ich mir, Amazon-Boten klingeln nicht, sondern springen, wie mir mein Freund Peter einmal erklärt hat, aus Zeitgründen notfalls über einen Zaun und hinterlegen die Sendung in einem Baumwipfel. DHL-Botinnen haben noch ein wenig Zeit, Amazon-Boten dagegen gar keine. So ist das anscheinend.

Inzwischen träume ich von weiteren Digital-Manövern intensiver Bemutterung. Wenn ich einen Tisch in einem Restaurant reserviere, könnte man mir mein Kommen über einige WhatsApp-Botschaften geradezu schmackhaft machen: »Mögen Sie Schmucklilien auf Ihrem Esstisch? Wenn nein, machen Sie einen anderen Vorschlag!« Oder: »Wir haben für Sie einen schattigen ovalen Esstisch auf unserer Terrasse reserviert! Wünschen Sie eine Tischdecke im rot-weißen Leinwand-Style oder in dunkelrotem Damast? Luigi, Clarisse und Hendrickje werden Sie bedienen! Entscheiden Sie sich für eine Reihenfolge!« – »Bitte von Süden nach Norden«, würde ich vorerst mal antworten, »entscheidend ist der Geburtsort! Das darauf anspielende Getränk wähle ich in Abstimmung mit der jeweiligen Bedienung!«

ALAN BENNETT ERFINDET DIE QUEEN

In diesen Tagen nach dem Begräbnis der Queen habe ich oft versucht, mich an Sätze oder Texte von ihr zu erinnern, die in Erinnerung geblieben wären. Je länger ich überlegte, umso deutlicher bemerkte ich, dass und warum es solche Texte nicht gab. Die Queen war im wahrsten Sinn eine Ikone gewesen, ein Porträtbild vor monochromem Grund, leuchtend durch ihre dezidiert bunte, auffallende Kleidung, erstarrt in der bekannt wirkenden Gestik von Lächeln, Winken, Grüßen und Smalltalk.

Interviews hat sie keine gegeben, aber auch sonst stößt man nicht auf Texte, in denen sie etwas von ihren Ansichten oder ihren Gefühlen preisgegeben hätte. Ihre Reden schrieben andere, und private Äußerungen sind höchstens als spärliche Zitate in Anekdoten vorhanden, einer Kunst, in deren Ausübung sie von ihrem Mann, Prinz Philip, weit übertroffen wurde.

Mitten im digitalen Zeitalter, in dem die Menschen geradezu danach gieren, sich in den verschiedensten Medien und Formaten zu äußern, ist die individuelle Sprache der Queen eine textuelle Leerstelle geblieben. Stattdessen setzte sie auf die körperliche Präsenz, den Auftritt, und auf theatralisch erscheinende Formen der visuellen Präsentation. Solche Selbstbeschränkung lockte Fotografen und Filmregisseure an, denen keine textuellen Felder oder Hürden im Weg standen. Die Wege zur Queen waren so schlicht geebnet wie die schnurgerade Mall, die sie zuletzt zurücklegte: keine Umwege, das Volk auf Distanz, in geordneten, stillen Reihen an beiden Seiten.

Umso deutlicher erinnere ich mich aber an eine Erzählung des britischen Schriftstellers Alan Bennett. In »Die souveräne Leserin« lässt er die Queen unvorbereitet und zufällig auf einen Bücherbus der Bezirksbibliothek von Westminster treffen, der in einem Gartenstück ihres Palastes im Abseits geparkt hat. Die Queen reagiert freundlich und nichtssagend, so, wie wir sie kennen. Sie unterhält sich mit dem Fahrer und dem Entleiher der Bücher, und sie scheint mit diesem gnadenlosen Smalltalk ganz auf der Spur ihrer sonstigen kurzen Wege zu bleiben. Aus lauter Freundlichkeit entschließt sie sich, ein Buch auszuleihen und es mit nach Hause zu nehmen.

Diese Ausleihe ist die textuelle Infektion, die Bennett als Schriftsteller der Queen zumutet. Denn von nun an kann sie nicht mehr aufhören zu lesen, und wenn der Herzog von Edinburgh nachts mit einer Wärmflasche durch die Gänge schleicht, hört er sie im Schlafzimmer manchmal während ihrer Lektüren lachen: »Alles in Ordnung, altes Mädchen?«

Nein, nichts ist mehr in Ordnung, denn die Queen hat nicht angefangen, dann und wann ein wenig zu lesen. Bennett macht aus ihr vielmehr eine souveräne Leserin, die eigene Vorlieben für Texte und geheime Textleidenschaften mit einem unverwechselbaren Profil entwickelt. Die Früchte dieses Entwicklungsromans kostet Bennett dreist und unverfroren aus, wenn er etwa den französischen Präsidenten während eines Staatsbanketts neben der Queen Platz nehmen lässt. Sie will, ganz »unter uns«, viel und Genaues über den französischen Schriftsteller Jean Genet wissen. Der interessiert mich, sagt die Queen, und der Präsident lässt den Löffel vor lauter hilflosem Erstaunen sinken.

»Jene, die dienen, werden geliebt und in Erinnerung bleiben«, hat der Erzbischof von Canterbury in seiner Predigt während des Trauergottesdienstes gesagt. Das trifft die Präsenz der Queen als einer Frau, die auf alle sich anbietenden Möglichkeiten von aufdringlicher Selbstdarstellung mit äußerster Zurückhaltung reagierte, bis hin zur Sprachlosigkeit. »Jener, der sie zur starken Figur einer starken Erzählung machte, wird ebenso geliebt und in Erinnerung bleiben«, hätte der Erzbischof mit dem Blick auf Alan Bennett hinzufügen können. Womit er die literarische Kehrseite eines Mirakels benannt hätte, die zur Unsterblichkeit der Queen auf ihre Weise mit beitragen wird.

VIERZEHN KAPITEL ÜBER GOTT

I

GOTT ist im Alter von siebzig Jahren für mich keine feste Größe mehr. In den Anfängen meines katholischen Daseins war das anders. Da war GOTT eine Gestalt des Glaubensbekenntnisses und entsprechend zu erleben, als der allmächtige Vater, der Schöpfer des Himmels und der Erde.

2

Als eine solche Gestalt erschien er in der Apsis der Dorfkirche meines westerwäldischen Heimatortes Wissen an der Sieg, gemalt von dem Kölner Dommaler Peter Hecker. GOTT, mit grauem, wallendem Bart, war nicht nur der Herrscher über Himmel und Erde, sondern auch die zentrale, einzigartige Gestalt der katholischen Lehre, auf die alles bezogen war.

3

Ohne diesen GOTT gab es keinen Glauben, und der Glaube bestand darin, über GOTT vieles zu wissen. Er war nicht nur mächtig, sondern auch gütig und hilfsbereit, ein GOTT des Erbarmens und der Liebe, von vornherein und für alle Zeiten: grenzenlos.

4

Als Person war er in dem geschilderten Sinn so lange vorstellbar, wie die kindliche Naivität anhielt. Als ich erwachsen wurde, erstaunte es mich, dass selbst ältere Menschen weiter von dieser Naivität zehrten und so taten, als wüssten sie immer und jederzeit über GOTT Bescheid.

5

In den Gottesdiensten nahm das Bescheidwissen merkwürdige Formen an, GOTT wurde zu einer Figur, die für alles und jedes zuständig und jederzeit nahe war. Die Gläubigen, die von ihm sprachen, schienen sich täglich mit ihm zu unterhalten und auszutauschen, und es war nicht zu überhören, dass sie die Nichtgläubigen für bemitleidenswerte Geschöpfe hielten, die den Draht nach oben verloren hatten und deshalb nicht mehr gehört wurden.

6

Je schwächer diese mir immer peinlicher erscheinende Selbstgewissheit des Glaubens wurde, umso mehr blendete ich den allmächtigen Vater aus und orientierte mich an seinem Sohn, der als Person und historische Figur mitsamt der vielen Zeugnisse von Weggefährten oder Nachahmern greifbarer war.

7

Im Blick auf die Jesusgestalt entdeckte ich den GOTT, an den Jesus sich hielt. Auch er war ein Vater, aber anscheinend keiner, an dem man sich jederzeit orientieren konnte und dessen Beschlüsse man immer schon kannte. Jesus sprach mit seinem GOTT, er ließ ihn als Person und Gestalt für sein eigenes Sohnesleben entstehen, Schritt für Schritt und mit einigem Zögern und Nachdenken.

8

In dieser Form war Christi Leben das Leben einer GOTT-Inspiration, die mal stärker, mal schwächer war. In dem beeindruckendsten Moment seines Lebens, dem seines Sterbens, ging sie sogar bis zu der Frage, ob GOTT einen Menschen, der von ihm inspiriert ist, auch verlassen könne.

9

Im Gefolge dieser GOTT-Auslegung, die Jesus gelebt und vorgeführt hatte, interessierten mich viele Lebensgeschichten der Märtyrer und Heiligen. Welche Vorstellungen hatten sie von GOTT, wie prägten diese Fantasien und Ideen ihre Existenzen und machten sie zu Erzählungen von weiterführenden Fragen und Antworten?

10

In Momenten großer Not oder Verzweiflung erschien mir GOTT wider besseres Wissen als eine Zuflucht. Ich betete und glaubte, dass er mir nahe sein müsse, weil er solche Not und Verzweiflung nicht unbehandelt lassen könne.

11

Starken Zuspruch erhielt ich durch verschiedene Kompositionen großer Musik. Manche löschten mein Grübeln auf eine Weise aus, dass ich GOTT näher denn je war. Beim Hören von Bachs Passionen, von Mozarts Konzerten oder Beethovens Sonaten war das oft so.

12

Wenn ich Schumanns Klaviermusik hörte, dachte ich manchmal, sie sei in einer Familienzelle entstanden, die mit meiner eigenen verwandt und bei deren Zusammenkommen GOTT ganz selbstverständlich mit anwesend war, als eine universelle Begleitung, die aus Menschen zuhörende Kinder machte.

Dann hörte auch GOTT zu, selbst zum Kind geworden, aber nicht zu dem in der Krippe, sondern zu dem im Tempel, das zuhörte, fragte und antwortete.

13

Es gab Tage, an denen ich ein bestimmtes Kloster während eines langen Spaziergangs umrundete und über vieles nachdachte, was in den Wochen zuvor geschehen war. Nach einem solchen Gang hörte ich in der Abteikirche den gregorianischen Gesang der Mönche. Sie waren ganz unter sich, sie brauchten mich nicht und taten mir durch keinerlei Predigen irgendeinen Zwang an. In ihrem Gesang war ich bei ihnen und sie bei mir. Manchmal gelang es mir in solchen Stunden sogar, ohne GOTT auszukommen. Ganz unerwartet, aber wahrhaftig.

14

Das vielleicht Schönste, was ich über GOTT sagen kann, ist, dass ich einige Menschen kenne und liebe, die er inspiriert haben muss. Sie haben keinerlei Böses, und sie begegnen anderen Menschen mit einer Liebenswürdigkeit, die überwältigend ist. Ein solcher Mensch bin ich nicht, aber, wie gesagt, ich kenne und liebe einige solcher Menschen. Es gibt sie – und das zu sagen, ist mehr als das, was ich über GOTT sagen kann.

ICH BIN EIN FAN UND SCHAU
NICHT HIN

In den späten Fünfzigerjahren habe ich eine Zeit lang in Wuppertal gelebt. In der Nähe unserer Wohnung gab es auf einer bewaldeten Anhöhe den sogenannten »Freudenberg«. Er bestand aus zwei Fußballplätzen, auf denen unter der Woche auch die Spieler des Wuppertaler SV trainierten. Fast jeden Tag lief ich mit meinen Freunden dorthin zum Fußballspielen. Schließlich wurde ich Mitglied einer Jugendmannschaft des WSV und spielte Woche für Woche gegen einen anderen Gegner.

Aus diesen Kinderjahren datiert meine Fußballbegeisterung. Noch heute gehört sie fast ausschließlich dem Wuppertaler SV. Wenn sie mich wieder mal packt, fahre ich mit dem Zug nach Wuppertal und steige in die Schwebebahn zum Stadion am Zoo, um mir ein Spiel anzuschauen. Ich bin also ein Fan, kein Fußballfan schlechthin, sondern der treue, jahrzehntelange Fan eines Vereins, der heute in der 4. Liga spielt und früher einmal viel bessere Tage erlebt hat.

Die Spiele des WSV verfolge ich aus der Nähe und Ferne gespannt, mit starker Anteilnahme. Andere Fußballspiele interessieren mich kaum, ich mag keine Spiele sehen, in denen überbezahlte Spieler ihren Marktwert steigern. So geht es auch vielen meiner Kölner Freunde. Sie gehen zu Spielen von Viktoria oder Fortuna Köln, da fiebern sie mit. Fußball kann sehr langweilig sein, wenn der innere Fan-Motor nicht aktiv und man zum bloßen Schauen und Gucken verurteilt ist. Dann ziehen sich die neunzig Minuten wie sonst nur beim *Tatort*.

Im Fan-Dasein dagegen wird der eigene Lebensraum aktiviert und zum Schicksal. Einmal Fan, immer Fan, bezogen auf einen Raum, als dessen Vertreter und Teilhaber man sich durch Schal oder Trikot ausweist und bekennt. Das Fan-Leben ist eine endlose Fortsetzungsgeschichte. Während der Woche bereitet man sich auf das Spiel am Wochenende vor, diskutiert die Aufstellung, checkt den Wetterbericht und tippt das Ergebnis, auf der Grundlage aller verfügbaren Meldungen, die man Tag für Tag gesammelt hat.

So lässt die Verbindung zum auserwählten Verein niemals nach. Kein Tabellenstand vermag die dauerhaft brodelnde Liebe zu erschüttern. Sie artikuliert sich durch Lieder, Gesänge, Anekdoten und Geschichten, die das Leben der Trainer und Spieler umkreisen und den Fan zu einem Eingeweihten machen, der noch in den Katakomben und Umkleidekabinen trotz scheinbarer Ferne immer dabei ist.

Wie meine Freunde werde auch ich die Spiele der WM in Katar nicht anschauen. Die FIFA weiß vom Leben der Fans nämlich nichts. Ihr ist sogar das Leben all der Tausenden egal, die während der Arbeit an den monströsen Stadien gestorben sind. Auch aus Gründen des Menschenrechts ist die Vergabe der WM nach Katar nichts als ein Skandal und sollte all die beschämen, die daran beteiligt waren.

Wie man die Spiele dort lächelnd kommentieren mag, kann ich mir nicht vorstellen. Welchen Fan soll interessieren, ob Götze oder Musiala spielt, wer möchte darüber angesichts des abstoßenden Wissens um die Hintergründe überhaupt noch mit Begeisterung reden? Selbst die klassischen Fandebatten um das Für und Wider von Aufstellung und Taktik wirken abgeschmackt und verfehlt.

Während der WM werde ich nach Wuppertal fahren, ins Stadion am Zoo, um dort meine Vereinsfahne zu schwenken. Im leeren Stadion hört man gleich von nebenan das Trompeten der Elefanten. Wenigstens die wissen noch lautstark zu protestieren.

DIE ORDNUNGEN DER EWIGKEIT

Eine Zeit lang habe ich in meinen Jugendjahren das tägliche Klavierüben immer mit einigen Präludien und Fugen aus Bachs »Wohltemperiertem Klavier« begonnen. Bis heute kenne ich keinen Klavierzyklus, der mehr zu einer hingebungsvollen, alle störenden Bilder vertreibenden Konzentration bewegt.

Diese Musik kreist derart in ihren eigenen Bezügen, dass sie alle anderen Assoziationen vertreibt. Sie singt und fließt nicht, sie kokettiert nicht und schaut nirgends mit Seitenblicken ins Abseits, sie spricht, genau und ausformuliert, charakterstark.

Vor dem sonstigen Üben war dieses Bach-Spielen ein Einspielen: Mit den ersten Tönen betrat ich die Ordnungen der Musik, die mir so erschienen, als wären sie für die Ewigkeit konzipiert, unveränderbar und zeitlos gültig.

Letztlich folgte ich einer Empfehlung Robert Schumanns, der seine Klavierschüler angehalten hatte, das »Wohltemperierte Klavier« täglich zu üben: »Das ›Wohltemperierte Klavier‹ sei dein täglich Brot. Dann wirst du gewiß ein guter Musiker.«

Die achtundvierzig Präludien und Fugen erlebte ich damals nie in Konzerten, auch nicht in Auszügen. Sie erschienen wie eine eigene, ferne Welt, die Auftritte in Konzertsälen banalisiert hätten. Man spielte sie nicht vor Publikum, sondern für sich selbst, zu Hause als Entrée und erste Verbeugung vor der Musik schlechthin.

Deshalb war ich überrascht, als mein Klavierlehrer Erich Forneberg (ein Bachenthusiast durch und durch) mich einmal fragte, welche Stücke des Zyklus ich besonders mochte. Konnte ich darauf antworten? Gehörten sie nicht derart zusammen, dass es falsch gewesen wäre, einzelne besonders zu erwähnen oder hervorzuheben? Andererseits: Spielte ich nicht jeden Morgen nur eine bestimmte Auswahl, je nach Stimmung und Temperament?

Ich begann immer mit Präludium und Fuge in C-Dur, dann sprang ich im Zyklus hin und her. »Ich spiele jeden Tag andere«, antwortete ich meinem Lehrer, »ich mag sie alle.« Mein Lehrer schaute mich an, und ich ahnte, dass er diese Antwort langweilig fand. »Na denn«, sagte er und lächelte. Johann Sebastian Bach hat den Zyklus 1722 beendet, vor dreihundert Jahren. Eine kleine zeitliche Ewigkeit hat er also bereits hinter sich, die große aber steckt für immer in ihm selbst.

VOR ALLER AUGEN

Die Schweizer Schriftstellerin Martina Clavadetscher schaut sich in ihrem Buch »Vor aller Augen« neunzehn Porträts von Frauen an, die von bekannten Künstlerinnen oder Künstlern gemalt wurden. In einem zweiten Schritt hat sie versucht, die Lebensgeschichten der Porträtierten zu erkunden. Wie hießen und wo lebten sie, wie kam es dazu, dass sie porträtiert wurden? Solche Fragen führten zu ausführlichen Recherchen, zur Lektüre von reichlich Textmaterial, das sich im Hinter- oder Untergrund der Bilder angesammelt hatte.

Dieser genau recherchierte faktische Stoff war die Grundlage für das eigentliche Erzählen: die Verwandlung des Faktischen ins Biografische, hier und da frei Erfundene! Martina Clavadetschers Erzählungen machen die Porträtierten lebendig, sie führen aus der oft anonym gebliebenen Abbildung zu jenen Lebensprozessen, die auf den Bildern in vielsagenden Momentaufnahmen fixiert wurden.

Das Lesen der Bilder verwandelt sich in die Geschichten ihrer Entstehung – und die Porträtierten fangen *endlich* (möchte man sagen) an zu sprechen und sich vom Dunkel der Geheimhaltung ihrer Herkunft und ihres Daseins zu befreien.

KOSTBARE SOCKEL FÜR SELTENE DINGE

Mein Patenkind Lisa (12 Jahre) ist seit einiger Zeit häufiger zu Gast. Wenn sie morgens ins Haus kommt, geht sie oft zu den Bücherwänden, um nach Büchern zu suchen, die ihr gefallen. Sie möchte zunächst weniger lesen als schauen, deshalb greift sie nach Kunstbüchern oder reich bebilderten Bänden, die sie auf dem Boden stapelt. Fünf bis zehn werden es jedes Mal, sie liegen nach der ersten Auswahl kreuz und quer aufeinander und werden danach genauer geprüft. Lisa sucht nach etwas Kuriosem, das ihr so noch nicht begegnet ist, dafür hat sie ein scharfes Auge.

Ich lasse sie in Ruhe und komme erst näher, wenn sie sich für ein bestimmtes Buch entschieden hat. Dann beugt sie den Kopf tief über die Seiten und schaut auf die Abbildungen, als müsste sie die bunten Bilder erst eingehend befragen: Was zeigt ihr mir da? Was ist das genau? Wie wurde das gemacht?

Ein Lieblingsbuch, das sie auf diese Weise befragt, ist von der Künstlerin Ruth Weber, es heißt, rätselhaft genug »Kostbare Sockel für seltene Dinge«. Zu sehen sind kleine Plastiken oder Skulpturen, mindestens 1,5 Zentimeter und höchstens 30 Zentimeter hoch. Ihre bunten und strahlenden fotografischen Abbildungen lassen sie jedoch viel größer erscheinen. Die meisten wirken wie sakrale Preziosen, ähnlich jenen Monstranz-Gestalten, die in der katholischen Andacht an seltenen Tagen des Kirchenjahres auf einem Altar stehen.

Jede Plastik hat einen Sockel, der ein »seltenes Ding« trägt, stützt, bewahrt oder zeigt. Auf den Textseiten gegenüber den Fotografien sind die beiden Elemente und die Fundorte genau bezeichnet: Eine Keramikscherbe mit zwei Buchstaben (OH) ist auf Koprolith, verkieseltem Dinosaurierkot aus Utah (USA), postiert. Oder: Eine Porzellanscherbe, unter der Rheinkniebrücke Düsseldorf gefunden, umwandert eine Achatgeode aus Namibia.

Über diesen sachlichen Angaben erscheinen hier und da kurze Texte von Nora Gomringer und Steffen Popp, die nichts erklären, sondern mitsummen, mitsingen, mitseufzen, mitsprechen. Sämtliche Elemente, die zu den Objekten dieser Wunderkammer komponiert wurden, stammen aus den Sammlungen der Künstlerin. Sie zitieren Weite und Ferne, die Nähe und das All: als wären es *Weltstücke*, die an die ursprüngliche Schönheit des blauen Globus erinnern.

»Kostbare Sockel für seltene Dinge« ist ein festliches Buch aus kleinen Objekten, nicht im pompösen, sondern im poetischen Sinn. Lisa trägt dieses Buch durch das Haus und nimmt es mit hinaus auf den Gartentisch. Sie hat begonnen, nach Steinen und Brocken zu suchen, die sie wäscht und auf dem Tisch auslegt. Wenn Schnee fällt, tauchen die weißen Flockenhügel alle Fundstücke in ein kristallines Strahlen, als hätte der Himmel sie mit auf die Erde geschickt.

SICH SEHEN

Luzia Braun und Ursula März hatten eine gute Buchidee: Sie trafen sich mit neunzehn ausgewählten, mehr oder minder bekannten Personen des öffentlichen Lebens, ließen sie in einen Spiegel blicken und fragten (niemals aufdringlich, sondern entspannt und neugierig) nach, welche Eindrücke das Gegenüber mit seinem Gesicht verbindet.

Die Fragen zielen nicht nur auf das Erlebnis eines Bildes und die Figuren des Selbst, die sich dahinter verbergen, sondern auch auf die Geschichten des Umgangs mit Fotografien oder Bildern: Betrachtet man sich gern? Setzt man sich Spiegelbildern immer wieder aus, oder ist man vor dem eigenen Gesicht/Aussehen auf der Flucht?

Der Fotograf Fabian Schellhorn hat die Angesprochenen porträtiert, die Schwarz-Weiß-Fotografien sind jeweils im Anschluss an das Gespräch zu sehen. Vom Blick in den Spiegel geht der Blick also auf eine Fotografie – und schon entsteht die Wahrnehmung eines Doubles: Wer ist das? Bin ich das? Was sagen die Bilder über mich? Was verschweigen sie?

Die im Band »Sich sehen. Gespräche über das Gesicht« versammelten Gespräche sind keine trockenen Analysen, sondern unterhaltsame Konversationen, was daran liegt, dass Luzia Braun und Ursula März sich nicht nur als Fragestellerinnen verstehen, sondern ihre eigenen Beobachtungen (auch die ihrer eigenen Person) mit einbringen. Das führt zu einem erfrischenden, unkomplizierten Austausch der Meinungen und Perspektiven.

Das Gespräch mit dem Philosophen Peter Sloterdijk eröffnet den Band, der Boxer Axel Schulz, die Neurowissenschaftlerin Meike Ramon, der Modedesigner Wolfgang Joop, aber auch die Schülerin Elsa und die Psychologin Clemendina Ngina Hügle folgen – die Auswahl ist gut überlegt, sodass es ein Vergnügen ist, in diesem Band zu lesen und sich selbst auf die Spur zu kommen: Wie hätte ich wohl geantwortet? Was hätte ich von mir erzählt? Wen erkenne ich auf Fotografien, die von mir gemacht wurden?

VERDAMMT LANG HER

Immer wenn ich unterwegs einen Menschen sehe, der nach wie vor eine Maske trägt, geht durch mich ein kleiner Ruck des Erinnerns. Vor drei Jahren haben die Extremzeiten der Pandemie begonnen, in meinen Augen war das der eigentliche Beginn einer *Zeitenwende.* Sie bestand in einem sich unerträglich lang hinziehenden Stillstand, aus dem zunächst keine Wege herauszuführen schienen.

Die leeren Straßen und Plätze, die geschlossenen Läden und Geschäfte, die Debatten um den Impfstoff, die überlasteten Krankenhäuser – all diese völlig ungewohnten, nie erwarteten und daher jede Wahrnehmung überfordernden Bilder und Stimmen erinnerten an längst überholte Vorstellungen vom Fegefeuer. Dort sollen sich, uralten Drohungen zufolge, jene Seelen in einem Übergangszustand zwischen Himmel und Hölle befinden, die keinen Einfluss auf ihre Zukunft haben und denen sogar verwehrt ist, genauer von der möglichen Befreiung zu wissen.

Ahnungslos und verzweifelt, so erschienen mir die meisten Menschen in meiner Umgebung, und viele stürzte dieser Schock in tiefe Depressionen. Sie gerieten aus dem Tritt, scheiterten an den einfachsten Aufgaben des Alltags, verloren

Freunde, Partner und alte Gewohnheiten und landeten oft sogar in einem Abseits der Hilflosigkeit.

Wie rasch und rasant diese Erfahrungen und Schicksale gegenwärtig verdrängt werden, ist erstaunlich. Dabei übersehe ich nicht, dass der Ukraine-Krieg und die Klimakrise die Katastrophenszenarien der Pandemie abgelöst haben. Ihnen gehört gegenwärtig die fast ausschließliche Aufmerksamkeit der Medien ganz ähnlich wie in den Zeiten, als jede Nachrichtensendung mit der Bekanntgabe der Infektionszahlen und den Debatten um das Für und Wider von Masken, Tests und Impfstoffen eröffnet wurde.

Was gegenwärtig fehlt, sind Formate des Rückblicks und des genauen Erinnerns, die in der Zukunft helfen könnten, souveräner auf ähnlich katastrophale Prozesse zu reagieren. Momentan werden sie kaum noch wahrgenommen, als wären sie »verdammt lang her« oder als hätte es sie nie gegeben. Dabei lohnte die Anstrengung, während der Pandemie getroffene Entscheidungen genauer zu durchdenken und zu überprüfen. Die beratenden oder auch kritischen Stimmen der Virologen sind jedoch nicht mehr zu hören, und der Abschied des leitenden Direktors des Robert-Koch-Instituts erscheint wie ein Zeichen.

Jetzt scheint es nur noch darum zu gehen, so schnell wie möglich abzutauchen. Dabei sind die psychischen Folgen der Pandemie noch unabsehbar und haben nicht nur bei Kindern und Jugendlichen zu schwerwiegenden Schäden geführt, deren Folgen sich erst in einigen Jahren deutlicher zeigen werden. Vergessen und verdrängen – das könnte zu einer teilnahmslos hingenommenen Apathie einer Gesellschaft führen, die sich einmal nach nichts mehr gesehnt hat als nach der alten Normalität.

Im Hintergrund zeichnen sich die Schrecken der Pandemie jedoch noch immer ab. Sie führen zu leeren Rängen bei Veranstaltungen, geringeren Öffnungszeiten von Lokalen oder hinausgezögerten Insolvenzen. Ohne dass darüber viel gesprochen wird, ist die Gesellschaft so in Bewegung wie seit Jahrzehnten nicht mehr. Die Arbeit wird weiterhin ins Homeoffice verlagert oder neu definiert, und die Firmen müssen völlig neue Wege der Lieferungen gewaltiger Warenströme erkunden.

Was »global«, »territorial« oder »regional« da noch bedeutet, wird erst genauer erkennbar sein, wenn die sich abzeichnenden Neuordnungen der Weltsphären Gestalt angenommen haben. Die Zeitenwende von Pandemie und Nachpandemie hat die Welt durchgeschüttelt und auf den Kopf gestellt. Wohl denen, die einen Garten gerettet oder gefunden haben, um mit Voltaire daran zu denken, zumindest dieses Stück Leben zu kultivieren und sich darüber zu freuen. Der große Jean Paul hat solche Idyllen einmal wohlwollend, aber auch kritisch beschrieben als »Vollglück in der Beschränkung«.

EINE ZERSTÖRUNG

In die katholische Pfarrkirche »Kreuzerhöhung« meines westerwäldischen Heimatortes Wissen/Sieg, die zum Kölner Erzbistum gehört, ist eingebrochen worden. Der Täter hat die Kirchenbänke zusammengerückt und in Brand gesetzt. Große Teile der Inneneinrichtung sind zerstört worden, der alte Hochaltar aus dem 17. Jahrhundert ist in Flammen aufgegangen, die einzigartigen Deckenfresken des Kölner Dommalers Peter Hecker wurden durch die Brände derart zerstört, dass sie wahrscheinlich nicht mehr restauriert werden können.

Am Abend der Tat kamen die Menschen auf dem Kirchplatz zu einer Schweigeandacht zusammen. Bei solchen Gelegenheiten wird vielen erst bewusst, wie stark die Identität der kleinen, kaum zehntausend Einwohner zählenden Stadt durch die über tausendjährige Kirche, ihre Bilder, Figuren und Altäre geprägt wurde. Die Trauer reagierte nicht nur auf den Verlust unwiederbringlicher kultureller Werte, sondern stärker noch darauf, dass den Menschen ein bedeutsamer Teil ihres Lebens und ihrer Vergangenheit genommen worden war.

Viele erinnerten sich an die starken Momente und Emotionen, die sie mit dieser Kirche verbinden. Große öffentliche und private Feiern hatten sie dort erlebt, die Kirche war nicht nur ein religiöser Gottesraum, sondern auch ein intimer Raum des eigenen Sprechens und der eigenen Erfahrungen gewesen. Jetzt ist dieser Raum nicht mehr zugänglich, die Restaurierungsarbeiten werden noch lange dauern.

Die immer wiederkehrenden, ratlos machenden Fragen kreisten um die zentrale: Wer macht so etwas? Was treibt Menschen an, sich derart an geheiligten Orten zu vergehen? Darauf findet man keine Antwort, denn die Taten fallen aus allen Bezügen, die man mit rationaler Vernunft noch begreifen könnte.

So sprachen viele Trauernde auch davon, dass man es anscheinend mit Aktionen zu tun habe, die auf schwere psychische Störungen verwiesen. Störungen dieser Art konnten in letzter Zeit immer wieder beobachtet werden, sie führten zu Attentaten und schweren Vergehen, deren Motivationen oft bis heute nicht zu klären waren. Nach der Pandemie und dem

Beginn eines furchtbaren, ebenfalls mit Vernunft nicht zu verstehenden Krieges gehen durch die Gesellschaft offensichtlich Irritationen, die zu völlig abwegigen, plötzlichen und vernichtenden Taten führen können.

Sie machen vielen Angst, weil sie das Urvertrauen in Menschen, Umgebungen und ruhige Zeitverläufe zerstören. Stattdessen empfindet man eine nicht nachlassende latente Bedrohung, die zu verstärkten Rückzügen ins Privatleben führen kann. Wenn diese Rückzüge keine krankhaft übertriebenen Züge annehmen sollen, müssen jene Kräfte aktiviert werden, die von starken Gemeinschaftserlebnissen ausgehen. Gerade deshalb war es so wichtig, dass die Einwohner der kleinen Stadt am Abend nach der Tat zusammenstanden, um sich zu beweisen, dass die Angst schwächer wird, wenn der Nachbar genauso hilflos und ohnmächtig von ihr spricht wie man selbst.

Es gibt eine Trauer, die von innerer Leere und Entsetzen bestimmt ist. Es gibt aber auch andere Formen von Trauer, solche, die sich zu den guten Stunden von früher bekennt und jene Empfindungen abruft, die man mit diesen Erlebnissen verbindet. Selbst die schlimmsten Taten können solche Momente der inneren Besinnung nicht abwürgen, sondern fordern sie gerade heraus.

Deshalb denke ich jetzt an den Tag, an dem wir in der Kirche »Kreuzerhöhung« eine Auferstehung zweiter Art feiern werden, die der Menschen, denen man ihre Vergangenheit nach dem Ende der Restaurierung zurückgegeben haben wird.

ÜBER STUNDEN

ich bin ja nicht auf facebook oder instagram oder twitter weil ich denke ich verpasse rein gar nichts wenn ich nicht dort bin im gegenteil ich verliere nicht meine zeit aber jetzt schenkte mir jemand »Über Stunden« von Elisa Aseva das voll ist mit posts die elisa aseva angeblich nachts nach getaner arbeit schreibt und da muss ich schon sagen das gefällt mir wie sie da alle paar nächte einen kurzen einfall oder auch gleich mehrere einfälle aufblühen lässt mal ein paar zeilen mal prosa oder etwas haarscharf durchdachtes »Erschöpfungsabschürfungen einer ungelernten Arbeiterin« nennt sie das selbst und sagt weiter dass sie nachts zu müde sei um sich gedanken um die form zu machen lieber lasse sie die wörter aus sich herausfließen das hat mich beeindruckt denn ich halte das für eine ertragreiche idee einfach mal zu sagen bin gerade zu müde um mir gedanken um die form zu machen ich lasse mal fließen das hätte ich doch auch mal tun können anstatt nur an meinen aufzeichnungen largo und adagio zu feilen in erinnerung daran dass ich ein starker befürworter des notierens von kurzen einfällen wegen mir auch nachts bin vielleicht sind sie nachts schärfer zackiger nicht so morgendlich abgehoben geht mir grad durch den kopf und ich spüre wie selbst die kleinschreibung ohne zeichen und andres gepuzzle dem fliessen entgegenkommt und gleich auch sichtbare spuren hinterlässt das sollte ich vielleicht häufiger probieren und den wörtern eins hintendrauf geben oder bin ich da grade auf einer ganz falschen spur und das ist nichts für mich sondern alles zu voreilig lektürenah hingeflirtet

EPIKUR UND VERMEER

In diesen Zeiten nach dem scheinbaren Ende der Pandemie berichten mir viele Freunde, dass sie eine andere Einstellung zu ihrer Arbeit haben als noch vor Jahren. Dabei geht es nicht um die modisch erscheinenden Trends eines »Quiet Quitting« und damit einer Arbeit, die keine Verausgabung, sondern eine Art Dienst nach Vorschrift verlangt. Die Ansprüche sind vielmehr höher, indem die Arbeit mit dem verglichen wird, was man die Eigenzeit nennen könnte.

Die Reklamierung dieser Eigenzeit schaut genauer darauf, wie viel tägliche Zeit der Gestaltung des eigenen Befindens und jener Visionen dient, die ich in meiner Lebenszeit verwirklichen will. Da sie begrenzt ist, muss ich mit ihren Zeiträumen verantwortungsvoll umgehen und planen. Und das nicht, um sie im alten Sinn gewinnbringend, sondern um sie wertvoll einzusetzen. Zu den damit zusammenhängenden Wertmaßstäben gehört auch, wie und von wem meine Arbeit anerkannt und mitgestaltet wird.

Der Blick auf die aktiv und sichtbar gewordene Eigenzeit ist zum großen Teil in den privaten Räumen des Homeoffice entstanden. Die dort geleistete Arbeit war immer auch begleitet von der Konkurrenz der Menschen, Atmosphären und Dinge, die einen starken Raum der Nähe und der intensiven Beziehungen mit sich brachten. Ihnen gegenüber wirkte bloß geleistete und pflichtschuldig absolvierte Arbeit schal und freudlos. Sie diente den fremd wirkenden Interessen von Ansprüchen, die nur noch von außen kamen und daher unfähig erschienen, eigene Innenwelten mitzumobilisieren.

Inzwischen kommt es mir so vor, als zeichnete sich durch diese Entwicklungen die Herausbildung eines Typus ab, der gegenüber den Machtinteressen der Arbeitsfunktionäre eine gewisse Bescheidenheit ins Spiel bringt. Sie macht sich für die Vitalität des eigenen Erlebens in Verbindung mit wohltuenden Kreisen und Umgebungen stark. Das hat mich an die Lehren des spätantiken Philosophen Epikur erinnert, dessen Philosophie der Bescheidung immer auch eine von Freude und Geselligkeit war: »Ein Gärtchen, Feigen, kleine Käse und dazu drei oder vier gute Freunde«, so hat Friedrich Nietzsche Epikurs Lebensszenen skizziert.

Dazu passt die große Begeisterung, mit der die Ausstellung der Bilder des niederländischen Malers Jan Vermeer gegenwärtig in Amsterdam gefeiert wird. Wenige Wochen nach der Eröffnung ist sie auf Monate hinaus ausverkauft, Hunderttausende haben sich bereits angemeldet, um sich in die stillen Räume Vermeers zu vertiefen. Was fällt an ihnen auf? Jan Vermeer malt keine mythologischen, biblischen oder historischen Szenen, sondern den Alltag weniger Menschen, die sich besonders nahe sind. Sie benötigen, um sich an ihrem puren Dasein zu erfreuen, keinen Überbau, sondern sich selbst, ihr Tätigsein und das Glück, das ihr nahes Füreinander bedeutet.

Vermeers junge Frauen schauen einen an, lesen Briefe, machen Musik oder gießen mit aller Vorsicht Milch aus einem Krug in eine Schale. Ihre Auftritte sind Einladungen, sich genau auf solche Daseinsmomente zu konzentrieren und sie nicht gering zu schätzen. In ihrer Schönheit zeigt sich ein Ethos des Bewahrens und Erhaltens, das sich gegenüber allen hastigen, freudlos absolvierten Tätigkeiten bildstark behauptet.

Manchmal habe ich in diesen Zeiten den Verdacht, als seien einige meiner Freunde dabei, Epikureer zu werden. Sie ignorieren die Großmannsgesten von früher und orientieren sich an Maßstäben der Freude, wie sie der von Epikur inspirierte Vermeer ins Bild gesetzt hat. In hoffnungsarmen Momenten denke ich daran und freue mich auf unsere nächsten Begegnungen.

BIST DU EIN ROBOT?

Seit ich wie viele meiner Freunde über das momentane Modethema »Künstliche Intelligenz« nachdenke, fragt mich mein Laptop alle paar Minuten, ob ich ein Robot bin. Anfangs fand ich es komisch, inzwischen gerate ich jedoch immer mehr ins Grübeln darüber, wie die Frage gemeint ist und wer sie mir laufend stellt. Ist die viel beredete KI etwa schon so weit, dass sie allen Gedankengängen hinterherspioniert, die sich mit ihr beschäftigen? Lauert sie meinen geheimsten Überlegungen auf oder plant eine Attacke auf meine minimale menschliche Intelligenz?

Meine Nachforschungen haben ergeben, dass der Grund für diese Aufdringlichkeit in Ansichten zu suchen sein könnte, die ich vor Kurzem in einem Gespräch geäußert habe. Dort hatte ich gesagt, dass viele Autorinnen und Autoren schon seit Langem »fremde Intelligenz« in ihr Denken einbeziehen und sie an Texten mitschreiben lassen. Solche assistierenden Programme haben immer mehr Macht erhalten und recherchieren nach eigenem Gutdünken fremde Themen und Stoffe, die sie mit möglichen Erzählformen kombinieren. Manche größere Verlage verwenden ihrerseits Programme, die eingesandte Manuskripte und Texte auf ihre kommerziellen Erfolgsaussichten prüfen und sogar Vorschläge machen, durch welche Änderungen sie massiv erhöht werden können.

Von diesen »fremden Intelligenzen« sind wir also längst umgeben, sie kommen vor allem da zum Einsatz, wo es um gängiges Lesefutter geht, das nicht neu oder originell, sondern vor allem leicht konsumierbar sein muss. Literatur mit dem Anspruch besonderer Kreativität geht dagegen auf die personalen und psychischen Welten einer Autorin oder eines Autors zurück, die sie in unverwechselbare Stillagen überträgt. Solche Literatur ist in einem nicht erfassbaren Maß musikalisch, sie lebt von unterschiedlichen Tempi, Rhythmen und Brüchen und entwickelt im Lesefluss jenen Zauber, der uns nach der Lektüre erst langsam aus einer hochgestimmten Welt auftauchen lässt. Einen solchen Zauber vermag keine KI zu kreieren, sie wird sich vielmehr darauf beschränken müssen, einige ihrer offensichtlichen Reize und Eigenarten zu kopieren.

Ich vermute, dass eine frei herumspionierende KI mir diese Unterscheidungen nicht verziehen hat. Penetrant fragt sie weiter »Are you a robot?« und verlangt von mir, dass ich eine stark verzerrte Zahlenfolge in ein freies Textfeld eintrage. Der Test versetzt mich regelmäßig in eine gewisse Panik, weil mir schon mehrfach Fehler passiert sind. Ich konnte die Zahlenfolge nicht einwandfrei lesen und gab vermutete Ziffern ein, worauf mir Bildtafeln gezeigt wurden, auf denen ich möglichst viele Palmen erkennen sollte. Solche gesteigerten Anforderungen führten zu noch mehr Fehlern, da auch Birken durchaus eine palmenartige Anwandlung entfalten können. Was ist wirklich Palme und was tut nur so, musste ich mich fragen und geriet in tiefer gehende Existenzzweifel.

Irgendwann wurde es mir zu viel, und ich hoffte das Spiel dadurch zu verkürzen, dass ich auf die übliche Frage einfach »Yes, I am a robot« antwortete. Meine KI zögerte keinen Moment und schickte eine weitere Frage hinterher: »Bist du Isaac Asimov?« Dunkel erinnerte ich mich, dass dieser Science-Fiction-Autor schon vor Jahrzehnten einen weitsichtigen Roman mit dem Titel »Ich, der Robot« geschrieben hatte. Darüber hinaus hatte er sogar einige Robotergesetze formuliert, die Verhaltensformen von Robotern fixieren. Eines hielt fest, dass Roboter menschlichen Befehlen folgen sollten. Ich schrieb, ohne noch länger nachzudenken: »Ja, ich nenne mich Asimov und habe mich selbst erfunden!« Von meiner KI habe ich danach nichts mehr gehört.

IM VISIER DER MARDERHUNDE

Am ersten Frühlingswochenende bei achtzehn Grad zum Einkauf in der Stadt. Seltsames Empfinden: als wäre ich aus einem langjährigen Dunkel und einer anhaltenden Trance aufgewacht. Ist das heute mein privates Ende der Pandemie? Ich streune umher und sehe mich um, alles erscheint verändert, jeder Winkel, jeder Bodenbelag, und beim Einkauf muss ich kurz überlegen, was ich eigentlich brauche und will. Kuriose Absenz.

Ich werde häufig gegrüßt, auch die Gesellschaft in meiner Umgebung scheint mich anders und neu wahrzunehmen. Bin ich überhaupt noch der Alte? Einer jungen Frau lasse ich an einem Käsestand den Vortritt: »Bitte sehr, nach Ihnen!« Sie aber schüttelt den Kopf: »Nein danke, Alter vor Schönheit!« Das hat gesessen, und ich taumle leicht angeschlagen durch den Parcours der Marktstände. Sind die Verkäufer von früher noch alle da? Mein Freund aus dem Iran winkt mir zu und lädt mich an seine Theke: »Schön, Sie wiederzusehen! Wo waren Sie denn?« War ich in der Fremde, bin ich verloren gegangen? Was war in letzter Zeit mit mir los?

Ich habe mich in unendlicher Arbeit verkrochen und mich in den nahen Wäldern herumgetrieben. Neue Bekanntschaften sind entstanden: die mit den Lichtungen, den Waldtieren und Vögeln, den Holzfällern und Waldgängern, die auf einsamen Bänken sitzen und die Dateien ihrer Smartphones sortieren. Wenn ich bei ihnen haltmache, sage ich merkwürdige Sätze wie »Die Forsythien blühen!« Oder: »Wenn man doch die Vögel an ihren Lauten erkennen könnte! Jeden einzelnen! Stehen bleiben, zuhören und ein Erkennen abrufen: Das wäre es …«

Manchmal lächeln Passanten mir zu, aber ich weiß nicht, wen sie meinen und sehen. Noch immer denke ich, ich bin einer Katastrophe nur knapp entkommen. Der Virologe Christian Drosten, dessen Namen ich schon vergessen hatte, meldete sich: Er sei jetzt überzeugt, dass die Pandemie durch Marderhunde auf dem Markt von Wuhan an Menschen übertragen worden sei. Er habe das immer vermutet, jetzt belegten es bestimmte Forschungen, noch nicht eindeutig, aber zumindest probeweise. Ich schaue mir Fotos der Tiere an. Sie wirken putzig, sympathisch, fast drollig. Ich lese, sie seien Allesfresser und lebten streng monogam, seien scheu und nachtaktiv.

Die Fotos bringen mich durcheinander, als lebten diese Tiere in meiner Nachbarschaft, im Unterholz meiner Gärten, in den Schuppen, in denen ich die Gartengeräte aufbewahre. Oder als wären sie vom Markt in Wuhan längst auf den Markt übergesiedelt, den ich gerade durchstreife. In Zukunft werde ich ihn nur noch mit Mundschutz betreten. Aber habe ich noch einen Mundschutz? FFP2-Masken hatte ich früher reichlich, zur Sicherheit in fast jeder Tasche. Ich schlendere weiter, eine Bekannte hält mich an und deutet auf mein Gesicht: »Du trägst immer noch Maske? Du solltest wieder mutiger werden.«

Sollte ich? Ich nehme die Maske ab und schaue ins Freie, ich spüre einen kühlen Luftzug und taste mit den Fingern an der rechten Wange entlang. Glatt, seltsam empfindlich, als habe man die Haut abgezogen. Mal sehen, wie es so weitergeht: ohne Maske, schutzlos, im Visier der Marderhunde.

DAS ÖSTERLICHE LEBEN

Das österliche Leben meiner Kindheit begann am Gründonnerstag. Meine Eltern reisten mit mir zum Großelternhaus, wo wir unter dem Dach untergebracht wurden. Ostern war mehr als alle anderen Feiertage eine Zeit des familiären Zusammenseins, mit festen Riten und Abläufen. Am Gründonnerstag kam die Großfamilie meiner Mutter daher von überallher zusammen. Noch war Fastenzeit, üppige Mahlzeiten waren nicht denkbar, aber in der Küche liefen längst die Vorbereitungen für das Fest.

Jedes Mal war die starke Erwartung eine von Helligkeit, Licht und Frühlingserwachen. Deren Farben waren Weiß, Hellgrün und Hellgelb, und wir wussten genau, wo wir sie am Ostersonntag sehen würden: auf den weiten Wiesen nahe dem kleinen Flüsschen, wo die Weißdornhecken blühten, das junge Gras sich zum Himmel reckte und die gelben Narzissen die Köpfe im Wind baumeln ließen.

Am Gründonnerstag liefen im Radio Szenen der »Matthäus-Passion« von Johann Sebastian Bach, die am Karfreitag die Programme so ausschließlich beherrschten, dass man kaum noch etwas anderes zu hören bekam. Der Tag war mit Verboten belegt: keine lauten Stimmen, kein Tanzen und Singen, strenges Fasten. Am späten Mittag entstand eine besondere Niedergeschlagenheit, die auf den Kreuzestod des Erlösers reagierte. Man wusste nicht mehr, wohin mit sich, und schlich nach draußen, zu einem Spaziergang über die Felder. Abends gingen wir Kinder früh zu Bett und träumten bereits vom Osterfest.

Der Karsamstag verging mit lauter Aufgaben, dem Färben der Ostereier, dem Backen von Osterkuchen für das Osterfrühstück, der Zubereitung von Lammbraten und Gemüse. Frühmorgens zogen wir in kleinen Scharen zur Osternacht in die katholische Kirche, wo der Pfarrer so oft und häufig »Christus Resurrexit, halleluja!« rief, bis wir für die Dauer des Gottesdienstes auch an die Auferstehung des Gottessohnes glaubten. Das Gottesdienstlatein sorgte für eine gewisse Distanz, es war die fremde Sprache der Eingeweihten, die man nie so ganz verstehen würde.

Das setzte sich nach dem gemeinsamen Osterfrühstück am folgenden Morgen fort, wenn alle vor dem Fernseher saßen, um den Papst aus Rom seinen »Urbi et orbi«-Segen erteilen zu sehen. Auch der Papst rief »Christus Resurrexit, halleluja!«, die Botschaft war also von globaler Gültigkeit und betraf auch all jene fernen Völker und Länder, die jeweils in ihrer Heimatsprache gegrüßt wurden. Dann folgte das festliche Mittagessen, stundenlang, eine resolute Abwendung vom Fasten, betont alkoholisch, bevor der obligatorische Osterspaziergang absolviert werden musste. Auf den Wiesen nahe dem Flüsschen wurden hart gekochte Eier möglichst weit geworfen und durften nicht zerplatzen. Der genossene Alkohol führte zu Rekordwürfen, dem stärksten Ausdruck des österlichen Übermuts und einer Freude, die nicht so bald wiederkommen würde.

So hatte das alte, längst vergangene österliche Leben noch viel vom heidnischen Brauchtum. Im Grunde war es ein Frühlingsfest, überhöht durch biblische Botschaften, denen man sich nicht gewachsen fühlte und die man skeptisch gerade noch gelten ließ, ohne fest an sie zu glauben. Inzwischen ist dieser Glaube den meisten ganz abhandengekommen, und was der Papst in Rom verkündet, mag kaum jemand noch hören und sehen. Nicht nur der Glaube, sondern auch die Kirche hat ihre Rolle im Dasein verloren, und so wirken die Erinnerungen an das österliche Leben wie Erzählungen aus einer anderen Welt. Wohl dem, der noch ein Osterfeuer erlebt, das keine Behörde verboten hat! Im Blick auf das nächtliche Feuer schwante so manchem noch etwas von der österlichen Kehrseite des Schreckens, dem ausgelassenen Spiel mit dem Feuer.

LEICHTER REGEN

Es hört nicht mehr auf zu regnen, und meist ist es dieser leichte Regen, ein regelmäßiges Sprühen, das mir schon als Kind sehr gefallen hat. In heißen, sonnigen Zonen wurde genau dieser Regen oft sehnsüchtig erwartet, kennengelernt habe ich ihn aber vor allem in Köln und Wuppertal, Städten, die dafür geradezu geschaffen waren.

In Köln kreist man, vom Regen leicht benommen, durch die Straßen, in dem Empfinden, der Dom habe seine Flügel über der Stadt ausgebreitet, um sie zu säubern. Und in Wuppertal stakt man aus dem Tal der Wupper über schmale Treppchen zu den Höhen und schaut dann herab auf die Schwebe-bahn, die helle Schneisen durch die Schauer bahnt.

Der leichte, anhaltende Regen ist ein Spaziergänger-Regen, für den es keine Regenschirme braucht. Im Gegenteil, Regen-schirme zu tragen, wäre verfehlt, weil man von dem wohltu-enden Befingern und Massieren des Kopfes nichts mitbekä-me. Um gänzlich zu trocknen, genügt es, ein paar Minuten im Trockenen zu verweilen und den Kopf ein wenig zu schütteln, man streift mit einer Hand über den Haarschopf, das reicht, danach geht man zurück ins Freie und lässt den Regen ge-währen, der sich niemals einnistet, sondern immerzu an der Oberfläche von Haut und Haaren bleibt.

Ich habe den Regen als Schulbub besonders gemocht. Nach dem Verlassen der Schule ging ich viel langsamer als sonst nach Hause und legte den Schulweg so zögerlich zurück, als müsste mich der Regen voranschieben. Unterwegs bekam ich meist immer dasselbe zu hören: »Aber Junge, du wirst ja ganz nass!« Man glaubte, ich wäre dem Regen ausgesetzt, dabei empfand ich es anders.

Ich fühlte mich mit dem Regen verbunden, als entzöge er mich der sonstigen, alles beherrschenden Aufmerksamkeit, die Menschen dazu brachte, immerzu etwas von mir zu wol-len. Mitten im leichten Regen war ich von alledem befreit, ein Regenkind, im geheimen Bündnis mit den Atmosphären. Kam ich schließlich nach Hause, holte die Mutter ein Handtuch, das sie wie einen Turban um meinen Kopf schlang. Ich bekam ein Glas Tee und saß auf der Couch, der Kopf kam zur Ruhe, und ich lauschte darauf, was der leichte Regen geflüstert hatte.

ERSTICKTE GEFÜHLE

Seit es das Deutschlandticket gibt, bin ich mehr unterwegs als früher. Ich plane die Fahrten und Abstecher ins Irgendwo nie, sondern fahre meist einfach dann los, wenn ich lange genug gearbeitet oder zu lange gesessen habe. Ein solches Fahren und kurzes Reisen hat etwas stark Belebendes, vor allem, wenn ich den erstbesten Impulsen folge und mich spontan auf die Reize einlasse, die von der Umgebung ausgehen.

Jetzt, im Mai, hat das wache und explosive Grün der Bäume und Pflanzen etwas Berauschendes, und die lodernden Blütenfarben mischen sich dazwischen, als bestünde die Natur aus lauter Impressionismen. Felder mit gelbem Raps, die weißen oder violetten Fliederblüten, die drallen Blütenbündel der Kirschbäume – das alles kann Gefühle wie Verbundenheit, Glück oder sogar Ekstase auslösen.

Spreche ich mit meinen Freunden davon, bleiben sie wortkarg. Die meisten verbieten sich positive Empfindungen, weil »das Leben« oder »die Welt« sie angeblich nicht mehr erlauben. Alles Wahrnehmbare wirkt wie von einer grauen Patina überzogen. Sie rührt von den aktuellen Bildern und Nachrichten her, die uns über die verschiedensten Kanäle erreichen. Der Krieg in der Ukraine, der Klimawandel, die Folgen der Pandemie, soziale Verwerfungen – die massive Negativität solcher Themen, die durch die sozialen Medien noch rasant gepusht werden, wirkt erschreckend. Selbst Lachen oder Lächeln stehen schon unter dem Verdacht eines naiven Umgangs mit den laufenden Ereignissen, oder sie wirken wie fatale Anzeichen eines Eskapismus, der sich vor dem allgegenwärtigen Schrecken leichtsinnig aus dem Staub macht.

Freunde mit Berufen, die einer in langen Zeiträumen entwickelten künstlerischen Kreativität bedürfen, sprechen davon, dass sie sich gehemmt fühlen und nicht mehr frei an ihre Projekte denken. Vor jeden Handgriff, jeden Gedanken, jede Idee schiebt sich der Verdacht, das Angedachte oder Erfundene könne der Gegenwart nicht gewachsen sein. Die Kunst soll deren dunkle Zeichen und Bilder nicht ignorieren – handelt sie andererseits aber unablässig von ihnen, droht sie zu ersticken oder sich in banalen Gesten der Bebilderung zu verlieren.

Solche Erfahrungen machen bewusst, dass kreative Prozesse von Kunst, Musik oder Literatur ohne eine starke Naivität oder sogar Blindheit nicht möglich sind. Eingelagert ist ihnen der Glaube an eine mögliche, gelingende Zukunft und das Vertrauen darauf, dass Werke der Kunst Kräfte mobilisieren, die ungeahnte, nicht planbare Tiefenerfahrungen abrufen. Gerade sie sind so etwas wie die fernen Zentren eines gegenläufigen Lebens, das sich vor den negativen Erfahrungen der Gegenwart nicht versteckt, sondern sich ihnen gegenüber zu behaupten versucht.

Vor Kurzem hat der Pianist Igor Levit vierundzwanzig Präludien und Fugen von Dmitri Schostakowitsch aus den frühen Fünfzigerjahren eingespielt. Er hat diese Stücke eine Art Tagebuch genannt, entstanden in einer Lebensphase extremer Einsamkeit. Man kann sie hören wie ein unablässiges Grübeln, das lauter irritierende Gefühlszonen durchlebt, auf der Suche nach lichten, momentanen Intensitäten.

Manchmal denke ich, ich bin mit meinem Deutschlandticket ganz ähnlich unterwegs. Das Dunkle der Gegenwart geht mir nicht aus dem Kopf, und wenn ich Augenblicke erlebe, die etwas Befreites, Strahlendes haben, rührt mich das mehr als früher. Als enthielten diese unerwarteten Erscheinungen ein »Trotz alledem« und eine innere Gegenwehr, die ich vielleicht auch nur in sie hineinschaue. Das aber hilft seltsamerweise, es justiert die Wahrnehmung und lässt sie wacher als je zuvor auf alles reagieren, was ihr an jedem einzelnen Tag begegnet und bevorsteht. Meine Lieblingsstücke unter den vierundzwanzig Präludien und Fugen sind übrigens die in A-Dur. Sie dauern zusammen immerhin fast dreieinhalb Minuten.

WÖRTER IM KRIEG

Der ukrainische Dichter, Essayist und Übersetzer Ostap Slyvynsky hat nach dem Beginn des russischen Angriffskriegs im Februar 2022 ein Internet-Projekt ins Leben gerufen, das die leidenden Menschen zu Wort kommen lässt. Seine Idee war es, ein »Wörterbuch des Krieges« zu aktivieren, das nicht er selbst als alleiniger Autor, sondern an dem eine Vielzahl von Menschen mitschreiben sollte, deren Geschichte man jeweils unter einem Leitmotiv aufrufen kann.

Um diese Geschichten zu erfahren, arbeitete er mit vielen Mitautorinnen und Mitautoren zusammen, denen diese kurzen Texte vor Ort erzählt wurden. Nun liegen sie auch als Buch vor. Sie beginnen mit einem Text über »Abschied« und enden mit einem über »Zimmer«.

An diesen Stimmenchor dachte ich gestern, als ich die Verleihung des Karlspreises an den ukrainischen Staatspräsidenten im Fernsehen verfolgte. So viele Rednerinnen und Redner – und so wenig Sprache, die das Kriegsgeschehen einzufangen versucht! Stattdessen viel blasses politisches Reden, viele Phrasen, viele Wiederholungen!

Ich nahm das Buch zu Hilfe und las dagegen an – so etwa »Gesang« von Frau Olha aus Saporischschja. »Es ist so schön, dass wir in einer Musikschule wohnen. Ich liebe es zu singen. Sogar als wir im Keller das Ende eines Bombardements abwarteten, habe ich gesungen. Zuerst laut, auch die Nachbarn haben miteingestimmt, und es war irgendwie gut. Dann wurde ich müde und habe für mich gesungen. Leise, nur für mich. Ich konnte mich an den Text aller Lieder erinnern. Wenn man versucht, sich zu erinnern, schläft man nicht ein. Einschlafen macht Angst.«

EINE GESCHICHTE DER WELT

Vor nun schon einigen Jahren fragte der Verlag C. H. Beck den Historiker Ewald Frie, ob er Lust habe, eine »Geschichte der Welt« für eine junge Leserschaft zu schreiben. Ewald Frie hatte Lust, aber als er sich an die Arbeit machte, erkannte er (wie er in seinem Nachwort schreibt) rasch, welche Hindernisse sich auftaten.

Das begann schon damit, dass viele Bücher, die er unbedingt lesen wollte, in Sprachen geschrieben waren, die er nicht beherrschte. Das setzte sich fort mit der Frage nach den historischen Zäsuren, die es erlauben würden, bestimmte Zeitabschnitte als Einheiten in den Blick zu nehmen. Wie aber ließen sich Zeitabschnitte finden, die in den verschiedensten Kulturen der Welt gleichzeitig oder höchstens zeitversetzt aufgetreten wären?

Um dieser Frage zu entgehen, hatten manche Wissenschaftler sich an einem einzigen Ort und zu einer bestimmten Zeit wie in einem Loch eingegraben oder niedergelassen, um von dort aus nach Vernetzungen mit anderen Regionen und Zeiten zu forschen. Dann ergaben sich Weltgeschichten »mit einer umfassenden Kontextualisierung einer mikroskopisch ansetzenden Untersuchung« – so hatte der Historiker Wolfgang Drews dieses Erzählformat beschrieben. Auf diese Weise waren Weltgeschichten von Dingen, Motiven oder Verhaltensformen entstanden. Sie konnten eine Art Vorbild für eine neu erzählte Weltgeschichte sein, halfen letztlich aber nicht, eine solche als Gesamtentwurf vieler Geschichten zu schreiben.

Ewald Frie erinnerte sich an die »Standarderzählung von Geschichte«, mit der er selbst und seine Kinder in der Schule aufgewachsen waren: Sie begann im Zweistromland und führte über das Alte Ägypten, Griechenland und Rom zielstrebig ins Mittelalter, die Neuzeit und unsere bekannten »Modernen«. Sie hatte Zentraleuropa und Deutschland im Blick, und sie behandelte Geschichte wie eine Folge von Kulturen, die sich folgerichtig aufbauten, entwickelten und allmählich verblassten, um sich in nachfolgende zu verwandeln.

In Abgrenzung von dieser noch immer geläufigen, glatt erscheinenden Großerzählung »entstand die Idee, die Geschichte wie einen chaotisch gewebten Teppich zu begreifen, bei dem Muster erkennbar sind, der aber zugleich von Löchern und Rissen durchzogen ist. Es gibt nicht nur unzusammenhängende Geschichten, sagt das Bild, sondern eine Geschichte. Die Dinge hängen zusammen, nicht regellos (dann würde der Teppich zerfallen), aber auch nicht regelmäßig (dann wäre er zu schön, um wahr zu sein).«

Aus dieser grundsätzlichen Annahme ergaben sich Folgerungen: »Weil die einzelnen Stellen (des Teppichs [Anm. d. Verf.]) genau betrachtet werden, sind wir in der Lage, etwas von der Eigenlogik einer Zeit und eines Ortes zu erfassen, selbst wenn wir sprachlich und kulturell entfernt bleiben. Wenn wir den Verbindungen von einem Ort aus nachgehen, können wir die Eigenzeit jedes Ortes und die Reichweite seiner Zäsuren bestimmen.«

Mithilfe dieses Konzepts hat Ewald Frie »Die Geschichte der Welt« neu erzählt. Er beginnt nicht in Europa, sondern bei den ersten Menschen in Afrika, springt nach Babylon und zu den Handelsnetzen des Indischen Ozeans, findet über Indien und China ins alte Byzanz. »Amerika!« erscheint erst auf S. 287, gefolgt vom alten Japan, auf S. 331 taucht Berlin am Horizont auf, gefolgt von Sankt Petersburg.

So liest er die Geschichten der Welt nicht nur wie einen Teppich, sondern ist auch auf einem fliegenden unterwegs, indem er die Regionen der Welt überfliegt und hier und da abtaucht, um sie vor Ort zu studieren. Wohin verweisen sie, wohin entwickeln sie sich? Welche Linien, Rituale, Lebensformen und Schicksale sind vom jeweiligen Raum her erkennbar? Das alles erzählt er jugendlichen Leserinnen und Lesern wie eine weit ausholende, spannende und durchaus abenteuerliche Sammlung von Geschichten, die auch die älteren überraschen und begeistern werden, weil sie von ihnen ebenso wenig wissen und ahnen wie die jungen.

SOKOLOV SPIELT PURCELL

Am Pfingstmontag betritt der Pianist Grigory Sokolov die Bühne der Kölner Philharmonie, verbeugt sich kurz, nimmt rasch Platz und spielt fünfzig Minuten lang (ohne längere Unterbrechungen) Kompositionen von Henry Purcell (1659–

1695): Suiten, eine Chaconne, burleske Piecen. Die meisten sind zu Lebzeiten Purcells nicht im Druck erschienen, es waren vor allem Übungsstücke für seine Schüler, Variationen von bereits bekannten Themen, luftige und entspannte Laune verbreitende Tänze, Auftritte und Sonderbarkeiten.

Nach fünfzig Minuten Purcell verschwinden Hunderte von Besucherinnen und Besuchern in die Pause, danach wird Grigory Sokolov wieder erscheinen, sich kurz verbeugen, rasch Platz nehmen und eine Klaviersonate von Mozart sowie Mozarts Adagio in h-Moll spielen.

Mir aber ging der Purcell nicht mehr aus dem Kopf. Denn ich erinnerte mich daran, dass ich vor Jahrzehnten nach einem wegen Krankheit abgebrochenen Klavierstudium aus Rom nach Deutschland zurückgekommen war und eine Weile als Kellner in einem Ausflugslokal am Rhein gearbeitet hatte. Dort entdeckte ich ein abgestelltes Klavier, an dem ich tief in der Nacht, wenn die Gäste allmählich verschwanden, einfache Klavierstücke spielte. Es waren vor allem Suiten von Henry Purcell.

Die Gäste hatten bald raus, was ich da spielte. Es gefiel ihnen, und sie baten mich häufig, doch bitte »Purcell« zu spielen. »Einen Purcell bitte!«, riefen sie in Weinlaune, schließlich hatte ich meinen Spitznamen weg, ich wurde »Purcell« genannt, Purcell spielte um Mitternacht Stücke von Purcell. Es waren keine Stücke für bedeutende Pianisten oder große Auftritte an Soloabenden, niemand wäre je auf den Gedanken gekommen, fünfzig Minuten lang Purcell zu spielen.

Dann aber, am Pfingstmontag 2023, geschah es eben doch! Völlig unerwartet und überraschend spielte einer der größten Pianisten der Gegenwart fünfzig Minuten lang Purcell. Ich saß unter den Zuhörerinnen und Zuhörern – und ich hörte zu wie wahrscheinlich kaum jemand sonst. Die früheren Welten waren plötzlich präsent, Bonn, Anfang der Siebzigerjahre, der Rhein, ein Ausflugslokal, in dessen Hinterzimmer ein gescheiterter Pianist Stücke von Purcell spielte.

DAS BILD HÄNGT SCHIEF

Was ist eigentlich los? Was sind das für gespenstische Zeiten! Das sogenannte »öffentliche Leben« hat etwas hochgradig Irritierendes und versetzt einen unaufhörlich in Schrecken. Sobald eine der politisch agierenden Gestalten irgendwo auftritt, wirkt sie überbeansprucht, mitgenommen, den Dingen nicht mehr gewachsen. Robert Habeck hat jede Gelassenheit verloren und steht nervös vor den Mikrophonen, die er früher noch rhetorisch getätschelt hat, und selbst der sich am liebsten harmlos und unauffällig gebende Kanzler wirkt bei seinen Reisen in alle Welt wie ein gehetzter Antichambreur, der in den Nächten von geheim gehaltenen Panikattacken und Katastrophenmeldungen geschüttelt wird.

Ich habe Freunde, die ganz in die militärisch denkenden Sektionen abgewandert sind und mir laufend erklären, welche ukrainischen Gegenoffensiven wo und wann Erfolg haben könnten. Sie lassen den Zeigefinger über Landkarten wandern und tun so, als wären sie vor Ort dabei und hätten den Durchblick. Mühelos können sie mir erklären, wie Hyperschallraketen bei Luftangriffen abgewehrt werden: durch das Flugabwehrraketensystem »Patriot« nämlich mit einer Reichweite von fünfunddreißig Kilometern. Ich danke für die Information, Herr Offizier, ich habe verstanden!

Flieht man wie in älteren Zeiten in kirchliche Räume, werden dort die dicken Akten mit Hunderten von Missbrauchs-fällen aufgeschlagen, biegt dann noch Kardinal Woelki irgendwo um die Ecke, schlage ich inzwischen das Kreuzzeichen und bete zum Herrn, dass er ihn wieder zum Kaplan in Ratingen machen und den Papst in Rom endlich zu einer eindeutigeren Haltung gegenüber Gott und der Welt bekehren möge.

Warum ist es so schwer, den Bürgerinnen und Bürgern in Ruhe, mit Verstand und so, dass die Alternativen leicht nachvollziehbar sind, einen neuen Umgang mit Strom, Gas und Heizungen zu erklären? Ist da von monströsen Gebilden die Rede oder von schlichten Versorgungsgeräten? Und ist die in aller Munde herumgereichte »Wärmepumpe« ein gerissener Vampir, der Luft absaugt, um sie in blutige Energie zu verwandeln?

Es gibt kaum noch Ruhe- und Fluchtzonen, in denen man sich mit gutem Gewissen aufhalten könnte. Ist man mit Kindern oder Jugendlichen unterwegs, packt einen das Entsetzen, wenn man ihren Smartphone-Umgang beobachtet und mit welchen Videos und Nachrichten sie sich stündlich versorgen. Aber warum zeigt dann jedes zweite Bild einer Nachrichtensendung lauter vorbildhaft erscheinende Menschen, die wie gehorsame Dackel von ihren Smartphones Gassi geführt werden? Atmet man danach einen Moment befreiter, um das Ende der Fußballsaison halbwegs entspannt zu erleben, erkennt man die Wirtschaftsbosse der Vereine, die brachial an Spielern und Zuschauern vorbei agieren, um mal so richtig auf die Pauke zu hauen.

Das alles hat etwas Entwürdigendes, Mieses. Wo auch immer man hinschaut, hängen die Bilder wie in Loriots Sketchen schief und keiner ist mehr da, um sie auf sympathische und freundliche Art wieder gerade zu hängen. Da war es ein Glück, dass die unzeitgemäße Antennenanlage meines Fernsehens den Dienst einstellte. »Kein Signal oder schlechtes Signal«, meldet sie seit einigen Tagen, »ändern Sie die Geräteeinstellungen!« Nein, ich werde nichts ändern, sondern keine Nachrichten mehr im Fernsehen verfolgen. Lieber schaue ich Loriots Sketche in neuer Bearbeitung in einer der vielen Mediatheken. In diesen virtuellen Schlafzimmern könnten sich die Ruhepole der Zukunft auf überraschende Weise verbergen, unerwartet und zum Glück ohne KI.

GOETHE UND DAS TEMPOLIMIT

Die großen Ferien beginnen, wir starten jetzt in den Süden Italiens und laden einen Experten ein, uns zu begleiten. Es ist Volker Wissing, Minister für Verkehr und Digitales, nebenbei auch stolzer Besitzer eines Weinguts und in früheren Zeiten Landesminister für Weinbau in Rheinland-Pfalz. »Kennst du das Land?«, rufen wir dem Minister zu, und er winkt beflissen gleich ab. Na klar, kennt er, Goethe, das berühmte Italiengedicht, wegen dessen atemraubend werbenden Zeilen viele Deutsche in den kommenden Wochen nach Italien fahren. Ins Land, wo die Zitronen blühn und im dunklen Laub die Gold-Orangen glühn, alles klar.

Wir starten in Südtirol, wo man auf den Autobahnen 110 km/h fährt, ein ruhig und zivilisiert dahingleitender Strom, deutsche Autofahrerinnen und Autofahrer begleiten uns, viele winken dem Minister zu, den Wein- und Obstplantagen zu beiden Seiten geht es gut, auch deshalb, weil keine Raser unterwegs sind. »Tempolimit, Herr Minister!«, sagen wir laut und deutlich, und Volker Wissing blickt abwesend aus dem Fenster, prüfend, ob auch genug Verkehrsschilder vorhanden sind, die darauf hinweisen.

Vor einiger Zeit hat er einen Tempolimitversuch unterbunden, weil man dafür lauter neue Schilder aufstellen müsste und es eine solche Menge an Schildern in Deutschland eben nicht gebe. In Südtirol gibt es nur ab und zu welche, denn es braucht sie erst gar nicht, weil alle Fahrenden seit Langem schon wissen, dass man auf diesen Autobahnen nicht schneller als 110 km/h fährt. Daran halten sie sich mit Vergnügen und Freude, und die wenigen Wichtigtuer, die unbedingt ihren Wagen ausreizen müssen, werden einfach ignoriert.

Wir biegen auf die Autostrada del Sole ein, schon der Name macht uns kribbelig und erinnert an die schönsten Tage an den südlichen Stränden. Auf der ganzen Strecke gilt nun ein Tempolimit von 130 km/h, und selbst der letzte von Canzoni aus dem Autoradio besoffene Porschefahrer hat begriffen, wie schön es sein kann, eine Flotte von Fiats nicht laufend zu überholen, sondern in ihr mitzugleiten.

»Merken Sie, wie 130 km/h sich anfühlen?«, fragen wir den Minister, und er schaut wieder aus dem Fenster, wo die kultivierten Agrarlandschaften des Landes mit ihren dunkelgrünen Weinbergen vorbeigleiten, es ist ein Genuss, so in Gesellschaft mit vielen Genießern zu fahren. »Es geht nicht ums Energiesparen«, sagen wir weiter, »sondern um den zivilisatorischen Fortschritt. Wer 130 km/h statt 230 km/h fährt, beweist, dass er Landschaften zu erleben weiß, anstatt sie wie bloße Kulissen für einen Egotrip zu misshandeln.« Minister Wissing denkt noch etwas nach, dann öffnet er ein Fenster und sendet ein kurzes Lächeln ins Freie.

»130 km/h«, sagt er nachdenklich, »das würde einen Keil in unsere Gesellschaft treiben.« – »Im Gegenteil«, antworten wir, »es würde unsere Gesellschaft von einem nervenden Thema befreien und dazu beitragen, dass endlich wieder elegantere Autos gebaut würden. Keine aufgeplatzten, breitbeinigen Konservendosen mit Heckplomben, sondern schlanke und schmale Gleiter, derer man sich nicht zu schämen bräuchte.«

Es wird still, die Sonne scheint untermalend. »Ein sanfter Wind vom blauen Himmel weht«, flüstern wir, und der Minister scheint zu begreifen, dass Goethe mit dieser Zeile den Wunsch nach einem Tempolimit vorweggenommen hat. »Kennst du das Land«, heben wir noch einmal beschwörend an, »wo die Myrte still und hoch der Lorbeer steht?« Minister Wissing hat zu kauen, es entgeht uns nicht. Zeit, den letzten Stich zu platzieren: »Kennst du es wohl? Dahin! Dahin, möcht ich mit dir, o mein Minister, ziehn.«

EIN BUCH DER TAGE

Meine junge Freundin Carla ist eine eifrige Instagram-Nutzerin. Seit einiger Zeit verfolgt sie mich mit dem Vorschlag, auch einen Instagram-Account zu eröffnen und viele meiner Fotos samt Text zu posten. Jetzt hat ihr Drängen und Werben zusätzliche, beachtliche Kraft durch das »Buch der Tage« von Patti Smith erhalten, das aus Instagram-Posts eines Jahres besteht.

Im Vorwort schreibt sie, dass ihre Tochter Jesse sie dazu angestiftet und verleitet habe – und wird danach erkennbar poetisch: »Jeder Tag ist kostbar, weil wir noch atmen und uns davon berühren lassen, wie das Licht auf einen hohen Ast fällt, auf einen Arbeitstisch am Morgen oder auf den Grabstein eines verehrten Dichters.« Wer könnte dabei kalt bleiben und sich verschließen? Habe ich nicht allen Grund, die Tage als kostbar zu erleben, gerade weil ich noch atme? Und weil mir Licht auf hohen Ästen ebenso gefällt wie das Foto eines Arbeitstischs oder das des Grabsteins von, sagen wir, Rainer Maria Dingens?

Das »Buch der Tage« liest man nicht am Stück, man blättert es immer wieder durch, steigt hier oder da ein, schaut sich einige Fotos an, liest die kurzen Texte dazu und macht sich seine Gedanken. Clara war hinter mir her und fragte alle paar Tage, wann der Instagram-Funke endlich überspringe:

Clara: Na, das gefällt dir, oder? Das muss dir doch gefallen! Du bist ein Chronist, einem fetischistischen Chronisten, wie du einer bist, gefällt das! Ich: Mich erstaunt, dass Patti Smith nur selten einmal allein auf einem Foto zu sehen ist! Meistens in Begleitung, mit Tochter, mit Mutter, mit Vater, mit Freunden – das gefällt mir! – Clara: Hättest du Hemmungen, Fotos von dir selbst zu zeigen? – Ich: Überhaupt nicht. Aber ich fotografiere mich selbst nur sehr selten – und fast nur in sehr komischen, kindischen Posen. – Clara: Das lässt ja tief blicken! Du hast einen Foto-Komplex! – Ich: Überhaupt nicht. Ich fotografiere sehr viel und sehr gern. Das Foto ist oft meine erste Annäherung an ein Motiv oder Thema. Noch bevor ich etwas dazu notiere. – Clara: Na also. Das wollen wir lesen. Deine Notate plus Fotos! Ist das zu viel verlangt? Ich: Überhaupt nicht. Ich hätte schon Lust dazu. Vielleicht möchte ich nicht eine Million Follower? Patti Smith ist sehr stolz auf die gewaltige Zahl. – Clara: Würden dich schon hunderttausend irritieren? – Ich: Überhaupt nicht. Aber es könnten immer weniger werden. Von hunderttausend allmählich runter auf hundert – das würde mich nervös machen. – Clara: Braucht es aber nicht. Du solltest dann nur die Motive häufiger wechseln, ich kann dir da Tipps geben. Vielleicht denkst du, du wärst nicht komisch genug. Ich: Überhaupt nicht. Patti Smith ist auch nur selten komisch, eher erstaunlich ernst, oft fast feierlich, vor allem wenn es um Gedenk- oder Feier- oder Geburtstage geht. – Clara: Was hast du gegen das Feierliche? Sie nimmt das Leben ernst und erinnert sich an viele Freundinnen und Freunde. Würde dir das schwerfallen? – Ich: Überhaupt nicht. Das Feierliche muss sein, ich würde es aber reduzieren und manchmal eher ironisch werden. – Clara: Ironie steigt nicht hinab in die Tiefe der Dinge – wer hat das nochmal gesagt? Ich: Na, ich jedenfalls nicht, war das nicht eher der Dingens?

DINNERPARTYS

Der Hochsommer ist da – und damit auch die hochsommerlichen Dinnerpartys oder kleinen Abendeinladungen, bei denen wir einen kleinen Kreis von guten Bekannten oder Freunden zu einer klitzekleinen Quiche und einigen Gläsern Crémant aus dem Elsass einladen. Eine Quiche ist so etwas wie das Understatement einer Einladung, denn wir wollen es natürlich nicht übertreiben und nicht wie in Großmutters Zeiten Spanferkel vom Grill in voller Leibsgestalt im Garten rotieren lassen.

Zur minimalen Speise und dem gesetzten Getränk gehört Hintergrundjazz mit ausgewählter Playlist – und dann kann das Plaudern und Plappern losgehen, immer an den Rändern der aktuellen Topthemen des Tages entlang, nicht zu nahe dran, eher im Hubschraubermodus.

Teresa Präauer, Autorin des Romans »Kochen im falschen Jahrhundert«, ist eine literarische Gastgeberin vom Feinsten (wie wir so sagen), sie durchschaut alle Tricks und Abseitigkeiten der Essenseinladungen und inszeniert das Ganze als einen hochkomischen Spaß, in dessen Verlauf wir unsere Gewohnheiten so genau wiedererkennen, dass es uns manchmal sogar gruselt. Um sich nicht als allwissend aufzuspielen, spricht sie manchmal auch mit sich selbst, das sind die schönsten Passagen, denn in ihnen erfahren wir, wie wir in den letzten Jahrzehnten gleichsam im Handumdrehen zu den rührenden und bemühten Genießerinnen und Genießern geworden sind, die wir − sorry − nun leider einmal sind.

AM MEER

Anfang Juli beginnen in Italien die sommerlichen Endlosferien. Drei Monate dauern sie für die Schulkinder und führen an den heißen Tagen fast immer ans Meer. »Il mare« ist die im ganzen Land zu hörende Parole für die große Völkerwanderung, über deren kulinarische Details überall ausgiebig berichtet wird.

Wandern wir also mit und studieren wir, was der Strand uns beschert: Menschen aller Altersstufen, auf dem Bauch, auf dem Rücken, oft in der prallen Sonne, hingebungsvoll, im Halb- oder Tiefschlaf. Niemand versteckt seine »bella figura«, sondern zeigt sie bereitwillig her, und niemand spricht darüber, wie viel Pfunde der Nachbar seit dem letzten Sommer zugelegt hat. Die Entblätterung ist vielmehr Ausdruck einer sich radikal darstellenden Passivität, die allem entkommen will, was nach dem sonstigen Leben aussieht.

Im Bereich der Liegestühle und Sonnenschirme herrscht der meist männliche Strandbesitzer über ein beachtliches Territorium. Er verteilt die Plätze, erste Reihe oder eine der preiswerteren im Hinterland. Vor allem ist er aber auch der zentrale Kommunikator, denn seine Aufgabe besteht darin, den Kontakt zwischen den Sonnenhungrigen zu gewährleisten und anzuregen. Wen also postiert man neben wem, damit die Unterhaltung schäumt und gedeiht? Wo ergeben sich Inseln des Diskurses, die auf andere abfärben?

Ein Buch oder eine Zeitung wird man vergeblich suchen. Wenn gelesen wird, dann höchstens die neusten Meldungen auf den Nachrichtenportalen der Smartphones. Besser aber ist es noch, die anderswo sich aufhaltenden Familienmitglieder mit ihren gut geölten Stimmen zuzuschalten und deren neuste Leidenschaften unter das bereitwillig zuhörende Strandvolk zu senden.

So herrscht eine allseitige Privatheit der Mitteilungen, die sich streng von politischen Diskursen abgrenzt. Am Strand wird weder diskutiert noch politisch infiltriert. Berlusconi? Tempi passati! Meloni? Duckt sich weg und wartet noch auf ein Profil. Lieber nicht drüber reden, das führt zu nichts, und erst recht interessieren keinen Menschen die deutschen Energiedebatten, die einfach niemand verstehen oder verfolgen will.

Der Strand ist vielmehr ein zweites Zuhause, das sich von dem eigentlichen dadurch unterscheidet, dass man es wie ein Wanderer aufsucht, kurzzeitig zum Pranzo verlässt, wieder in Besitz nimmt und am Abend melancholisch verabschiedet. Der Tag vergeht mit Liegen und einigen kurzen Gängen am

Meer entlang, schwimmen kostet Überwindung, muss nicht sein und ist etwas für jene Ruhelosen, die sich anstrengenden und eher lästigen Sportarten widmen.

Überhaupt bleibt man auf einigem Abstand zum Meer, es ist die weite Sphäre des grollenden und rumorenden Ungewissen, launisch, verführerisch und vielstimmig, etwas für große orchestrale Musik – und damit das genaue Gegenteil zu den Plauderzonen des Strandes, wo die Kammermusik der Familienstimmen und die kindlichen Solisten den Ton angeben.

Nirgendwo ist die Familie in all ihren Schattierungen noch derart präsent. Großeltern erfinden postmoderne Sandburgen und schleppen das Baumaterial für die staunenden Enkel eigenhändig herbei, während die Eltern sich fortgeschritteneren Passionen widmen und die etwas älteren Kinder an der abendlichen Menükomposition beteiligen. Essen wir Ravioli mit Sugo oder lieber mit Salbei und Öl? Und wie viele Kugeln ungezuckertes Eis müssen wir in der Gelateria auftreiben, damit alle etwas davon haben und jeder die Sorte bekommt, die er über alles mag und bereits sein Leben lang isst? Während der Sommermonate sind solche Fragen lebenswichtig – und sonst einfach gar nichts.

HOCHWÜRDEN BEICHTET NICHT

Ich erinnere mich gut an das kindliche Beichten in den Fünfzigerjahren, das eine ernste Sache war. Im Religionsunterricht wurde es eigens geübt, dafür gab es einen Beichtspiegel, der die mögliche Sündenpalette bürokratisch abfragte, sodass man die Sünden einstufen und ihr Gewicht abschätzen konnte wie Waren, die an einer Theke gehandelt wurden.

Es gab schwere und lässliche Sünden, und es gab Todsünden. Hatte ich oft genug an Gott gedacht? Wenn nein, eher lässliche Sünde. Hatte ich einen begehrlichen Blick auf des Nächsten Weib geworfen? Halb schwer. Hatte ich mich ehrerbietig genug gegenüber Hochwürden verhalten? Wenn nein, schwere Sünde.

Ich frage mich, wie es mir mit dem Wissen von heute als ernsthaftes Kind gehen würde, wenn diese Fragen gestellt würden. Sicher würde es mich zunächst einmal interessieren, ob auch Hochwürden den Beichtspiegel durchgeackert hat. Unzucht mit Minderjährigen? Todsünde. Liebloses und autoritäres Verhalten gegenüber Untergebenen? Schwere Sünde. Unaufrichtiges Reden und Verschweigen der Wahrheit im Umgang mit Dokumenten? Schwere Sünde.

Da käme in Windeseile einiges zusammen, und ich wüsste schon bald nicht mehr, warum ich als ernsthaftes, gläubiges und gottesfürchtiges Kind Sünden beichten soll, wenn Hochwürden seine nicht beichtet. Ob als Priester, Pfarrer oder als Bischof – viele schweigen selbst nach dem Nachweis schwerster Vergehen und sind nicht fähig, offen darüber zu sprechen, was sie getan und warum sie gesündigt haben. Kein Eingeständnis von Schuld, keine Spur von Reue! Beliebt sind Ausflüchte in das Vergessen, alles ist anscheinend im Traum oder im Nebel geschehen, und bestimmte Unterschriften unter Briefen oder Dokumenten sind durch Geisterhand aufs Papier oder in die heimtückischen digitalen Formate geschlüpft.

Dieses Schweigen wäre nach den strengen Grundsätzen früherer Zeiten selbst wieder eine schwere Sünde, insofern angerichteter Schaden nicht wiedergutgemacht, sondern vervielfacht wird. Die großen Vergehen, derer sich viele schuldig gemacht haben, sind daher nicht nur Straftaten, sondern betreffen eben auch den Tiefengehalt der christlichen Lehren. Das Beichtsakrament wird unglaubwürdig, wenn es nicht einmal Hochwürden gelingt, sich den Spiegel vor Augen zu halten und die Lippen zu öffnen.

Das alles greift eine Gestalt an, die man in älteren Quellen sogar hier und da noch als »Vater in Gott« anredete. Diesen Bezug hat die menschliche Gestalt auf dem künstlichen Ehrfurchtsthron so sehr verloren, dass die Gläubigen in Scharen Reißaus vor ihr nehmen, weil sie ihren Anblick nicht mehr ertragen können. Wer möchte noch an einem Gottesdienst teilnehmen, der unter Verdacht steht, von Männern abgehalten zu werden, die ihre Lehren durch ihr Tun und Reden verhöhnen?

Inzwischen ist es so weit gekommen, dass die Kirchen leer bleiben, weil die selbstkritischen Fragen nicht mehr gestellt werden, sondern im Brimborium von Amtsdeutsch und Machtausübung untergehen. Gottesdienste beginnen dagegen oft noch immer mit dem Schuldbekenntnis: »Ich habe gesündigt in Gedanken, Worten und Werken, durch meine Schuld, durch meine Schuld, durch meine große Schuld.« Was aber, wenn man Hochwürden schon dabei nicht mehr zuhört, geschweige denn an all das glaubt, was er über die Liebe Gottes zu den Sündern in der Predigt zu fantasieren weiß?

ERLEBTE INTENSITÄTEN

Die Hitzewellen im mittelmeerischen Süden führen in den Nordländern momentan zu Debatten über neue Formate des Urlaubs. Selbst Karl Lauterbach ist während eines Ferienaufenthaltes in Rom aufgefallen, dass es dort wärmer war, als er erwartet hatte. Leider konnte er sich nicht beherrschen und griff wie ein hastiger Jüngling gleich zur Twitter-Konsole, um sich für immer vom sommerlichen Süden zu verabschieden.

Nun richtet sich das Wetter zum Glück nicht nach Karl Lauterbach, und seine italienischen Freunde haben das einzig Richtige getan und ihn zur Strafe nach Rimini eingeladen. Der Sommerurlaub bleibt dennoch ein akutes Thema, zu dem die alten Römer viel hätten beitragen können. Sie liebten es nämlich, sich in den heißen Jahreszeiten in ländliche Gegenden zurückzuziehen und dort möglichst viele ruhige Tage zu verbringen.

Erwachen bei Sonnenaufgang, kleine, sorgfältig zubereitete Mahlzeiten, Vertiefung in die Künste, Gedichte und wohlklingende Prosa, kurze Spaziergänge, am Nachmittag ein Bad, später heitere, nicht allzu tiefgehende Gespräche, Tanz am Abend, Staunen über die Schönheit der Sterne in der Nacht. Das waren Tagesabläufe, die der jüngere Plinius in seinen Briefen bis ins Detail beschrieben und ausgemalt hat, sodass man sich während der Lektüre augenblicklich in einen Menschen verwandelt, dem ein stabiles Glück verheißen wird.

Unsere Ferienanbieter scheinen davon wenig gehört zu haben. In ihren trubeligen Reiseprogrammen jagt eine flüchtige Aussicht auf eine Bucht und ein Ferienparadies die nächste, und man tut alles, damit der für wenige Wochen in der Fremde lebende Urlauber die Tage wie Jagdmanöver gestaltet, die fürs Smartphone zelebriert werden. Das alles hätte dem bevorzugt in entlegene Bergregionen reisenden Philosophen Theodor W. Adorno gar nicht gefallen, der in solchen Fällen kritisch und scharf eingewandt hätte, dass es sich nicht um Aktionen »in menschenwürdigem Sinne« handle.

Bei näherem Hinsehen planten die alten Römer ihren Sommer auf dem Land wie einen intensiv zelebrierten Alltag. Keine politischen Debatten, nicht die üblichen Themen des Tages, sondern klug Ausgewähltes sollte diesen Alltag gestalten. Nicht allzu weit entfernt also vom Bekannten, nur bewusster, gezielter und wacher – das waren ihre Urlaubsideen. Solchen Vorstellungen von gelingendem Leben entsprach es nicht, den Menschen in einer der schönsten Jahreszeiten so lange auf den Kopf zu stellen und durchzuschütteln, bis er halb bewusstlos wieder nach Hause kommt, um bereits wenige Tage später vieles wieder vergessen zu haben. Stattdessen ging es ihnen um erlebte Intensitäten, die umso stärker wirkten, je näher sie sich an dem orientierten, was ihnen vertraut war.

Heutige Urlaubsideen wollen aus dem Urlauber dagegen oft einen anderen, neuen Menschen machen. Die Nachwirkungen der geplanten Hektik sind jedoch nicht selten depressive Verstimmungen, die daher rühren, dass man von allem zu viel und nichts tiefergehend erlebt hat. Vielleicht hilft die Plinius-Lektüre: »Du fragst mich, wie ich in Tuscien im Sommer meinen Tag einteile. Ich werde wach, wann ich mag, meist um die erste Stunde, oft auch früher, seltener später. Die Fenster bleiben geschlossen; wunderbar, wie ich, durch die Stille und Dunkelheit geschützt gegen alles, was ablenkt, frei und mir selbst überlassen, nicht den Augen mit dem Geiste, sondern dem Geist mit den Augen folge ...«

Das ist es, ganz einfach – und schon kann ein Tag beginnen, der seinesgleichen sucht. Dem Geist mit den Augen zu folgen, diese Umkehrung aller Urlaubswerte liest sich geradezu revolutionär und könnte sogar Karl Lauterbach stimulieren, sofern er nicht gleich wieder zupackt und pliniusferne Botschaften per Twitter in alle Welt versendet.

NACKTE NACHRICHTEN

Meine Freunde entwickeln in letzter Zeit einen zunehmenden Widerwillen gegenüber bestimmten Nachrichten. Vor allem solche über den Zustand der Ampel-Koalition nerven stark. Sie kommen ihnen vor wie Folgen einer trashigen Serie, die jeweils andere Protagonisten für kurze Zeit in den Vordergrund rückt und sich abmüht, Interesse für sie zu wecken. Heute Frau Baerbock, morgen Herr Lauterbach, dann wieder Herr Lindner, nur an Olaf Scholz tropfen diese zähen Bemühungen ab, weil er sich schon seit Langem dafür entschieden hat, nicht interessant sein zu wollen.

Es geht aber um Grundsätzlicheres, denn schon früher habe ich mich oft gefragt, welche Nachrichten meine Freunde bewusst aufnehmen, durchdenken oder gleich wieder im Kleinhirn verschwinden lassen. Momentan verbringen sie noch ein wenig mehr Zeit damit, Meldungen aller Art aufzuschnappen, zu überfliegen oder sogar zu lesen. Ob sich das lohnt, fragen sie sich jedoch immer dringlicher: Von wo kommen sie, gehen sie einen wirklich etwas an oder täuschen sie Wichtigkeit vor, um uns bei der Stange zu halten?

Der Philosoph Walter Benjamin hat in einem Essay über das Erzählen den Verleger Hippolyte de Villemessant zitiert: »Meinen Lesern ... ist ein Dachstuhlbrand im Quartier Latin wichtiger als eine Revolution in Madrid.« Solchen Lesern kam es also vor allem auf Informationen an, die sie direkt mit ihren Lebensverhältnissen zu verbinden wussten. Die Informationen konnten alarmierend sein, und sie wirkten kurzfristig wie Signale, um bald danach zu verpuffen.

Anders dagegen die Erzählung. Sie prägt sich dem Gedächtnis ein, bleibt dort gespeichert und wird, wenn sie von

Mund zu Mund wandert, um benachbarte Erzählungen erweitert und angereichert. Dafür braucht es jedoch Erzählerinnen und Erzähler, die sich Zeit nehmen. Benjamin glaubte, dass gutes Erzählen aus der eigenen oder berichteten Erfahrung komme. Erreiche es das Publikum wirklich, werde es wiederum zu dessen Erfahrung.

Unserer TV-Sender haben sich diese Erkenntnis zu eigen gemacht und schicken Reporterinnen und Reporter an die Nachrichtenorte. Da stehen sie dann in der Dunkelheit oder bei Wind und Wetter vor den Toren der Katastrophengebiete und versuchen, davon zu berichten, worum es sich handelt und was gerade los ist. Solche Berichte erreichen uns jedoch ebenfalls kaum, weil auch sie wie Informationen wirken und nicht die Kraft von Erzählungen haben. Auf X (ehedem Twitter), TikTok und anderen Social-Media-Kanälen nehmen sich unterdessen Scharen von Nutzerinnen und Nutzern der herumflatternden Meldungen an und versuchen, sie aus eigener Perspektive zu teilen.

Das jedoch hilft langfristig auch nicht weiter, weil sie ebenfalls im nackten Nachrichtenmodus verbleiben und kein weiteres Fleisch ansetzen. Es ist wie verhext. Noch nie stürzten täglich so viele Informationen wie jetzt auf uns ein, und noch nie waren wir derart unfähig, mit ihnen umzugehen und sie wirklich mit unserem Leben zu verbinden. Beinahe rührend wirken da schon die Momente, in denen die Nachrichtensprecher sich nach Personen umschauen, die eine »Einordnung« vornehmen. Dann müssen Shakuntala Banerjee oder Theo Koll ran und die Welt in zwei Minuten möglichst lebensnah sortieren.

Letztlich spricht auch das mehr denn je für das analoge Erzählen. In älteren Zeiten saß man mit seinen Freunden,

Bekannten oder Nachbarn einige Zeit zusammen und hörte zu, wie sie sich einen Erzählpfad durch das Lebensdickicht bahnten. Solche Erzählungen blieben haften, und sie machten einen großen Teil der Bedeutung und Schönheit des Lebens aus. »Erzähl mal!« lautete das Signal, und es brauchte nicht unbedingt einen Dachstuhlbrand, um unser Interesse zu fesseln. Ein Spaziergang zu zweit in unbekanntes Terrain reichte oft schon als Thema, Hauptsache, wir hatten etwas Nahes intensiver gespürt und gesehen als Ampeln in jedweder Form.

DEN BILDERN VERFALLEN

Um 1900 macht man in Venedig eine naheliegende, aber unerwartete Entdeckung. Die Serenissima ist nicht nur eine Stadt auf dem Wasser, sondern hat, abseits vom alten Zentrum, auch eine Nähe zur weiten Adria. Auf dem Lido, einem kargen, bis dahin fast unbewohnten Landstreifen im Norden, entstehen plötzlich große Villen und Hotels, denn es lockt eine neue, elementare Erfahrung: das Baden im Meer!

Sie zieht nicht nur die Einheimischen, sondern auch viele Fremde und Gäste aus ganz Europa an. Unter ihnen ist der Schriftsteller Thomas Mann, der nicht in die alte Stadt und zu ihren Sehenswürdigkeiten reist, sondern auf den Lido fährt. In dem am Strand gelegenen »Hotel Des Bains« wird er sich 1911 einquartieren und eine Figur erfinden, die ein, wie es diskret heißt, »ruhevoll inniges Verhältnis zum Meere« sucht. Kaum ein Jahr später veröffentlicht er den späteren Klassiker dieser Erfahrung, die Novelle »Tod in Venedig«, die der italienische Filmregisseur Luchino Visconti in den frühen Siebzigerjahren in eben diesem Hotel verfilmen wird.

Das »Hotel des Bains« ist leider seit vielen Jahren geschlossen, es wartet auf eine komplette Restaurierung und damit auf seine Auferstehung. Stattdessen fahren die Filmcrews aus aller Welt, die heute zu den Filmfestspielen auf den Lido eilen, das benachbarte »Hotel Excelsior« an. Sie erreichen es auf direktem Weg vom Flughafen oder Bahnhof mit einem Wassertaxi, das den kleinen Bootshafen des Hotels ansteuert, wo bereits Horden von Fotografen warten: »Die Sonnenbrille abnehmen!«, »Bitte winken!«, »Schauen Sie her, nicht zur Seite!«

Das älteste Filmfestival der Welt gibt es seit 1932. Von anderen berühmten wie denen in Cannes oder Berlin unterscheidet es sich vor allem dadurch, dass es Thomas Manns Verzauberung durch das Meer und seine Umgebung als großes, rauschhaftes Spektakel inszeniert, an dem sich das in Scharen herbeiströmende Publikum beteiligt.

Von der zentralen Anlegestelle der Vaporetti am Lido führt eine Hunderte von Metern lange Flaniermeile zum Strand. Modeläden und Restaurants zu beiden Seiten, man schreitet als Paar oder in kleiner, gut gewandeter Gesellschaft über den hellen Marmorbelag, unterhält sich laut und pointiert, verweilt immer wieder und trinkt den ersten und zweiten Aperol Spritz.

Am Strand entlang verläuft eine weitere breite Allee, die zu den Filmpalästen führt, wohin es das Publikum ab Mittag vermehrt zieht. In den großen Sälen, die zum Teil über tausend Gästen Platz bieten, laufen dann bis in die tiefe Nacht nicht nur die Filme, die sich um den Hauptpreis des »Goldenen Löwen« bewerben, sondern auch ältere Filmklassiker, Experimentalfilme oder Filme, die dem Wettbewerb aus dem Weg gehen, aber dennoch in Venedig gesehen werden wollen.

In der Nähe der Laufstege vor den Filmpalästen wird das Publikum bald auch den Filmcrews begegnen, die aus ihren Quartieren eintreffen und um die Aufmerksamkeit der Fans buhlen. Gedämpftes, sich steigerndes Murmeln, spitze Schreie, frenetischer Jubel – solche unterschiedlichen Grade der Aufmerksamkeit deuten darauf, was man von ihnen jeweils erwartet. Weh dem, der seine Wege trotz brillantem Putz unerkannt zieht und wie der Hauptdarsteller des deutschen Filmbeitrags »Die Theorie von Allem« zugeben muss, dass ihn kein Mensch erkennt und die Theorie noch nicht in eine Praxis der Begeisterung umgeschlagen ist.

Jeder Crew stehen danach die Zeremonien der Filmpräsentation einer Premiere bevor. Die Kleidung muss vorher aufeinander abgestimmt werden, dann begeben sich alle hinüber zum »Palazzo del Cinema«, wo die Filmenthusiasten ihre Fotos schießen, Autogramme erhalten und im Idealfall einen Star vom roten Teppich pflücken, um das Selfie mit seinem Ebenbild zu garnieren.

Davon unbeeindruckt wird die Crew auf und ab gehen, lächeln und winken, bis sie vom Festivalleiter eingeladen wird, den Palazzo über die Haupttreppe zu betreten. Im Innern wird sie reservierte Sitze im ersten Rang des großen Vorführungssaals einnehmen. Sie wird einzeln namentlich vorgestellt und nimmt Platz, dann wird es dunkel. Nach der Vorstellung gibt es den mehr oder minder verdienten Applaus, dessen exakte Länge (wie viele Minuten?) von den Beobachtern und Kritikern genau konstatiert und später in den Presseberichten gemeldet wird. Kehrt danach Ruhe ein, bewegen sich die Massen wieder nach draußen, wo kalte Getränke und Snacks warten.

Wenn sie draußen dicht gedrängt stehen und von den Bildern auf den Smartphones und Tablets nicht lassen wollen, erinnern sie an das Urbild der Filmfestspiele: das Gemälde »Novo Mondo« von Giandomenico Tiepolo, das sich heute in einem der schönsten Paläste der Stadt, der »Ca'Rezzonico«, befindet. Entstanden ist das über fünf Meter breite Fresko um 1791, vor dem Untergang der alten Republik, deren Sitten es noch einmal auf ungewöhnliche Weise porträtiert.

Die Szene spielt im venezianischen Karneval. Eine eilig herbeigelaufene Menschenmenge drängt sich in fiebriger Erwartung, etwas Besonderes gezeigt zu bekommen, vor einem Zelt, in dem eine Laterna magica Bilder einer exotischen *neuen* Welt zeigt. Die verstreute Gesellschaft besteht aus Menschen aller Stände und wird von einem Mann, der die Reihenfolge der Zuschauer zu ordnen versucht, angewiesen, sich nacheinander in das Zelt zu begeben.

Kurios und ungewöhnlich ist, dass die Gestalten nur von hinten gezeigt werden. Ihre Mimik und ihr Gebaren bleiben verborgen, wichtiger ist dem Maler, der zusammen mit seinem Vater Giambattista Tiepolo am rechten Bildrand in der distanzierten Haltung eines Beobachters zu erkennen ist, die Darstellung einer Ekstase des Sehens, die durch die neuartigen Medien ausgelöst wird. Sie sind die Boten der Zukunft, die Venedig von seiner großen Vergangenheit verabschieden, um jener Bildfaszination Platz zu machen, die später auf dem Lido Venedigs große Paläste baut.

Dadurch ist »Novo mondo« zu einem der vielsagendsten und prophetischsten Gemälde der venezianischen Malerei geworden. Es verweist auf die folgende Geschichte einer jahrhundertealten Gesellschaft, die sich dem Sehen und Schauen bewegter Bilder seit ihren Anfängen wie keine andere verschrieben hat. Ihre Bevölkerung ist durch die Jahrhunderte einem glanzvollen Illusionismus verfallen, der auch die Menschen für die Dauer von kaum zwei Festivalwochen in festliche Selbstdarstellerinnen und Selbstdarsteller verwandelt.

Vor dem Filmgelände aber wartet tagsüber das Meer, unaufdringlich, glitzernd in metallischem Blau mit hellen Wellenspitzen. Wer das Gelände kennt, findet Wege, an den Strand zu gelangen und eines der kleinen *Camerini* aufzusuchen, in denen man sich für das Bad umkleiden und ein »ruhevoll inniges Verhältnis zum Meer« eingehen kann. Bis am Abend dann wie von Geisterhand die Bar des »Hotel des Bains« sich plötzlich doch öffnet, und die Massen hereinströmen und die wilden Bilder tanzend aus den Köpfen schütteln.

DIE PODCASTSCHWEMME

Ein Freund sagte neulich, wir seien in einer neuen Phase der Digitalisierung angekommen. Er nennt sie die Podcastschwemme und erklärt ihre Entstehung durch die lange Phase des pandemischen Schweigens. Heute fragt er sich, wie er diese Stille überhaupt ausgehalten habe, dabei habe er sie bei näherer Betrachtung mühelos ertragen: Schluss mit dem multimedialen Gerede! Konzentration auf einige ruhig verlaufende virtuelle Gespräche oder auch Telefonate mit Freunden, länger als je zuvor. Gute Dialoge waren das, sagt mein Freund, ein großes Studio der schweigsamen Mitteilungen von du zu du, fast wie in Stücken des Nobelpreisträgers Jon Fosse.

Jetzt aber haben sich der Rederausch und die Redeflut breitgemacht, und überall gibt es Podcasts, Reden über alles und jedes, als hätten die digitalen Rednerinnen und Redner das Radio neu erfunden. Das sind Radio-Atmosphären wie in den Fünfzigerjahren, als man noch süchtig mit dem Ohr dicht am Empfänger saß, während man ein erotisches Kribbeln der Kontaktaufnahme mit den fremden Stimmen empfand.

Damals hat man atemlos zugehört, mit geschlossenen Augen – Hörspiele hatten Hochkonjunktur. Die Podcasts haben sich inflationär vermehrt, weil viele jetzt sprechen und noch mal sprechen wollen, mit sich selbst, mit anderen, in allen Richtungen, zu allen Zeiten, beim Joggen, bei der Haus-, ja selbst bei der Gartenarbeit. Die Themen sind austauschbar, Hauptsache, das Sprechen wirkt authentisch, improvisiert und nicht einstudiert.

Vielleicht, sagt mein Freund, ist diese Welle auch eine andere Seite der gegenwärtig oft spürbaren Gereiztheit und Wut. Viele auf den ersten Blick harmlose Themen entfalten beim zweiten Blick Stör- und Gewaltpotenziale, das dazu gehörende hässliche Schlagwort heißt »Positionierung«: Habe ich mich richtig und angemessen »positioniert«, darf ich sagen, was ich sagen will? – Das sind die Fragen. Die ungezählten Podcasts könnten auch Versuche sein, friedliche Positionierungen zu betreiben, nicht direkt spürbar, sondern durch die Hintertür. Um die mögliche Wut im Voraus zu bremsen.

Mein Freund hat »De ira« von Seneca gelesen und entdeckt, wie dieser altrömische Philosoph die Wut beschrieben hat: »Wir werden oft nicht auf diejenigen wütend, die uns bereits verletzt haben, sondern auf diejenigen, die das erst noch vorhaben.« Demzufolge wittern wir also, was uns an Verletzungen von diesem oder jener droht. Und da wir das im engen Kontakt mit den Social-Media-Kanälen täglich genau verfolgen, kocht in uns eine immer stärker werdende Empörung, die nach Entladung drängt. Dem, meint mein Freund, kommen die Podcasts vielleicht zuvor, sie reden die bedrohliche Wut weg.

»Das«, habe ich zu meinem Freund gesagt, »hört sich aber sehr einseitig an, schließlich haben Podcasts doch auch viel Gutes, sie können unterhalten und informieren!« Als ich darauf beharrte, gab er zu, podcastsüchtig zu sein, es handle sich um eine neue Phase der Handysucht. »Und was tust du dagegen?«, fragte ich. Mein Freund zeigte mir sein Handygefängnis. Es ist eine abschließbare Box, in die man das Handy für einen frei gewählten Zeitraum einsperren und wegschließen kann. »Endlich kann ich mich wieder auf etwas anderes konzentrieren«, sagt mein Freund, »auf die Familie, auf Freunde, auf die Tiere im Zoo, die Box ist eine fabelhafte Erfindung.«

Ich wurde still und vertiefte mich später in Seneca. Wie wäre es, die aufkeimende Empörung dadurch zu drosseln, dass man das Wutgerede nicht an sich heranlässt? »Grobe Beschimpfungen, von Kritikern zerpflückt zu werden, all das sollten wir verachten und mit unserer großen Seele (magno animo) solche kurzzeitigen Unannehmlichkeiten ertragen.« Seneca, dachte ich, muss eine Ahnung von den Social-Media-Kanälen und den Handygefängnissen unserer Tage gehabt haben. Er verachtete die Wut als etwas Kurzfristiges. Der Schlusssatz von »De ira« betreibt dagegen eine Positionierung langfristiger Art: »Wir brauchen nur hinter uns zu schauen und uns einmal umzudrehen, wie man so sagt, und schon ist die Sterblichkeit da.«

OVERTOURISM

Der Stadtrat von Venedig hat beschlossen, an dreißig Tagen im Jahr eine Gebühr von fünf Euro für jene Gäste zu erheben, die nur einen Tag bleiben. Mit diesem Beschluss hat er im letzten Moment verhindert, dass die UNESCO die Stadt auf die rote Liste des gefährdeten Weltkulturerbes setzt. Selbst den Einheimischen ist der Massentourismus längst zu viel geworden, sie fordern endlich Entlastung.

Wo liegen die Gründe für die enorme Zunahme an Besucherinnen und Besuchern, mit denen auch andere europäische Städte wie Barcelona, Dubrovnik oder Salzburg zu kämpfen haben? Die meisten Kritiker sprechen von den negativen Auswirkungen der Billigflugangebote oder von Kreuzfahrttouren, die dazu verführen, mal eben ein paar Schritte durch eine Stadt zu machen.

Aber es gibt noch tiefer sitzende Gründe. Früher waren Städte durch ihre Sehenswürdigkeiten attraktiv, man fuhr mit einem Buch in der Hand hin und lernte sie mithilfe eines Reiseführers besser kennen. Das war die typische Bildungsreise, die immer seltener geworden ist. Stattdessen gibt es heutzutage den digitalen Tourismus. Man läuft nicht mehr von Kirche zu Kirche oder von Museum zu Museum, sondern orientiert sich an den Angeboten, die im Netz überall und jederzeit zur Hand sind. Ein Geschäft mit coolen Accessoires, ein Restaurant mit exquisiten Fischgerichten, ein Laden mit durchgedrehten Mitbringseln, ein Shoppingcenter mit hipper Kleidung.

Aus den Sehenswürdigkeiten von früher sind Hotspots der Waren und Attraktionen geworden, deren Erwerb und Konsum den Kundinnen und Kunden schmeicheln. Hinzu kommen gerade im Fall von Venedig die fotografischen, digitalen Exzesse. Es gibt Touristen, die nahezu ununterbrochen fotografieren, keine Brücke, keine Straßenlaterne und erst recht keine Gondel ist vor ihnen sicher. Die Stadt überfällt einen mit Hinguckern, es gibt keine vergleichbare, die mit so vielen Ansichten auftrumpft und zu Selfies einlädt. Ausgerechnet Goethe hat mit dem Motto zu seiner »Italienischen Reise« ein Stichwort gegeben, das heutzutage in umgedeutetem Sinn die Social-Media-Kanäle beherrscht: »Auch ich in Arcadien!«

Sprach Goethe mit diesem aus der Antike vertrauten Motiv die geistige Landschaft eines erträumten Landes an, das er sein Leben lang in Erinnerung behalten werde, so bevorzugen die heutigen Reisenden eine andere Version. Sie schauen nicht mehr auf Arkadien, sondern dokumentieren, wie sich ihr eigenes Ich des schönen Arkadiens bemächtigt. Die Sehenswürdigkeiten von früher verkümmern zu Kulissen und Bildträgern, die Erlebnisszenen der Reisenden aus allen Perspektiven inszenieren. Auf die Sehenswürdigkeiten kommt es dabei längst nicht mehr an, viele wissen nicht einmal mehr, wovor sie posieren und in welchen Zusammenhängen sie sich bewegen. Im Zeitalter seiner digitalen Verwertbarkeit ist ein Kunstwerk lediglich noch eine Silhouette, auf die der Schatten der Reisenden fällt.

Venedig bleibt also weiter eine sehr missverstandene Stadt. Viele lernen sie eher so kennen, wie sie es zuvor durch bunte Bilder vorgeführt bekommen haben und halten sie dann für *morbide* oder *romantisch*. Andere lernen die Einheimischen und ihren venezianischen Alltag überhaupt nicht kennen, als gäbe es nur miserabel singende Gondolieri oder arrogante Restaurantbesitzer. Die Serenissima besteht aber aus vielen kleinen, für sich lebenden Parzellen und Inseln. Darauf vorzubereiten, ihre besondere Schönheit in Ruhe kennenzulernen, wäre eine große, auch pädagogische Aufgabe. Dafür sollte man neue Formate entwickeln – statt des drögen Bildungsvortrags von gestern eine Einführung in die Kunst, die aktuellen Gegebenheiten einer Stadt zu verstehen und sich ihnen entsprechend auch zu verhalten.

NACHDENKLICHKEIT

Wegen der Kriege in der Ukraine und in Israel fällt es mir momentan schwer, weiter an diesen Aufzeichnungen zu arbeiten. In den letzten Tagen habe ich jedoch häufig in Büchern von Jon Fosse gelesen. Ich denke, dass gerade diese Bücher in den jetzigen Zeiten hilfreich sein können, weil sie klug und tiefer gehend Lebens- und Todesfragen behandeln – und das auf eine niemals effekthascherische, sondern nachdenkliche, die Leserschaft einbeziehende Weise.

Gerade hat die Buchmesse in Frankfurt begonnen. Auch dort werden sich viele *Büchermenschen* treffen, die sich fragen, ob die Gespräche auf der Messe über dies und das angesichts der gegenwärtigen Kriege angemessen sind oder unserer Zeit gerecht werden. Das sind solche peripheren Unterhaltungen sicher nicht, sie halten aber das alltägliche Leben in Gang und versuchen im besten Fall, der nahe liegenden Depression ein wenig Stabilität entgegenzusetzen.

Die kritischen Zustände der Jetztzeit, in der hilflose Menschen ermordet oder als Geiseln genommen werden, lassen die Betriebsamkeit, die davon nicht Betroffene zeigen, oft als lächerlich erscheinen. Als isoliertes Subjekt empfindet man die eigene Hilflosigkeit vollends als unerträglich.

Was kann man dagegen tun? Zum Beispiel: all jenen aus dem Bekannten- und Freundeskreis in der Nähe beistehen und helfen, die Angehörige oder Freunde in der Ukraine oder in Israel haben. Dann: Hilfsprojekte nach den eigenen Möglichkeiten finanziell unterstützen. Und zuletzt: wach- und aufmerksam für die Umgebung bleiben und sich mit jenen Menschen solidarisieren, die auch öffentlich Partei ergreifen und den Terror als solchen benennen und verabscheuen.

ICH ORDNE MEINE BIBLIOTHEK NEU

Alle paar Jahre ordne ich meine Bibliothek neu. Ich gehe, rutsche und krieche auf den Knien an den vielen Regalen entlang, lese viele Buchrücken und nehme manche Bücher wieder in die Hand. Jedes einzelne von ihnen hat mindestens eine Geschichte (die seines Erwerbs, seiner Lektüre, seiner Nicht-Lektüre, seines Dösens und Wartens …).

Ich erinnere mich kurz und wäge in Sekundenbruchteilen ab, wie es mit dem Buch weitergeht: Soll es noch mehr Zeit mit mir verbringen, wäre es anderswo besser aufgehoben oder ordne ich es an anderer Stelle ein, wo es mehr Chancen hat, bald genauer gelesen zu werden?

Meine Bibliothek hat viele unterschiedliche Zonen: Bücher, mit denen ich ununterbrochen Kontakt halte, Bücher nahe dem Garten (sie werden oft draußen im Freien gelesen), Bücher, die eine Tendenz zum Musikalischen oder zur Musik haben, oder Bücher, die ich aus einer bloßen Laune heraus nachts lese, als könnte ich mich tagsüber nicht mit ihnen sehen lassen und als legten sie es darauf an, mich unbedingt nachts zu fesseln.

Die Bibliothek neu zu ordnen, das heißt auch: Ich sortiere manche zum Verschenken aus und mache dadurch den anderen Platz, damit möglichst bald neue Exemplare einziehen können. Ich besitze Listen, die das Erscheinen und Verschwinden der Bücher vermerken. Die Neuordnung meiner Bibliothek nimmt also viel Zeit in Anspruch. Sie ist erst beendet, wenn ich ein ausführliches Gespräch mit vielen Exemplaren geführt habe.

Wie ernsthaft die meisten mich begleiten! Wie steif und gesetzt sie herumstehen und ihr Satzfutter oft jahrelang wiederkäuen! Und wie munter die eher abwegigen sich die Zeit vertreiben! Ganz zu schweigen von den elementaren, die eine Welt tragen und kein Verschieben oder Umordnen hinnehmen, sondern sich in einem solchen Fall rächen.

Ich könnte eine Geschichte der unterschiedlichen Büchercharaktere schreiben: Welche Beziehung ich zu ihnen jeweils unterhalte oder aufbaue, wie ich sie füttere, wie sie mich in Krisenfällen zu therapieren versuchen, wie ich mit manchen von ihnen täglichen Umgang pflege.

Jetzt, im Herbst 2023, ordne ich meine Bibliothek neu und schließe diesen Part meiner Aufzeichnungen ab. Sie sollen unter dem Titel »Von nahen Dingen und Menschen« im Februar 2024 erscheinen. Die Präsenz der Dinge, die Gedanken und Empfindungen der Menschen um mich herum und in meiner Nähe – das waren und sind die Leitmotive. Mit einer neu geordneten Bibliothek werde ich meine Aufzeichnungen Anfang November 2023 fortsetzen.

DAS VERSCHWINDEN DES MÖGLICHKEITSSINNS

Der Schriftsteller Robert Musil hat in seinem großen Romangebirge »Der Mann ohne Eigenschaften« einen Wirklichkeits- von einem Möglichkeitssinn unterschieden. Der Wirklichkeitssinn orientiere sich am festen Rahmen unserer Umgebungen. Wer ihn besitze, sage: Hier ist dies oder das geschehen, wird geschehen, muss geschehen. Menschen mit Möglichkeitssinn dagegen würden erfinden: Hier könnte, sollte oder müsste geschehen.

In älteren Tagen blieben die beiden unterschiedlichen Sinne eng aufeinander bezogen. Ein stabiler Wirklichkeitssinn war die Basis für die vielen Fantasien, die dem Möglichkeitssinn entsprangen. Schauen wir aber auf etwas mehr als die vergangenen zwei Jahrzehnte zurück, so erkennen wir schnell, dass es dieses Gleichgewicht nicht mehr gibt. Vielmehr hatten wir es mit lauter Krisen und Katastrophen zu tun, die sich kein Möglichkeitssinn hätte ausdenken können.

Es begann mit dem Angriff auf die Twin Towers in Manhattan, es folgten Dürrekatastrophen, der Tsunami 2004, der Hurrikan Katrina 2005, der Monsun 2007, die Weltfinanzkrise 2007/2008, das Erdbeben von Haiti 2010, die Nuklearkatastrophe von Fukushima, die Flutkatastrophe im Ahrtal 2021, die Finanzkrise. Es setzte sich fort mit dem Krieg in Syrien und in Äthiopien, der Flüchtlingskrise und der Pandemie und führte schließlich zu den Kriegen in der Ukraine und in Israel, aber auch im Sudan und im Jemen. Das aber waren nicht nur reale Attacken, die unvorstellbar viele Menschen das Leben gekostet haben, sondern zugleich Attacken gegen den Möglichkeitssinn. Er brach zusammen, niemand hätte sich vorstellen können, was – etwa am 11. September 2001 – geschah.

Aber auch der Wirklichkeitssinn war von alledem betroffen. Da der Möglichkeitssinn versagte, geriet auch der Glaube an die Wirklichkeit in Gefahr, und an seine Stelle rückten viele imaginäre Glaubensangebote, die jede Basis im Wirklichen verloren hatten. Fake News und imaginäre Welten rückten vielerorts an die Stelle, und die Folgen waren Spaltungen im Kern der Gesellschaft. Er zerfiel in unendlich viele Atome, in denen jeweils eigene Wirklichkeitskonstruktionen regieren, mit Ersatz- und Fantasiewelten angeblich bedrohlicher Mächte im Hinter- oder Untergrund.

Das hat zu einem Zerfall der öffentlichen Rede geführt, die von keiner übergeordneten Vernunft mehr zusammengehalten wird. Jede aus dem Ruder laufende Talkshow ist dafür ein Beispiel, denn es schreien sich keine politischen Gegner mit vergleichbaren Programmen an. Im Gruselkabinett des Doktor Lanz konkurrieren imaginäre Monolithen mit grundsätzlich unterschiedlichen Wirklichkeitsvorstellungen.

Früher war eine große Aufgabe der schönen Literatur, die virtuose Gestaltung von Wirklichkeiten mithilfe erfundener Möglichkeiten zu betreiben: fabulierend, rhetorisch, kreativ. Auch diese lebensnotwendige Verbindung ist aber derzeit gestört. Das zeigt sich daran, dass selbst die fabulierenden, fiktiven Texte unserer Zeit vor allem daraufhin abgeklopft werden, welche politischen Programme sie enthalten oder zu welchen Debatten sie sich melden. Solche Fragen zielen letztlich auf die Geister des Erzählens. Um ihr Lebensprofil geht es oft als Erstes: Wo stehen sie, wo dürfen sie stehen, wer erlaubt ihnen, was zu sagen?

Das trifft ihren Freiheitsgeist und lässt sie zu bloßen Meinungstypen schrumpfen, die man mit journalistisch geschultem Blick vor allem auf ihren aktuellen Tagesgehalt hin abklopft und feiert. Dann ist dieser oder jener Roman nichts anderes als ein Debattenbeitrag zu einer durch die sozialen Medien hochgezüchteten Kontroverse, und er erhält seine Anerkennung nicht durch ein literarisch fundiertes Urteil, sondern durch die Zahl der Follower, die der Autorin oder dem Autor in die biederen Gefilde einer breitgetretenen Öffentlichkeit folgen.

Was tun? Nüchtern, aber doch schwungvoll und kritisch bleiben, so, wie es Salman Rushdie, der Friedenspreisträger des Deutschen Buchhandels, in Frankfurt am Main, der Stadt der »Frankfurter Schule« Adornos und Horkheimers, beschwor: »Wir sollten weiterhin und mit frischem Elan machen, was wir schon immer tun mussten: schlechte Rede mit besserer Rede kontern, falschen Narrativen bessere entgegensetzen, auf Hass mit Liebe antworten und nicht die Hoffnung aufgeben, dass sich die Wahrheit selbst in einer Zeit der Lügen durchsetzen kann.«

LITERATUR

Daniel Hume, *Die Kunst, Feuer zu machen*. Aus dem Englischen von Christoph Trunk. S. Fischer 2018. (S. 13)

Roger Willemsen, *Musik! Über ein Lebensgefühl*. Hrsg. von Insa Wilke. S. Fischer 2018. (S. 14)

J. D. Salinger, *Der Fänger im Roggen*. Neuübersetzung aus dem Englischen von Eike Schönfeld. Rowohlt Taschenbuch 2004. (S. 20)

John Updike, *Über Kunst. Schriften 1979–2008*. Aus dem Englischen und mit einem Nachwort von Antje Korsmeier. Piet Meyer Verlag 2018. (S. 26)

Isaku Yanaihara, *Mit Alberto Giacometti*. Aus dem Japanischen und mit einem Beitrag von Nora Bierich. Piet Meyer Verlag 2018. (S. 28)

Victor Hugo, *Der Glöckner von Notre-Dame*. Anaconda 2014. (S. 31)

André Heller (Hrsg.), *Thomas Bernhard Hab & Gut. Das Refugium des Dichters*. Mit Fotografien von Hertha Hurnaus. Christian Brandstätter Verlag 2019. (S. 33)

Michel Foucault, *Sexualität und Wahrheit*. Erschienen in vier Bänden. Aus dem Französischen von Ulrich Raulff, Walter Seitter und Andrea Hemminger. Suhrkamp 1987–2019. (S. 42)

André Kertész, *On Reading*. W. W. Norton & Company 2008. (S. 43)

Sally Rooney, *Gespräche mit Freunden*. Aus dem Englischen von Zoë Beck. Luchterhand 2019. (S. 49)

Franz Kafka, »*Du bist die Aufgabe*«. Aphorismen. Hrsg., kommentiert und mit einem Nachwort von Reiner Stach. Wallstein 2019. (S. 49)

Mariana Leky, *Was man von hier aus sehen kann*. DuMont 2017. (S. 62)

Klaus Siblewski (Hrsg.), *Es kann nicht still genug sein. Schriftsteller sprechen über ihre Schreibtische*. Kampa 2020. (S. 69)

P. Ulrich Faust OSB (Hrsg.), *Die Benediktsregel. Lateinisch/Deutsch*. Aus dem Lateinischen von Gernot Krapinger. Reclam 2018. (S. 70)

Johann Heinrich Campe, *Wörterbuch der deutschen Sprache*. Schulbuchhandlung 1807. (S. 74)

Agnes Heller, *Das Alltagsleben*. Aus dem Ungarischen von Peter Kain. Hrsg. und mit einem Nachwort von Hans Joas. Suhrkamp 1981. (S. 77)

Wim Wenders, *Sofort Bilder. 403 Polaroids und 36 Geschichten dazu*. Schirmer Mosel 2021. (S. 87)

Christopher Bloss, *Die besten Leibesübungen aller Zeiten*. Droemer Knaur 2009. (S. 87)

Friederike Schilbach (Hrsg.), *The Bathroom Chronicles. 100 Frauen. 100 Bilder. 100 Geschichten*. Suhrkamp 2017. (S. 87)

Thomas Bernhard, *Gehen*. Suhrkamp 1971. (S. 87)

Paula Bosch, *Wein genießen*. Callwey 2018. (S. 88)

Dirk von Petersdorff, *Wie schreibe ich ein Gedicht?* Reclam 2017. (S. 88)

Dominik Seifert, Christoph Rudholzner, *Das Weißwurst-ABC*. Allitera 2013. (S. 88)

Peter Handke, *Die schönen Tage von Aranjuez*. Suhrkamp 2012. (S. 88)

Ralf Peters u. a., *Die Philosophie des Singens*. Hrsg. von Bettina Hesse. Mairisch Verlag 2019. (S. 88)

Hanns-Josef Ortheil, *Wie ich Klavierspielen lernte*. Insel 2019. (S. 88)

David Mamet, *Vom dreifachen Gebrauch des Messers*. Aus dem Englischen von Bernd Samland. Alexander Verlag Berlin 2012. (S. 88)

Kerstin Ehmer, Beate Hindermann, *Die Schule der Trunkenheit*. Verbrecher Verlag 2022. (S. 88)

Wolfgang Dömling, *Kunstpausen. Die Töne und die Stille*. Rombach Verlag 2014. (S. 88)

Mark Twain, *Prinz und Bettelknabe*. Hörbuch, gelesen von Jürgen Fritsche. Bäng Management & Verlag 2020. (S. 89)

Kate Greenaway, *Kinderspiele*. Aus dem Englischen von Ingrid Westerhoff. Insel 2020. (S. 89)

Holger Vornholt, *Natürliche Limonaden und Fruchtsäfte*. Urania 2017. (S. 89)

Claudia Dzengel, *Kalligrafie und kreatives Schreiben für Kinder.* Nilpferd 2015. (S. 89)

Andreas Wagener, Mamke Schrag, *Das Astrid Lindgren Kochbuch.* Mit Illustrationen von Björn Berg u. a. Oetinger 2008. (S. 89)

Keisuke Matsumoto, *Die Kunst des achtsamen Putzens.* Aus dem Japanischen von Wolfgang Höhn und Mariko Sakai. Goldmann 2015. (S. 89)

Ekkehard Martens, *Philosophieren mit Kindern.* Reclam 1999. (S. 89)

Ludvik Glazer-Naudé, *Meine schönsten Kinderlieder.* arsEdition 2019. (S. 90)

Sybil Gräfin Schönfeldt, *Kochbuch für die kleine alte Frau.* Edition Momente 2018. (S. 90)

Sybil Gräfin Schönfeldt, *Kochbuch für den großen alten Mann.* Edition Momente 2019. (S. 90)

Selma Lagerlöf, *Nils Holgerssons wunderbare Reise durch Schweden.* Aus dem Schwedischen von Gisela Perlet. Mit einem Nachwort von Ruprecht Volz. Reclam 2020. (S. 90)

Barbara Schock-Werner, Joachim Frank, *Domgeschichten. Mit der Dombaumeisterin a. D. durch die Kölner Kathedrale.* Mit Fotografien von Csaba Peter Rakoczy. DuMont 2020. (S. 92)

David Rothenberg, *Stadt der Nachtigallen. Berlins perfekter Sound.* Aus dem Englischen von Silvia Morawetz. Rowohlt 2020. (Als Hörbuch 2020 im Argon Verlag erschienen, gelesen von Eva Mattes und mit Musik des Autors.) (S. 95)

Ulrich Johannes Schneider, *Der Finger im Buch. Die unterbrochene Lektüre im Bild.* Piet Meyer Verlag 2020. (S. 98)

Alan Bennett, *Der souveräne Leser.* Aus dem Englischen von Ingo Herzke. Verlag Klaus Wagenbach 2020. (S. 102)

Abraham a Sancta Clara, *Mercks Wienn.* Hrsg. von Werner Welzig unter Mitarbeit von Franz M. Eybl. Max Niemeyer Verlag 1983. (S. 107)

Hartmut Kiltz, *Das erotische Mahl. Szenen aus dem ›chambre séparée‹ des neunzehnten Jahrhunderts.* Syndikat, Europäische Verlagsanstalt 1991. (S. 112)

Kevin Kuhn, *Hikikomori.* Piper 2014. (S. 122)

Hans Jonas, *Das Prinzip Verantwortung.* Mit einem Nachwort von Robert Habeck. Suhrkamp 2020. (S. 125)

Ivo Andrić, *Insomnia. Nachtgedanken*. Hrsg., aus dem Serbischen übersetzt und mit einem Nachwort von Michael Martens. Paul Zsolnay Verlag 2020. (S. 127)

Helga Nowotny, *Eigenzeit. Entstehung und Strukturierung eines Zeitgefühls*. Suhrkamp 1993. (S. 132)

Joseph von Eichendorff, *Aus dem Leben eines Taugenichts*. Reclam 2012. (S. 133)

Isabelle Graw, *In einer anderen Welt. Notizen 2014–2017*. Dr. Cantz'-sche Verlagsgesellschaft 2020. (S. 133)

Blake Gopnik, *Warhol. Ein Leben als Kunst*. Aus dem Englischen von Marlene Fleißig u. a. C. Bertelsmann Verlag 2020. (S. 139)

Florian Werner, *Die Raststätte. Eine Liebeserklärung*. Mit Fotografien von Christian Werner. Hanser Berlin 2021. (S. 140)

Arnold Stadler, *Am siebten Tag flog ich zurück. Meine Reise zum Kilimandscharo*. S. Fischer 2021. (S. 145)

Thomas Böhm (Hrsg.), *Da war ich eigentlich noch nie. Die Wunderkammer des Reisens in Deutschland*. Verlag Das Kulturelle Gedächtnis 2021. (S. 145)

Urs Stäheli, *Soziologie der Entnetzung*. Suhrkamp 2021. (S. 147)

Norbert Scheuer, *Kall, Eifel*. C. H. Beck 2020. (S. 148)

Johanna Adorján, *Ciao*. Kiepenheuer & Witsch 2021. (S. 154)

Jessica Bruder, *Nomaden der Arbeit. Überleben in den USA im 21. Jahrhundert*. Aus dem Englischen von Teja Schwaner und Iris Hansen. Karl Blessing Verlag 2019. (S. 161)

Filip Haag, *Die Kunst des Augenblicks. Begegnungen im Museum*. DuMont 2021. (S. 170)

Sophie Calle, *Wahre Geschichten*. Aus dem Französischen von Sabine Erbrich. Suhrkamp 2021. (S. 175)

Johann Hinrich Claussen, Ulrich Lilie, *Für sich sein. Ein Atlas der Einsamkeiten*. Mit Illustrationen von Dirk Uhlenbrock. C. H. Beck 2021. (S. 178)

Elisabeth Bronfen, *Besessen. Meine Kochmemoiren*. Echtzeit Verlag 2016. (S. 180)

Antonio Muñoz Molina, *Gehen allein unter Menschen*. Aus dem Spanischen von Willi Zurbrüggen. Penguin 2021. (S. 182)

Daniel Schreiber, *Allein*. Hanser Berlin 2021. (S. 183)

Angelika Overath, *Krautwelten*. Insel 2021. (S. 184)

Albert Christian Sellner, *Immerwährender Heiligenkalender*. Eichborn
1993. (S. 185)

Simone de Beauvoir, *Das Alter*. Rowohlt 2000. (S. 189)

Roger Willemsen, *Das Hohe Haus. Ein Jahr im Parlament*. S. Fischer
2014. (S. 193)

Gala Rebane, *Emojis. Digitale Bildkulturen*. Verlag Klaus Wagenbach
2021. (S. 194)

Karl Schlögel, *Entscheidung in Kiew. Ukrainische Lektionen*. Hanser
2015. (S. 196)

Mary Ruefle, *Mein Privatbesitz*. Aus dem Englischen von Esther Kinsky. Suhrkamp 2022. (S. 200)

Katja Petrowskaja, *Das Foto schaute mich an*. Suhrkamp 2022. (S. 208)

Alan Bennett, *Die souveräne Leserin*. Aus dem Englischen von Ingo
Herzke. Verlag Klaus Wagenbach 2008. (S. 214)

Martina Clavadetscher, *Vor aller Augen*. Unionsverlag 2022. (S. 223)

Ruth Weber, *Kostbare Sockel für seltene Dinge*. Mit Beiträgen von
Nora Gomringer, Steffen Popp und Gregor J. M. Weber. Salon
Verlag 2021. (S. 224)

Luzia Braun, Ursula März, *Sich sehen. Gespräche über das Gesicht*.
Mit Fotografien von Fabian Schellhorn. Galiani Berlin 2022. (S. 226)

Elisa Aseva, *Über Stunden. Posts*. Weissbooks 2021. (S. 232)

Isaac Asimov, *Ich, der Roboter*. Heyne 2015. (S. 237)

Ostap Slyvynsky, *Wörter im Krieg*. Aus dem Ukrainischen von Maria
Weissenböck. Edition.fotoTAPETA 2023. (S. 245)

Ewald Frie, *Die Geschichte der Welt. Neu erzählt von Ewald Frie*.
Mit Illustrationen von Sophia Martinek. C. H. Beck 2020. (S. 246)

Patti Smith, *Buch der Tage*. Aus dem Englischen von Brigitte Jakobeit.
Kiepenheuer & Witsch 2022. (S. 254)

Teresa Präauer, *Kochen im falschen Jahrhundert*. Wallstein 2023.
(S. 257)

Plinius der Jüngere, *Epistulae. Sämtliche Briefe*. Lateinisch/Deutsch.
Buch 9. Hrsg. und aus dem Lateinischen übersetzt von Heribert
Philips und Marion Giebel. Mit einem Nachwort von Wilhelm
Kierdorf. Reclam 2010. (S. 262)

Seneca, *De ira. Über die Wut*. Lateinisch/Deutsch. Hrsg. und aus dem
Lateinischen übersetzt von Jula Wildberger. Reclam 2007. (S. 271)

Robert Musil, *Der Mann ohne Eigenschaften*. Anaconda 2013. (S. 278)

MUSIK

Johann Sebastian Bachs Präludien und Fugen. Interpretiert von Edwin Fischer. (S. 9)

Luciano Pavarotti, *Adeste fideles.* (S. 15)

Franz Schubert, *Impromptu Nr. 3 in Ges-Dur.* Interpretiert von Vladimir Horowitz. (Die Aufnahme vom Wiener Klavierabend 1987 ist auf Youtube zu finden.) (S. 19)

Felix Mendelssohn Bartholdy, *Opus 19/1 in E-Dur, Lieder ohne Worte.* (S. 27)

Wolfgang Amadeus Mozart, *Ave Verum Corpus* (KV 618). (S. 47)

Fritz Weber, *Ich bin ene kölsche Jung.* Interpretiert von Willy Millowitsch und Hans Süper. (S. 65)

Edvard Grieg, *Holberg-Suite.* (S. 87)

Erik Satie, *Gymnopédies.* (S. 87)

Carlos Gustavino, *Tres Romances Argentinos.* (S. 87)

Henry Mancini, *Breakfast at Tiffany's. Soundtrack.* (S. 87)

Carl Czerny, *Schule der Geläufigkeit.* (S. 87)

Charles Aznavour, *La Bohème.* (S. 88)

Johann Sebastian Bach, *Die Kunst der Fuge.* (S. 88)

Herbert Grönemeyer, *Sekundenglück.* (S. 88)

Joaquin Rodrigo, *Concerto de Aranjuez. Adagio.* (S. 88)

Kurt Weill, *Lady in the Dark.* (S. 88)

Eric Clapton, *Over the Rainbow.* (S. 88)

John Cage, *Dream.* (S. 88)

Peter Tschaikowsky, *Nussknacker-Suite.* (S. 89)

Georges Bizet, *L'Arlésienne-Suite.* (S. 89)

Robert Schumann, *Album für die Jugend.* (S. 89)

Bedrich Smetana, *Vitava (Moldau).* Interpretiert von Valérie Milot. (S. 89)

Georg Philipp Telemann, *Tafelmusik.* (S. 90)

Musik vom Oscar Peterson Quartett. (S. 90)

Udo Jürgens, *Masken, Masken.* (S. 106)

Robert de Visée, *Pièces pour Théorbe & Guitare.* Interpretiert von
     Xavier Díaz-Latorre. (S. 121)

Musik von Henry Purcell, insbesondere die Suiten. (S. 159)

Wolfgang Amadeus Mozart, *Die Zauberflöte.* (S. 165)

Richard Wagner, *Die Walküre.* (S. 167)

Georg Friedrich Händel, *Lascia la spina.* (S. 176)

Bachs Passionen, Mozarts Konzerte, Beethovens Sonaten und
     Schumanns Klaviermusik. (S. 218)

Johann Sebastian Bach, *Das Wohltemperierte Klavier.* (S. 222)

Johann Sebastian Bach, *Matthäus-Passion.* (S. 239)

Dmitri Schostakowitschs Präludien und Fugen. Interpretiert von
     Igor Levit. (S. 244)

DANK

Manche dieser Aufzeichnungen aus den Jahren 2018 bis 2023 sind auch als Kolumnen im »Kölner Stadt-Anzeiger« erschienen. Ich danke Joachim Frank für die anregende und unkomplizierte Zusammenarbeit. Tanja Rauch danke ich für ihr aufmerksames Lektorat.